儿童家庭阅读指南

——终身受益的阅读育儿法

海苔妈妈 著

儿童阅读≠亲子阅读

童书≠绘本

西安出版社

图书在版编目（CIP）数据

儿童家庭阅读指南：终身受益的阅读育儿法 / 海苔妈妈著.
— 西安：西安出版社, 2022.12
ISBN 978-7-5541-5150-1

Ⅰ.①儿… Ⅱ.①海… Ⅲ.①儿童—阅读辅导—指南
Ⅳ.①G252.17-62

中国版本图书馆CIP数据核字（2021）第001093号

儿童家庭阅读指南——终身受益的阅读育儿法
ERTONG JIATING YUEDU ZHINAN——ZHONGSHEN SHOUYI DE YUEDU YUERFA

作　　者：海苔妈妈
出版发行：西安出版社
社　　址：西安市曲江新区雁南五路1868号影视演艺大厦11层
电　　话：（029）85253740
邮政编码：710061
印　　刷：深圳市唯优印刷有限公司
开　　本：787mm × 1092mm　1/16
印　　张：22
字　　数：332.8千字
版　　次：2022年12月第1版
印　　次：2022年12月第1次
书　　号：ISBN 978-7-5541-5150-1
定　　价：88.00元

目录

写在前面

精神病学家、个体心理学的创始人阿尔弗雷德·阿德勒（Alfred Adler）说：“幸运的人用童年治愈一生，不幸的人用一生治愈童年。”在阿德勒的心理学理论中，人格原型在4~5岁就形成了。可见，童年对于人的一生意义重大。而阅读为孩子们提供了丰富的知识、方法和社会经验，是童年中重要的一环。

笔者在大学时学习出版专业，在湖南少年儿童出版社实习期间看到了来自世界各地、各种各样的童书，从此喜欢上了童书这个行业。

研究生毕业以后，我去到了当时经营方式令人耳目一新的“方所书店”工作，从店员做起，每天在书店和成千上万的父母打交道，聆听他们对于育儿和儿童阅读的困惑。

后来，我专注于中外儿童书的采购与销售，密切接触儿童书市场，并在养育两个孩子的过程中身体力行地进行亲子共读。

学习和工作加在一起长达13年的行业接触，使我得以对整个行业有更深入的观察和认识。在与来自世界各地、不同童书碰撞的过程中，阅读这件事对于童年的重要意义于我慢慢清晰，怎样选书和阅读也越来越明朗。

记得第一次阅读《我怎样学习地理》是在书店上货的时候。我翻开书本，不由得回想起自己的童年，感触颇深。

图1 尤里·舒利瓦茨著，《我怎样学习地理》，二十一世纪出版社

《我怎样学习地理》是凯迪克获奖作家尤里·舒利瓦茨创作的绘本，讲述的是被战争摧毁了家园的孩子及其家人不得已踏上异国他乡的土地，过着食不果腹的生活。一天父亲拿着仅有的钱买了一幅地图，母亲对此充满了抱怨。而孩子们从一开始的不理解，到后来因为这份地图打开了对于世界的认知和想象，暂时忘记饥饿和颠沛流离带来的痛苦。父亲的做法让人感慨——身体的饥饿时常会发生，而头脑的饥饿如果不去理会，就会不断延续。这个故事是作者根据自己的童年经历创作的，在他逃亡的童年岁月里，是阅读帮他熬过了孤寂和贫苦。而这样的经验也使得他擅长用故事和画面帮助孩子们展开想象，重拾热爱，度过生活中的艰难时刻。

我成长于普通的工人家庭，家庭经济条件和家庭成员文化水平都不高。但父亲在看书这件事上和本书中的爸爸一样，舍得花时间也舍得花钱。我记得有一次父亲出差，回来带的是刘心武的《钟鼓楼》。父亲说坐火车没事干，就买了本书看。这件事给我留下了深刻的印象，十五六年过去了，依然记得。

现在，儿子要读《水浒传》，遇到读不懂的地方，父亲还会发长语音过来给孩子做讲解。阅读这件事情，从我到我儿子，都受到了父亲非常正面的影响。

良好的家庭阅读环境，加上父母的示范和鼓励，一定会促进孩子的阅读和学习。这也是我为什么要提“阅读育儿法”这个概念：不单单把阅读局限在文学和绘本作品的阅读上，要用阅读去解决孩子成长中的问题，而不只是为了提高阅读能力。

当今的社会上，关于儿童阅读的观点有很多，大部分说法形成了一种唯“亲子共读”、唯“绘本”的倾向。其实，阅读是很私人化的行为，即使是孩子，也应当拥有自主选择的权利。但当下的儿童阅读风潮是以“亲子阅读”为核心的，儿童的权利经常被忽视。

同时，儿童阅读领域还存在着以下问题：

①图书内容：中国的儿童书，尤其是6岁以下的儿童读物，虽然起步晚，但发展却十分迅速，突然涌入的大量进口童书，令人眼花缭乱。不同年龄的

孩子有着不同的阅读需求，大部分父母都为孩子该看什么书，怎样节省成本和高效阅读而发愁。

②盲目购书：随着社群营销的发展，自媒体销售渠道突起，信息碎片化加剧，使家长得到的信息更加零散，阅读的体系性难以存在。

③价格因素：2020年上半年开始，因为各种因素，文教行业的直播被迫营业。由于直播的特性，加上原本图书行业的销售策略，一些不了解儿童阅读的新手父母容易被价格绑架，以为给孩子看的图书内容大同小异，价格便宜就好了。

无论是高学历还是低学历，无论是富裕还是贫穷，在儿童阅读这件事上，家长们普遍的认知程度都较低，很容易受到外部因素的影响，东一点西一点，不成体系。这也是为什么很多认认真真践行亲子阅读的父母，发现孩子上小学时，阅读能力还是不达标的原因所在。

儿童的阅读需要体系化和不断坚持，并且随着孩子的年龄增长和发育情况做调整。父母要做的是在通用的标准和好书的范围里挑选适合自己孩子的图书，并用适合自己孩子的方式进行阅读。

教育孩子的最佳方式是让孩子在一个理性范畴内从实践中得到学习机会，这样就比较容易以接近客观事实的方式来形成自己的逻辑。[1]父母需要提供成体系的素材和阅读指导，帮助孩子形成阅读习惯和方法。

书中，“自主阅读”“父母引导”“亲子共读”会被频繁提及，最核心的阅读方式必须明确，这关系到阅读的终极目标之一——孩子最终能不能获得自主阅读和思考的能力。

任何的观察、方法和阅读推荐都建立在一定的理论基础上，这本书里使用的观念来自于阿德勒心理学、陶行知的生活教育观以及高普尼克的儿童学习思考理论，为了更好地使用这本书，全面理解儿童的各方面发展，父母可以阅读附录提供的理论书籍。

如果只想了解儿童阅读本身，这本书几乎覆盖了儿童阅读的全部领域和

[1]（奥地利）阿尔弗雷德·阿德勒.儿童人格形成及培养【M】.张晓晨译.上海：上海三联书店.2017

问题。想要了解a.儿童阅读行为及常见的问题；b.获得书讯和购书渠道；c.不同年龄段的童书推荐；d.各类童书的阅读方法，这一本就足够了。

孩子的养育是一趟没有办法回头的漫长旅程，经不起走弯路。这也是父母焦虑的源头。在这本书里，我们讨论从新生儿到小学阶段的儿童阅读，也就是0~12岁的儿童的早期阅读，主要指纸质出版物的阅读。

我把自己从业多年的工作经验和在养育孩子过程中的心得总结下来，使用数据、图表、图书推荐和方法描述的方式展开论述，希望能给迷茫中的家长一点点帮助。

建议父母们带着在孩子成长和能力发展上遇到的问题去阅读，让本书的内容能真正发挥其价值。

本书的内容具有一定的专业性和系统性，也适合想要加入童书行业的职场新人。如果你是绘本馆或者书店的主管，本书也适合给店员做培训教材。

第一章

了解儿童阅读行为和常见问题

本章，我们将解决以下问题：

孩子什么时候开始阅读？怎样阅读？读多少？

孩子是不是越喜欢读书越好？

孩子为什么不喜欢读书？

孩子为什么喜欢重复读一本书？

近年来，随着阅读观念不断更新，儿童阅读已经成为一种常态。但阅读观念随着专家倡导和主流教育流派的变化而变化。各种信息越来越多，不少父母却越读越迷茫。

之所以迷茫，是只知道一本书好，却不知道好在哪里；知道了好在哪里，却不知道对自己的孩子有什么好处。一本书是否适合孩子的发展需求？这本书在孩子的整体阅读经历里占什么位置？在看这本书之前孩子应该了解哪些知识？看完这本书后，又需要进行哪些方面的学习？这些全都是问题。

父母并不想揠苗助长，也不想浪费购书经费，更不希望孩子没有收获。因此，在选书之前我们就要了解孩子的阅读行为。

第一节　儿童为什么阅读

不断有专家告诉父母，阅读不应该带有目的，所以不少父母自我安慰“孩子的阅读就是不需要任何目的”。而有些父母比较传统，他们紧盯着每读一本书的效果，恨不得立竿见影，巴不得每一分钱都花得物有所值。更多的情况是，当有人询问家长时，他们会说没有想过这个问题，能学到一点是一点吧。这个问题好像很多余。

有什么样的目的就会有什么样的方法和选择。这个问题不多余。父母作为引导者，并且拥有是否购买的话语权，当然得明白自己想要给孩子带来什么。家长们要明白为什么让孩子读书，希望孩子从阅读中获取什么？

为了避免过于功利和过于随意的两种极端态度，在让孩子开始阅读之前，以下几句话建议父母们读一读、记一记，焦躁的时候拿出来看看：

> **父母只是父母，不是老师。阅读是孩子自己的事情，父母只是引导者和阅读素材提供者。**

> 阅读是快乐的，只有孩子感受到阅读的乐趣，这件事才能坚持下去。

> 孩子具备富有吸收力的心灵，你给孩子看到的，终会成为他们的一部分，好的坏的、美的丑的，他们都会吸收，成就独一无二的自己。

> 阅读让孩子获得独立探索与思考的时间和空间。孩子专注于阅读时，父母也可以找一件自己专注的事情，各自安好，共同成长。

> 孩子知道自己想要什么，他们一步一个脚印往前走，虽然父母看不到每一天的改变，但可以看到阶段性的成果，每当需要进入下一个阶段时，孩子会发出需求预告。

> 儿童阅读不只是端着书看，阅读有很多方式，需要激发全身的感知觉，调动大脑的各个区域。

> 阅读是需要一辈子慢慢累积的活动，不存在一劳永逸。

同时，父母们也应该明白，阅读可以帮助解决孩子成长中的大多数问题，但要注意的是，是“帮助”而不是直接解决。

阅读的目的可以简单地分为娱乐型阅读和学习型阅读两种。

一、娱乐型阅读

以娱乐为目的的阅读，是指阅读那些能给孩子带来身心愉悦、减压放松的书，并不特指哪一类，只要这些书风格轻松愉快，故事幽默诙谐，或者有宣泄情绪的互动设计就可以了。

日本图画书之父松居直曾经说，“图画书对于儿童不具有任何用途，只是用来让儿童进行感受。”“感受”所指的内容非常宽泛，包含人的基本感知觉，也包含社会情感的感知。不只是图画书，很多图书都有让孩子进行“感受”的作用。这其实也可以算得上是一种功效，但在传统的教育中经常被忽视。

在育儿过程中经常被忽视的还有孩子所面临的压力，这也是娱乐型阅读为什么重要的主要原因。

儿童面临的压力一点儿也不比成年人少，不仅是因为家长和老师向他们施加学习的压力，更主要的是因为他们自己有内在的学习动力，以及和外部未知世界有待调和的矛盾。儿童在逐步认识世界的过程中，会因为自身能力与认知水平的不足，产生悲伤失落的情绪。

最集中的表现就是“糟糕的两岁（Terrible Two）”：自我意识飞速萌生，身体的调控却跟不上大脑的转速；语言表达不顺畅，也让孩子的行为难以被外界理解，所以吼叫和哭喊就成了这一阶段的常态。这种情况下，家庭成员除了表达对孩子理解和支持，适当协助他们完成目标之外，也需要给予一定的安抚物和情绪疏导的通道。

轻松幽默、没有特定学习目标的图画书阅读，能替代啃咬牙胶和拥抱玩偶帮助孩子做情绪的疏导，成为孩子身心放松的方式。

等孩子再大一些，压力疏导型的图书对于孩子就更加重要，他们的英雄梦和公主梦也从此开始。

所以，我们应该重新审视卡通、漫画书和其他一些搞笑的书籍。

1. 卡通书和漫画书可以读

如果给孩子全部的选择权，4~8岁的孩子会马上投向卡通书和漫画书的怀抱。迪士尼的公主、漫威的超级英雄以及奥特曼和怪兽是每个孩子都喜欢的动画形象。不少专家曾经指出，这些图书的图画缺乏艺术感，单帧割裂的画面影响孩子的审美；也有父母认为这些书不过是电影的重复，没有形成新的价值，而且诸如王子公主、英雄怪兽，本身都是不切实际的幻想。

但我们通常忽略了，熟悉的内容会带给孩子们安全感。王子和公主、英雄战胜恶魔的故事，能让孩子看到自己所追求的优越感、使命感和价值认同，阅读这些书对于孩子的社会情感发展具有重要作用。至于审美的问题，要知道5岁的孩子的审美观念已经初步成型，几本漫画书并不会破坏孩子的审美。

2. 少读固化思维的书

相比于上面这些“闲书”，有一些书更应该少看，比如闪卡、幼小衔接训练、拼音书等类型的书籍。这些书的问题在于它们的阅读模式里包含了过度的训练，而这会造成孩子思维模式的固化。

闪卡对于婴幼儿的视觉发育有突出的作用，但对于四五岁的孩子就不具备更多的使用价值了。即使是婴幼儿，过于频繁的闪卡训练，让孩子不断适应图案的模式也会禁锢孩子的视觉思维。如果我们选择的是不具备艺术感的图卡，这种视觉思维的固化就会有更加负面的影响。

幼小衔接、专注力训练、观察力训练等方面的书籍也是一样，当这些书本身不具备游戏性和趣味性，对孩子来说，就是枯燥乏味的。父母一旦在家里使用这些书，就会紧盯孩子的学习进度，观察孩子有没有做错。孩子为了不挨训，就会通过记忆的方式，硬背下来这些内容。在这个过程中，孩子会自己框住自己的思维，不利于他们真正掌握知识。

3. 少读经典名著

在书店工作的7年，我所遇到的大部分家长，在孩子还不到上小学的年纪就开始操心孩子的名著阅读，迫不及待地将四大名著买回家。

经典名著通常所指是大人适合阅读的文学经典。儿童文学中的经典作品一般会直接用“儿童文学经典”来指代。其中，大人的文学经典改编为青少年或者儿童版是市面最常见的一类书，但这一类书真的不建议孩子多看。

回想一下，我们所阅读过的文学经典，乐趣在什么地方？是不是不适合给12岁以下的孩子阅读？而且，删减的文学经典，失去了原本的文学韵味，文学价值也大打折扣。

有的父母会说，不要求孩子读经典名著，结果孩子的精力都花在读“闲书”上了。这该怎么办呢？这里的关键是掌握引导孩子阅读“闲书”的方法。

如果孩子过度沉浸在英雄故事里获得自我满足，就会与现实脱节，并倾向于回避现实中的问题。这的确是需要警惕的行为，需要父母提供帮助。父母可以尝试以下方法：

一、父母可以跟孩子达成一致，利用卡通漫画书进行汉语和英语的学习。童趣等出版公司正是将卡通和双语学习联系起来，利用孩子的喜好帮助孩子达成更多的学习成果。

二、父母可以和孩子约定阅读的时间。比如，卡通漫画书只能在书店阅读，不能买回家，这样既可以鼓励孩子去书店感受阅读氛围，又能控制孩子的阅读时长；也可以约定卡通漫画书只可以在双方协商一致的娱乐时间阅读。

协商和约定是非常管用的育儿手段。但为了让这个手段有效，父母记得自己不要打破约定，以免规则和约定失效。

孩子在阅读时获得的愉悦多数是平静有序的，这比阅读获取知识更加重要。即使是夸张的喜剧内容，如果父母没有特意引导和放大搞笑的桥段，通常也只会获得孩子们“我觉得好搞笑啊”的评价。孩子作出评价后，会迫不及待地投入下一段文字和图画的阅读。

而孩子们观看影视剧时，同样的戏剧张力会让孩子们发出狂野的笑声，整个人陷入高亢的情绪状态。这种截然不同的状况，是两种媒介输入方式的差异造成的。

图1-1 朱迪·巴瑞特著，《阴天有时下肉丸》，北京联合出版有限公司

《阴天有时下肉丸》是朱迪·巴瑞特的绘本作品，适合4岁以上的孩子和父母一起阅读，6岁以上的孩子自主阅读。在故事里的吧唧吧唧小镇，天上会下各种美食，人们不用担心温饱。直到意大利面暴雨造成大混乱，食物造成的天气灾害不断上演，人们的肠胃受不了，环卫部门也放弃了清理，于是人们只得逃离小镇……这个故事最大程度地展现了想象力的奇妙，孩子们阅读这个故事时，一定会惊叹不已。绘本以钢笔线描和丙烯画相结合，黄橙紫为主的色调，整体绘画风格透露着一丝诡异，把灾难性的场景画出了一种莫名的搞笑氛围。孩子们一定忍不住停留在那些稀奇古怪的美食页面仔细研究一番，然后感叹自己的世界没有这些灾害真是太棒了。

《天降美食》是根据《阴天有时下肉丸》改编的系列动画电

影。影片讲述的是从小就热爱发明的科学家弗林特想出了解决食物短缺的办法，天上下起食物雨。各种灾难伴随着技术的滥用接踵而至……动画电影的版本中过于具象的意大利面风暴、比萨向人类发起的攻击，战斗般的音效，让故事观赏者随着影片情节如坐过山车般刺激。这种真实感是影片的魅力所在，也是让人产生过多联想的源头。

在阅读纸质书的过程中，孩子们仅仅是调动文字和符号处理的神经，进行自我思维与图书内容的简单交互，阅读的进程完全由自己掌控。而孩子们在观看影视剧时，嘈杂的声音[1]和迅速变化的密集像素，会不断给予他们强刺激，迅速发展的剧情迫使孩子们的视神经和听觉神经高强度的工作，快速获得愉悦情绪。这时，孩子们看上去沉迷其中，实际上是破坏了孩子们的专注力，因为这个过程是被动发生的。

如果在睡前进行声音和视觉的强刺激，孩子可能会面临难以入睡或者梦魇的困扰。但在睡前，阅读有喜剧效果的图书却很少会妨碍孩子入睡。轻松的内容让孩子卸下防备，清空大脑复杂的思维进程，更有助于孩子进入睡眠状态。

让孩子获得心理状态的平复，是以娱乐为目的的阅读最大的功用之一。

即使是无厘头内容的图书，也许缺乏理智性和科学性，逻辑也变得不可信，但孩子们在阅读的过程中，会因为停止接收确定知识信息，思想得以漫游，迸发出不可思议的妙想，从而获得不受限制的灵感。

二、学习型阅读

按照传统的观念，孩子阅读就是为了学习。但家长要明确，以学习为导向的阅读是为了构建儿童的经验和思维体系，重点不在于知识本身。

1. 孩子可以从阅读里学到什么？

> 以视觉、听觉、触觉为主的感知觉启蒙

---

[1] 动画和儿童电影通常会采用更加短促高频的赫兹，让声音又尖又细，具有穿透力，更像是儿童发出的声音。这一处理方式也是广告和正片的差别。

> **以手眼协调为主的精细运动**
>
> **基础概念与常识**
>
> **口头与书面语言表达**
>
> **自我认知、情绪管控与生活习惯**
>
> **社会行为、规则与礼仪**
>
> **哲学观念**
>
> **数理与文法逻辑**
>
> **科学、人文、社会等学科视野**
>
> **艺术审美**
>
> **学习方式与方法**
>
> **发现、质疑、想象与创造**

……

以上每一种类型又可以细分为许许多多的能力项。

儿童未来的专业和职业方向将会在学校教育以及青少年时期得到更多的指引。在这之前，孩子们更需要通过不断地接触和练习，激发自身的求知能力，满足身体和头脑各个维度的发展需要，以免梦想早早在幼童时被掐灭。因此，孩子要尽可能接触多元的内容，也就是增加阅读的广度。

这些在0~12岁获得的视野和能力，将为孩子一生的发展夯实基础，成为他们在未来的人生道路上，不断试错和选择的资本。

这时，父母们就可以开始分解阅读目标了。

分解阅读目标对父母而言最大的好处是可以对号入座，按照实际需求去做选择，避免重复和浪费。有些孩子不用特意看规则和礼仪的书，有的不用额外看专注力培养的书，这都因孩子和家庭的情况而异。搞清楚这些，也能节约购书成本。

2. 阅读对于其他家庭成员的意义

在养育孩子的过程中，父母们会习得许多新的知识和技能，教养孩子的过程也是父母的进修课。

有一些绘本，父母阅读它们的意义远大于孩子阅读的意义。

一方面，在亲子共读的过程中，父母因为参与阅读，了解到孩子的心理，学会情绪的控制和情感表达，能进一步和孩子形成更良好的亲子关系。

另一方面，父母会因为书里的情节而回想起自己的童年，也可以和自己的过往达成和解。

我们可以从以下几本书来看：

图1-2 西元洋著、黑井健绘，《谢谢你，来做妈妈的宝宝》，海豚出版社

——相遇是缘，应当珍惜

神说“你可以出生了”，小宝宝便开始寻找他的妈妈，他于千万人之中找到了你。这部作品的文字作者西元洋，因为妻子难产，有感而发写下这本书。妈妈们阅读这本书，会产生强烈的情感共鸣，是一本适合在与孩子发生矛盾后，用来平复心情的绘本。

图1–3 中川宏贵文、长新太图，《哭了》，二十一世纪出版社

——正确理解“哭”这种行为

这本低幼绘本向父母和孩子讲述了“为什么会哭”这个话题。小时候，因为撞到会哭，摔倒了哭，挨骂了也哭……长大了，我就不哭了吧？父母阅读这本书时，童年时的责备，人生的难题都会出现在脑海里，想哭一场。哭并没有什么大不了，哭是宣泄情感的方式，也是向父母求助的方式。小时候痛痛快快地哭过，鼓励孩子勇敢地表达情绪和脆弱。相比假装坚强，这才是更加健康的心理状态。这本书可以帮助父母正视自己的内心，同时理解0~2岁幼儿期不断哭闹的行为。

图1–4 维拉·布罗斯格著，《别烦我》，二十一世纪出版社

——重新思考身为女性的处境

孩子们会被书里老婆婆的冒险过程吸引，不亦乐乎。而跟孩子们一起阅读的母亲或祖母却会得到另一番启示。这个怎么也织不完毛衣的老婆婆，终于在混乱的孩子堆里爆发了，丢下一句“别烦我”，就开始了自己的旅途。经过一路波折，她最终完成了她的织毛衣大计，回家迎接孩子们的拥抱。女性们，尤其是家庭主妇能够感同身受，每天吵吵闹闹的孩子，乱糟糟的房间，一堆事情等着处理，真正想做的事却遥不可及。难道女性的人生就该如此吗？当然不是，像老婆婆一样，表达自己的情绪，做一些勇敢的决定，事情也许会大不一样。

图1–5 安东尼·布朗著，《朱家故事》，河北教育出版社

——理解家庭角色，修正父亲的行为

《朱家故事》是我认为最适合爸爸们做亲子共读的一本绘本。有利于他们重新理解自己的家庭角色。书中的妈妈实在受不了爸爸和孩子们衣来伸手、饭来张口的行为，于是她罢工，并留下一张写着“你们是猪”的纸条。结果，爸爸和两个孩子真的变成了猪。后来朱爸爸和孩子们学会了做家务和照顾自己，妈妈也回到家中，并且还学会了修理汽车。家庭成员找到了和谐的相处方式。

荣格派精神分析学家艾伦·B.知念就专门研究以成年人和老年人为主角的童话故事，试图探究童话背后的心理，并出版成书[1]。他不仅为儿童而写，也为孩子们朗读故事的人而写，让朗读者在为别人讲述的过程中获得关于自己人生的领悟，这已经是图画书和儿童文学创作中十分普遍的现象。只要用心阅读，身为成年人的我们也能被童书治愈。

第二节　儿童阅读的形式

儿童的阅读有亲子共读、引导下的自主阅读和完全自主阅读三种形式。

这三种阅读方式各有优势，在不同的阅读阶段（年龄）里发挥作用，适用不同类型的童书。

问题1：什么是亲子共读？

亲子共读的阅读场景是家长怀抱孩子，或者两个人相互依靠在一起，共同拿着一本书进行阅读。家长和孩子双方都参与到阅读中，主要阅读的是图画书（即绘本）和入门级别的桥梁书，家长朗读和讲解，孩子观察页面并用耳朵聆听，必要时调动肢体，两个人的眼睛都盯着书本，时不时地进行眼神和口头交流。这种阅读活动，经常由家长发起。

问题2："听故事"和"亲子共读"有什么区别？

亲子共读要和给孩子讲故事区别开来。孩子如果只用耳朵听，完全不用眼睛看图书的页面，也不和父母进行互动，那么就不能叫阅读，只能叫"听故事"。"听故事"虽然对孩子的听觉和语言发展有一定作用，但不具备阅读的特征，长期用"听故事"代替"亲子共读"会降低孩子对于阅读活动的参与感，不利于孩子今后自主阅读的发展。

问题3：什么是父母引导下的自主阅读？

父母引导下的自主阅读场景是，孩子自己拿着书，独坐一旁自发阅读，父母在孩子的阅读场所中，但有限度地参与阅读过程。

---

[1] 指广西师范大学出版社于2016年引进出版的图书《从此以后：童话故事与人的后半生》。

这种形式主要针对孩子的识字量较小、知识结构不完善的情况，父母作为协助者的角色出现，对孩子进行引导或者示范。引导的内容包括生僻字的指读，人物、学科、历史背景知识的介绍，游戏书和思维创意类书籍的使用方法讲解等。对于只需要父母讲解游戏规则的图书，孩子熟悉之后也可以转变为完全自主阅读。

从时间上看，父母主要参与的是阅读前的准备工作。在阅读过程中和阅读后，孩子阅读受阻向父母求助时，父母才又参与进来。

问题4：什么是完全自主阅读？

完全自主阅读的场景是孩子完全自发的阅读，完全自主探索，父母可以不参与孩子的阅读过程。

这种情况不仅是指孩子具备一定识字量、思考判断和阅读理解能力后，能通过自己观察、模仿和查询资料等方式，解决阅读过程中产生的疑问的阅读方式。婴幼儿不识字时，只要孩子能够自己操作和阅读图书，并且大致理解图书的内容，也可以称之为完全自主阅读。

在实操中，大部分人都很难把控“讲书给孩子听”和“亲子共读”的界限。父母完全可以给自己放放假，专门挑选一部分孩子可以全程自主进行阅读的图书，培养孩子独立阅读的习惯，为小学阶段的独立阅读做好准备。

“亲子阅读”在特定的年龄段有着不可替代的优势，并且有超越阅读本身的意义，而“自主阅读”是儿童阅读必然的发展方向。学会如何阅读也是儿童时期重要的内容，为青少年和成年期的知识获取做好阅读能力的准备。两者同样重要并不矛盾。

那么，各个年龄段不同阅读形式占比多少才是合理呢？

表1-1 三种阅读形式在各个年龄阶段应占的比例

年龄段	亲子共读占比	父母引导的自主阅读占比	完全自主阅读占比
0~1岁	≤20%	≥80%	–
1~2岁	≈50%	≤30%	≥20%
2~4岁	≥80%	≈20%	≤10%

续表

年龄段	亲子共读占比	父母引导的自主阅读占比	完全自主阅读占比
4~6岁	≈50%	≈30%	≈20%
6~8岁	≤20%	≈30%	≥50%
8~12岁	–	≤20%	≥80%

以阅读的形式作为切入点，我们将各个年龄段儿童的阅读内容和特点做以下说明：

> 1岁前，主要存在两种情形，一是父母环抱儿童，或者躺坐在一起读童谣，讲简单的图画故事书；二是悬挂卡片和提供布书，或带按钮、触摸效果的纸板书。这些书孩子自己不识字也可以操作，父母只要进行示范，控制好时间，并确保孩子的安全。

> 1~2岁，亲子共读的部分需要慢慢增加更多的故事绘本和认知内容；原本依赖于父母示范和引导的幼儿书，孩子们已经驾轻就熟，能够自主地操作，并且可以通过看图画来理解整本书的内容。此时也是孩子通过自主阅读探索，建立翻阅图书习惯的关键时刻。

> 2~4岁，孩子开始有耐心和爸爸妈妈一起坐下来看书半小时，并养成了自己翻阅图书的习惯。亲子共读在这个年龄段最为重要。这个年龄段，孩子也可以自主阅读一些无字书、艺术活书和思维游戏等互动类童书，父母亲可以承担引导者的角色，也可以完全放手，让孩子自己阅读。

> 4~6岁，亲子共读的比例开始降低，维持在整体阅读的一半左右。孩子在父母亲的引导下开始大量阅读通识类读物和思维游戏书，并尽可能多地阅读无字书，增强对于纯图画的理解能力。在阅读的过程中，孩子们开始关注情节和动作。这些要素不是以文字的形式表现，但对于孩子抓住情节和动作的精髓非常重要，对以后的写作表达有着非常重要的促进作用。

> 4岁以后，孩子的自主意识发展迅速，和两三岁时表现出来的与世界对抗不同，他们开始认真思索，思索一些不可思议、父母也难以解答的问题，他们也渴望把这些表达出来。

> 5岁左右，孩子的人格特征基本形成，他们的认知模式与他们的统觉系统达成初步的统一，今后的认知发展都建立在这样的模式上。

> 6~8岁，是自主阅读的关键阶段，不论之前的阅读水平如何，孩子们在这个年龄段开始拉开真正的差距。有的孩子将阅读习惯长久地保持下去，有的孩子却因为各种各样的原因不再热衷阅读，在文字阅读的过程中举步维艰。

> 如果说孩子进入幼儿园主要是分离焦虑，孩子进入小学的焦虑则主要是学业和规则的双重压力，此时保留一定频率的亲子共读活动可以帮助孩子更好地度过这一艰难时期。用阅读交流的方式交心，让孩子知道父母永远在支持着他，远远高于阅读本身的意义。

> 8岁以上，孩子进入小学中年级，进入完全自主阅读的阶段。父母的主要任务是为孩子初步筛选，提供丰富的阅读材料。

第三节 儿童开始阅读的时机

在“80后”还小的时候，很难见到两三岁的孩子每天读书。现在，宝宝还在肚子里的时候，父母们就开始给孩子讲故事、听音乐和做胎教，孩子还没出生，就急急忙忙地准备一大摞书籍，等着孩子来阅读。这是一线城市中产家庭的真实写照。

但也并非所有的孩子都会早早地开始阅读。开始阅读的时间，有的孩子很早，有的孩子很晚。那么，孩子什么时候开始阅读是最高效的呢？这种高效对孩子而言，是能更快地吸收书中的内容，掌握阅读的方法；对于父母来说，也必须是方便操作和实现的。

一、培养阅读习惯的关键期

显然，在孕期和婴儿期为宝宝朗读绘本，并不是孩子自身的阅读行为。这只不过是给孩子讲故事，那孩子到底应该从多大开始阅读呢？

阅读和人的视力发展紧密相关，最早的被动阅读也是建立在正常视觉功能的基础上。3个月大婴儿的眼睛开始聚焦，并且能分辨颜色；4个月时，婴儿的左眼看左边发生的事，右眼看右边的东西，虽然他的大脑还不能把两边有差异的图像整合成一个全景，但已经可以辨别物体的轮廓。因此，被动阅读的起始年龄是3~4月龄左右。

最早的主动阅读与身体运动机能，尤其是手部精细运动密切相关，一般在9月龄时发生。此时的婴儿能够独坐，并且具有短时的专注力，他们的手指也已经能较好地遵从自己的意志，艰难地完成翻动厚厚的纸板书页的动作。

第一个关键期——18~24月龄

开始阅读和阅读习惯的培养是两回事儿。阅读习惯的培养，应当从18月龄，孩子开始表现重复行为模式，并在语言上迅速发展的时候开始。更小月龄的孩子，对于时间的感受来自于日升月落（也就是光线的变化），对于定时定点的阅读活动并不能形成牢固的记忆，想要变成习惯，爸爸妈妈得下更多的工夫。

加之此时的孩子的睡眠时间较长，睡眠一旦受到影响，其他行为也会随之受到影响。有的孩子能很快进入睡眠状态，有的入睡困难就会在睡前吵闹。我们如果强行加入睡前阅读的环节，只会让孩子更加烦躁。所以婴幼儿阅读的时间应该选择孩子的清醒时间，一般是睡饱了觉、吃饱了饭之后，可以全身心投入到阅读探索的时间。

而且，孩子的语言模式在两岁左右形成，阅读和语言高度相关。因此，为了促进孩子的语言发展，应该尽量在两岁以前提供丰富的语言学习素材。所以说，18~24月龄是培养孩子阅读习惯的第一个关键期。

第二个关键期——4~5岁

0~5岁是孩子大脑发育最迅速的时候，每一秒钟就有700~1000个新的神经元联结。孩子在这一时期有着非常突出的探索和表达欲望，这种内驱力促使他们通过各种方式求知。阅读就是其中一种最常见的求知方法。

同时，孩子的人格、审美观念和社会情感在5岁左右会迎来第一次固化。阅读活动最好在5岁以前形成基本模式，让孩子形成习惯。

此外，6岁进入小学，意味着孩子将会接触课本，相对枯燥的教育方式容易让孩子对图书产生负面的感受和情绪。

因此，父母在孩子接受正式学校教育前，最好能让孩子有一定的阅读量，并养成阅读习惯。

二、迟一点没关系

前面说到，实际上大多数家庭都不会让孩子在婴儿期开始真正的阅读。所以大家也完全不必焦虑。人天然有获取知识和经验的需求，阅读也是终身的阅读，只要开始，永远不晚。

婴幼儿期就开始阅读虽然占得先机，更有利于长期的阅读习惯培养，但也要注意，如果完全用亲子共读代替自主阅读，那么孩子养成的很可能是听故事而不是阅读的习惯。这就是为什么有的孩子一直在阅读，但进入小学以后还比不上那些没有阅读经验的孩子。

实际上，阅读质量的好坏、阅读能力的高低与开始阅读的时间没有必然关系，但与书籍选择、阅读的方法密切相关。找到适合的书，用适当的方式进行阅读更加重要。

对于小学才开始进行课外阅读的孩子而言，在家庭内进行目的性明确的“绘本阅读教学”是帮助孩子尽快进入状态的一种方法（已经具备一定阅读能力的孩子则不需要使用这种方式）。用故事性强的桥梁书和漫画书作为主要阅读材料，制定合理的阅读计划，也能够迅速提升孩子的阅读能力。（详见后文）

第四节 儿童阅读习惯分析和常见误区

一、1000本还是144本?

2020年中国新闻出版研究院公布的第十七次全国国民阅读调查结果数据显示，2019年0~8周岁儿童图书阅读率为70.6%，较2018年的68%提高了2.6%；9~13周岁少年儿童图书阅读率为97.9%，较2018年的96.3%提高了

1.6%。通过对未成年人图书阅读量的分析发现，2019年我国9~13周岁少年儿童人均图书阅读量为9.33本；0~8周岁儿童人均图书阅读量为9.54本。在0~8岁有阅读行为的儿童家庭中，平时有陪孩子读书习惯的家庭占到94.3%。[1]

这个数据反映了亲子共读已经成为了普遍现象，也反映了孩子们一年平均的阅读量不到10本。0~12岁的十二年时间，孩子的阅读量不到120本。

如果按照平均一个月阅读一本书计算，孩子至少也应该读144本书。但实际情况是远远没有达到这个最低标准的。这和学前读完1000本书的计划（1000 Books Before Kindergarten[2]）所提倡的阅读量相差甚远。

学前阅读1000本书，也就意味着0~6岁的六年时间中，每个月要阅读13本书，平均2~3天就要阅读一本。这个阅读量分解之后看上去也不难完成，但考虑到两岁前的阅读时间和能力极其有限，900本左右的阅读量都要在2~6岁完成，一个月要阅读约18本左右。

面对这种阅读计划，有家长提出疑虑：6岁以前不应当以自然游戏、运动等为主要活动内容吗？这种阅读计划是否科学？家庭如何能承担如此庞大的图书购买支出？

的确，与大自然亲近，发展肢体，多做与生活相贴近的工作对0~6岁的儿童更加重要。儿童的一切学习都要基于他们的生活现实，书本中的文字和图画，如果不能和孩子的生活产生连接，那么单纯的文字和图画本身就将失去意义。在华德福的教学理念中，倡导孩子多与自然接触，多用聆听的方式，而不是直接看着书本阅读的方式，尽可能地用视觉以外的感官，让身心灵更加敏锐也更加丰富。瑞吉欧、高瞻和蒙台梭利等西方主流的教育观念也都强调多元的学习内容。

---

[1] 这里提到的本数都是指课外阅读，不包含教材和教辅。

[2] 发起该活动的非营利组织免费向家长发放读书登记本，用以记录每天读的书。同时他们还与美国和加拿大各地的图书馆合作，在图书馆的网站上提供电子版的读书登记本。每个登记本可以记录100本书，填满后拿到图书馆可换回一个小贴纸并领到新的登记本。该计划有苹果手机的APP配套。图书馆为此组织亲子活动，家长之间可以交流经验。

那么入学前1000种图书的计划和一个月读一本书的阅读计划哪种更加科学呢？大量的阅读是否会占用过多时间而与其他活动相冲突？

回答这两个问题前，我们要先弄清楚阅读质量和数量孰轻孰重。

二、注重质量而非数量

6年时间阅读1000本甚至2000本都是完全有可能的，有一些阅读推广人曾在公开场合表示，一个晚上可以和孩子一起阅读十来本书。这种差异便由精读和粗读的不同造成的。

家庭经济实力允许时，粗读——也就是了解大意和大致知识的读法——无可厚非；在购书经费有限的情况下，适当提高精读的比例，对于大部分家庭来说更加可行。

通常，6岁以前的儿童一周能够精读的图书最多1~2本。儿童对于自己喜欢的图书，会反复阅读数次，并经常会拒绝父母关于“这本书我们已经读过很多次，换一本新的”的请求。受儿童的信息接收能力和习惯所限，一本32页的图画书，幼儿很可能需要10遍以上的阅读才能弄清人物和故事结构，熟悉和记忆文字则需要更多次的阅读。而一本迷宫书，则同样需要玩上十来遍，才能弄清楚规则和线路（如果玩了一次就不再也不想玩，极大可能是过于简单或过于困难）。

一本书的第一次精读可能要花上20~60分钟，如此算来，除了孩子其他事情所需要占用的时间，一个晚上看十来本书只可能是匆匆一读。

所以，关键是每本书都物尽其用，爸爸妈妈们不要受其他家庭的阅读状况影响而给自己施加压力。

三、拒绝阅读打卡

为了避免阅读量造成的焦虑，父母最好不要参加阅读打卡活动。打卡活动是各种阅读机构为了招揽生意、提高顾客忠诚度而想出来的招数，并且用来做阅读打卡的童书也往往质量堪忧。

真正的阅读应该是放松的、自由的，不必当作任务去完成，更不需要在朋友圈炫耀孩子的读书水平和进度。

尽管参加许多打卡活动也并非父母的初衷，但打卡的行为会加剧焦虑。实际上，一旦中断会给家长造成心理负担，进而也给孩子造成“唉，你昨天忘记看书了，今天补上”的阅读负担。只要开始打卡，父母就会关注孩子的阅读进展，但阅读是一件见效缓慢的事情，儿童阅读的文字和图画不会立竿见影，而是慢慢地建造孩子的品德和知识系统。在后文，我们将讨论如何帮孩子建立起阅读的习惯，并提供一些小技巧帮助父母坚持下去。

为了掌控孩子的合理阅读量，不妨在制定阅读计划时先画一个表格，并随着孩子的能力变化而做调整，让阅读消费和阅读过程更加理性。

四、了解儿童阅读的特点

人类自婴幼儿期就表现出惊人的学习能力，每一个婴儿都像一台超级计算机，可以快速接受外界的信息。同时，他们对于情绪和场景有着敏锐的观察，并能迅速地做出反馈。

这些天生的信息获取高手是怎样利用阅读行为获取所需的信息呢？他们在阅读的过程中又会表现出哪些不可思议的特点？

特点一：不断地重复阅读，一本书读100遍都不够

我们经常看到下面的场景：孩子六岁前，我们总是听到“再一遍吧，再一遍吧”，多过听到“看一个新的故事”；而六岁后，孩子会如饥似渴地不断寻找新的内容，总是期待着系列书的下一本。为什么呢？

首先，婴幼儿的重复阅读行为，很好地帮助了孩童在幼年期获得充分、详细和准确的信息。

一个两岁左右的孩子，在和父母一起阅读《女巫扫帚排排坐》20~30遍后，他就可以背出某段情节；把阅读次数提高到约50次，孩子几乎可以将整本书的文字内容一字不差地复述出来。

通过不断地循环往复，孩子一次次修正和完善他所听到的文字信息，并吸收使用。图画内容的部分也一样，孩子通过一次次对页面的细致观察，逐次加强对整体画面和细节的认知。

最终，孩子通过一字一句一图一画的点阵式拼凑，将整本书的内容都牢牢记下，用这些图画和文字构建自己的图库和语言库。

其次，重复阅读图书可以消解不确定性。

孩子总在不停地面对新事物，所有未知的事物都是诱惑，同样也是恐惧。当生活中充满不确定性，事情总是不能朝他们预料的方向发展，孩子也会开始自我怀疑和迟疑。

“我就知道会这样”的阅读评论，实际是孩子对于身边事物操控力的自信宣言，这将给他们勇气做更多的尝试，并通过多次的努力将结果拉向自己期待的方向。

另外，重复的故事对作为讲述者的父母来说更为简单，孩子们想用这种委曲求全的方式，争取父母更多的陪伴时间。

虽然不断重复让父母心生厌烦，但对孩子而言，父母的厌烦总好过磕磕巴巴讲不清楚的糟糕阅读体验。当信息交流的双方都对内容足够熟悉，阅读就能告别感受和记忆的阶段，上升到讨论甚至辩论阶段，获得更为多样的信息输入。

但当孩子已经完全掌握书本的内容，孩子就再也不愿意打开这些昔日的最爱了。

孩子自己懂得利益最大化。当孩子经过了长达六年的阅读练习，他们获取信息的效率飞速提升，学会了信息筛选。他们便不再需要一遍遍地重复阅读，此时阅读笔记和阅读交流开始发挥更重要的作用。

孩子不再要求重复阅读，也可以视作他们需要向下一个阅读阶段发展的标志。这提醒着父母，应该给孩子准备桥梁书和更丰富的阅读内容了。

特点二：用身体和大脑一起阅读

用眼睛看是阅读的必要环节，但不是唯一方法。

婴幼儿具有极强的学习力，他们大脑里的神经元期待着大量的知识填入。但由于他们太缺乏社会经验了，必须像科学家一样，通过一次次试验去验证，设定条件，不断地模拟和测试，最终找到自己所需要的信息。在这个不断模拟和测试的过程中，视觉只是其中的一环。

儿童最早的阅读是从啃咬和聆听开始的，有时他们也会用上自己的小鼻子，紧接着触摸和其他的手部运动占据了主要地位，直到他们真正学会使用文字。

即使学会了文字，孩子依然需要通过调动身体的全部感官参与阅读。他们会用模仿的方式，去模拟他们所看到的文字和学科知识。在文学作品里学到的词汇、句式和修辞手法，会稚拙地出现在他们自己的作文里；文学作品里看到的玩笑会被他们用在同学身上，小机灵也有可能被用在生活中；拆卸玩具也不只是幼儿期的随意行为，他们会用自己学到的机械理论有方法地“拆家”；艺术创意类的图书，里面本身就提供了材料包和创作步骤，满足儿童跃跃欲试的心理。

有研究表明，听到的东西人们只能记住20%，看到的只能记住30%，同时读、听和看能记住50%。当人们能够像其他人一样解释这些知识，就可以记住80%。当人们读、写、听、说，并且通过一定方式表现出来，就可以记住90%以上了。[1]这也说明孩子需要尽可能多的调动感知觉，并进行讨论和实践。

孩子用手脑并用的方式，在各个维度上和图书内容互动，掌握且最终获得超越于图书内容的阅读体验。

特点三：有序的信息获取方式

为了最高效率地获取信息，儿童的手、感知觉器官和脑是如何协作的呢？

儿童的不同学习敏感期决定了孩子信息获取的重点。

> 语言的敏感期

口语：7个月~2.5岁

书写：3.5~4.5岁

阅读：4.5~5.5岁或6岁左右

数学：4.5岁

> 动作的敏感期

获取自主动作：0~2.5岁

精致化动作：2.5~4岁

---

[1] （法）让娜·西奥—法金著.如何养育有学习障碍的孩子【M】.张之简译.上海:生活·读书·新知三联书店.2017

> **感官的敏感期**

获取感官印象：0~3岁

感官分类和精致化：2.5岁或3~6岁

> **秩序的敏感期：0~5岁**

细小事物敏感期：15个月~2.5岁

> **社会性行为敏感期**

优雅和礼仪：2.5~6岁[1]

例如，爬行期的孩子会盯着图案，试图弄清楚这个轮廓是什么东西；口欲期的孩子会迫不及待地尝一尝书的味道；声音敏感期的孩子会疯狂按下声音书的按键，丝毫不关心书中表现的文字和图画内容；细小事物敏感期的孩子开始关心书中细节处不同寻常的地方，比如翻页、转盘还有其他的小机关；社会行为敏感期的孩子会注意到图画书中人物表现出来的社会行为，并进行评价。

针对这些敏感期，父母可以怎么做？

幼儿总是会先关注声音，再注意图画，最后将目光停留在文字上。阅读的节奏足够慢，次数足够多，他们才有余力在文字上做更多停留。这要求父母参与共读时，尽量放慢节奏。

进入指读期（大约4~5岁）的孩子会先关心文字，再关心图画，他们渴望了解每一个字。这是加大孩子识字量的最好时期。

处于秩序敏感期（1~4岁）的孩子先被细节吸引，继而发现整体的精妙。他们迫不及待地去操作书里可以活动的部分，寻找隐藏的信息和线索，反而忽视主线情节的发展。

直到他们开始完全的自主阅读，才会意识到主角与故事情节的存在。此后经过大量的阅读和技巧的学习，孩子们在青少年期就能真正掌握阅读的方法，达到信息获取的平衡。

而当孩子们处于社会行为的敏感期时（6岁左右），他们关注书里的职业和行为。此时，父母应当提供关于职业和人物传记相关的图书，并开始帮助孩

[1]（意）玛丽亚·蒙台梭利著.蒙台梭利儿童教育手册【M】.蒙台梭利丛书编委会译.北京:中国妇女出版社.2017

子树立“理想”。

五、“没读完的书”和“读不完的书”

孩子对有些书爱不释手，但并不是所有书都会得到孩子的青睐。书买回来，孩子不爱看，或者只看其中几页，买书的钱不就白花了吗？怎么解决这个问题呢？

一本书没被读完，有以下几种可能性：

1. 这本书对于儿童而言就只有阅读片段的价值。

书中的大部分信息孩子已经从其他地方了解了，他只需要了解书中的某一部分内容来补充他的知识结构。

图1–6 李欧·李奥尼著，《鱼就是鱼》，南海出版公司

——寓言故事在不同的需求下也可以读成科普故事

绘本讲的是一只异想天开的鱼想像青蛙一样离开水去探寻外面的世界。这本充满想象力的书，可不一定会让孩子关注鱼对于外界生物的奇思妙想，也不一定会让孩子感叹鱼就应该生活在水里。有的孩子的关注点可能在那只青蛙：一条像鱼一样的蝌蚪长出了四条腿跳上了岸。幼儿的兴趣点在于蝌蚪是怎么变成青蛙的，他们以细节切入的学习方式，想要搞清楚两栖动物到底是怎么回事。作者原

本的创作意图完全没有被孩子理解，但这样读下来，书对于孩子还是有价值和意义的。

这种情况可以避免，家长们可以根据自己家庭的消费能力，优先选择内容上没有重复或者较少重复的图书。除非孩子非要看内容差不多的书。

2. 父母过早地囤书，选择了一些不适合孩子阅读水平的书，孩子目前的阅读能力只能做到理解部分的内容。

这些书不会被浪费，等孩子的能力提升，再将书拿出来，孩子仍然可以阅读。

图1–7 郝广才著，《中国传统文化绘本（全四册）》，新星出版社

——具有韵律感的图画书适读年龄跨度大

作者将中国古代哲学思想改写，加入图画，创作了《熊梦蝶》等系列作品。《鱼儿水中游》是讲老庄哲学的，其中有一段非常经典的庄子和惠子的对话，郝广才将其用现代汉语表现出来，依然有“子非鱼，焉知鱼之乐”原文的妙趣。语言文字的韵律和节奏非常统一，将一个观点绕来绕去，呈现了绕口令的感觉。两三岁的幼儿非常喜欢阅读这一段，他不太可能理解这段话表现的意义，却热衷欣赏这段文字的美感。

这样的书，孩子十来岁仍然可以读，只是阅读的重点发生了变化。

3. 选了孩子不感兴趣的书，或者质量不好的书。

如果我们不会挑选，总是自以为孩子喜欢什么，就会经常遇到这种情况。而品质不佳的书、盗版书也会影响孩子的阅读兴趣。

六、不喜欢阅读的几种假象

如果从宝宝刚出生起便试着培养孩子的阅读习惯，给他丰富的阅读体验，孩子就一定会爱上读书吗？

当然不是！

即使小小年纪就感受到阅读的真正魅力，孩子也可能在某些时间段突然丧失对阅读的兴趣。这就是家长经常抱怨的——孩子怎么突然不爱看书了。

但大多数情况下，他们只是呈现出不爱阅读的假象。这时孩子们可能遇到了阅读的难题，需要父母伸出援手。

如果你已经准备好适合孩子的书，孩子还是不爱看书，原因可能是以下六种情形中的一种或几种。

第一种情形：随时发生的情形——“爸妈不爱读书凭什么要我读”

孩子天生有着极强的观察和模仿能力，如果家中有两个孩子，家长更能体会到这一点。小的孩子会模仿大孩子的一切行为。阅读这件事也是一样，大孩子如果坐下来看书，小的那个也会装模作样地坐在旁边，假装看得津津有味。想要小宝宝爱上看书，那就和大宝宝协商好，便会事半功倍。

对大多数孩子而言，第一个模仿的对象是自己的父母。如果孩子们发现，相较于读书，父母更喜欢刷手机。孩子一下子就泄了气，因为家里需要读书的就只有孩子自己而已。

对于父母而言，选书还要陪读，难免有时候想要一点自己刷手机的时间。因此父母要学会使用一些技巧。

首先，父母们的娱乐活动可以尽量避开孩子看书的时间。

其次，把自己的阅读时间和孩子尽量安排一致。跟孩子分享自己在阅读什么，哪怕是星座八卦的、美食的、旅游的，可以让孩子知道每个人都有自己的阅读喜好，每个人都可以选择适合自己和自己需要的书来阅读。

如果家长真的完全没有阅读爱好，也没有阅读时间，可以选择多带孩子去书店、绘本馆和图书馆。在家里无法获得的阅读环境，可以在这里让孩子获得。

此外，给孩子看一些关于“书”的图书，也不失为一种办法。

表1-2 关于“书”的书

书名	作者	适读年龄	适用情形
《我喜欢书》	安东尼·布朗	1岁+	婴幼儿期反复灌输爱书的观念
《吃书的孩子》	奥利弗·杰夫斯	3岁+	告诉孩子读书的正确方式
《千万不要打开这本书》	亚当·赖豪普特	3岁+	利用孩子的逆反心理 这本书里有许多阅读互动，让孩子一步步体会到阅读的趣味
《动手自己做一本书》	纳迪娜·帕尔马茨	3岁+	了解书的制作与出版过程
《爱看书的男孩》	凯·温特斯	3岁+	提供爱阅读的榜样
《拥抱这本书》	巴尼·萨尔茨伯格	3岁+	告诉孩子，可以怎样和书互动
《书之子》	山姆·温斯顿	4岁+	展现书的奇妙，介绍儿童文学
The Book with No Pictures	B.J.Novak	6岁+	适合图文过渡期的孩子， 没有图画也有阅读的趣味
《别以为你不爱读书》	弗朗索瓦丝·布歇	8岁+	成为爱书人的好处

第二种情形：1~2岁——探索世界的欲望战胜阅读的欲望

当孩子学会走路后，似乎不容易被书吸引了。当你声情并茂地给他讲故事时，他却总是走来走去，或者摆弄手里的玩具。

如果这个时候，你刚好结束了一天的工作，难得腾出时间陪伴他，旁边又有人还添油加醋地说：“你看你买那么多书，孩子根本就不爱看。”这时，你是不是怒不可遏了？收起怒气和失落吧，孩子的这些行为并不代表他们不喜欢看书。

首先，孩子在学会走路之后，他可以探索的范围比原来大了数倍，太多新奇的东西等着他去发现。一个红彤彤的苹果要比书上的苹果更吸引人，我们看书上的内容不就是为了帮助孩子理解生活中实际存在的事物吗？

让书本和现实世界发生联系，本身就是一种很好的阅读方式。

其次，孩子也许在你身边跑来跑去，但这并不意味他没有听你讲述的内容。仔细观察，他是不是会偶尔跑过来瞄几眼书上的画面？是不是在某些时候，他会突然使用某本书上的词汇？父母要做的就是允许孩子多线作业，以便他们尽可能多地吸收信息。

当然，选择恰当的书，并使用良好的讲授技巧，会让孩子更安静地坐在父母身旁享受阅读时光。如果他们老跑来跑去，也不用太担心，只要父母不鼓励他们这种做法，随着年龄的增长和阅读需求的增加，他们会自然而然地养成安静坐下来阅读的习惯。

最后，父母一定要分析，是不是亲子共读变成了父母讲故事。父母的行为让孩子觉得他不需要坐下来、参与进来。

第三种情形：2岁以上——电子屏的诱惑

电子产品绝对是儿童阅读习惯的最大对手。甚至可以说，不恰当地使用电子产品会打乱父母给孩子培养的所有学习习惯。

教育专家们，尤其是华德福、蒙氏教育的专家，一再强调不要给孩子们看视频和电子书。但身处在这样一个数字化的时代，完全避免是既不可能也不科学的。

①如果两岁以前就沉迷，是什么原因？

2岁以前的孩子，会被鲜艳的色彩和尖锐的声音吸引，但不会对屏幕产生过分的兴趣和长时间的注意力。他们的认知水平决定了他们看不懂屏幕上表现的内容，这些内容也不会比不停抽取卫生纸、拿笔到处乱画、在桌子上爬上爬下更有趣。

如果孩子在2岁前就已经出现沉迷行为，说明过于缺乏亲子陪伴。

②孩子对视频产生兴趣的第一个高潮（2~3岁）

孩子对于数字化内容的兴趣在2~3岁出现第一个高峰，这也是大多数家庭开始给孩子使用电子产品的年龄。这时他们喜欢的是《小猪佩奇》《嗨，道奇》《巴巴爸爸》《米奇妙妙屋》《巴布工程师》《托马斯和他的朋友们》和《汪汪队立大功》等。这些影片能帮助孩子们更好地认识世界，管理情绪。但如果孩子因此不爱看书了呢?

首先，给初接触电子产品的孩子立下规矩，记住，是第一次就立下规矩。

然后，用趣味性和互动性强，且能够自己独立阅读的书去吸引孩子；增加亲子共读的时间和深度，有了父母的陪伴，孩子自然会觉得书比电子产品有趣。

同时，利用孩子们喜欢的动画，加深他们对于图书的喜爱。几乎所有的动画IP拥有者都不会放过将动画片IP衍生成图书出版的获利方式。

③孩子对视频沉迷的第二个高潮（5~7岁）

这个年龄段的孩子们喜欢奥特曼、DC和漫威的超级英雄、芭比公主、小马宝莉、葫芦娃或者《西游记》。此时的沉迷，与孩子在幼儿园、小学的人际交往密切相关。孩子为了获得与同伴的话题，会不断地去深入了解，以便于在孩子们中间做最懂这些内容的那个人。

可以阅读这些动画相关的图书，熟悉的动画形象的图书和玩具能带给孩子安全感和成就感，英雄故事可以培养孩子正确的价值观，引导得当能够帮助儿童心理健康发展。

④孩子沉迷游戏和直播（8岁以后）

当孩子进入小学中高年级以后，沉迷网络游戏就成为阅读的最大对手。

适当的游戏反而能防沉迷，大多数人在生活中都会经历“沉迷”，也许是阅读的沉迷，也许是绘画的沉迷，也许是食物的沉迷，当然也有可能是网络沉迷。适当满足需求，正确地运用网络做正确的事情，是我们生活在现代社会应有的素养。我们回想自己的人生，当我们高三毕业，摆脱束缚进入高校学习时，通常都会出现一个沉迷期，反倒是那些很早就学会善用网络的孩子能够更快地进入状态，不需要大人盯着学习。

⑤部分产品去帮助孩子更好地学习和生活才是最佳选择

以视频内容和有声书为主的线上知识付费，在某些学习方面却有着难以替代的作用。例如，当孩子要学习天文学，了解太空知识时，再生动的图书都无法展现出宇宙的迷人样貌。但应用程序漫步太阳系（Solar Walk Lite）以及BBC出品的宇宙纪录片却能很好地展示宇宙中各类星体的运转，并展现出各个星体之间的相互作用。电子出版物具有的交互性，还能让孩子就自己的兴趣去查找信息，观测星球的具体参数和周边环境，获得更加深入的学习体验。

⑥童书经常被改编成动画片和电影，两者同时使用可以促进孩子在不同媒介下的认知水平。

不同形式的内容产品有不同的价值，童书以其丰富的内容为动画片和电影提供了充足的素材，为导演和编剧带来了无限的灵感。不少动画片和电影都是由童书改编的。

下面梳理并总结了由图书改编而成的动画或真人电影。父母可以让孩子先阅读纸质图书，再给孩子们看相关的视频，作为拓展学习。让孩子感受不同人对于同一作品的理解，丰富和拓展他们在书本上看到的内容。

表1-3 改编自绘本的系列动画片

原著作品/改编后名称	主要内容和推荐理由	适合年龄
考拉贝贝系列/《蓝色小考拉》	1.每集约5分钟，内容是生活常识和行为礼仪； 2.词汇贴近幼儿生活； 3.语速慢，适合幼儿语言发展； 4.蓝色和粉色为主色，画面平稳，给人安定感。	2岁+
小鼠波波系列/《小鼠波波和他的朋友们》	1.每集约5分钟，涉及幼儿生活的方方面面； 2.画面干净，颜色鲜艳，图画以几何形状为主； 3.无对话，旁白很少。	2岁+
小猪威比系列/《小猪威比》	1. 每集10分钟，每集都是一个童话故事； 2. 水彩风格，画面清新，视觉感受舒适； 3. 音乐、对白和威比的自言自语相互配合，节奏感和韵律性强。	2岁+
《猜猜我有多爱你》/同名	1.每集约22分钟，水彩风格，语速缓慢； 2.注重口语表达，多拟声词和俚语； 3.小兔子和兔子爸爸的树林生活，一起解决日常中的小问题。	2岁+
超人兔系列/同名	1.每集5分钟，以男孩为主角的家庭故事； 2.画面简单、稳定； 3.角色完全脱离动物的行为，拟人化。	3岁+

续表

原著作品/改编后名称	主要内容和推荐理由	适合年龄
《查理和劳拉》/同名	1.每集约10分钟，纠正行为习惯； 2.语速缓慢，帮助口语提升； 3.画面混合了手绘和照片，新奇又犀利。 4.兄妹俩的成长故事，适合二胎和多胎家庭。	3岁+
《嘟嘟和巴豆》/同名	1.每一集去一个地方冒险，了解风土人情； 2.延续绘本中的温柔语调，让孩子安定； 3.两只小猪的友谊故事，温馨朴实。	4岁+
Little Malabar /《小小科学探索家》	1.每集约3分钟，探索宇宙中的物理知识； 2.从孩子的感官和自身体验出发讲解知识，语言表达形象。	3岁+
Let's Explore with Messy /《梅西去乐趣岛》	1.讲述梅西和朋友们进行科学探险的故事；包含与生活相关的物理、化学、生物知识； 2.从生活出发，教孩子思考和解决问题。	4岁+
《艾特熊和赛娜鼠》/同名	1.每集12分钟； 2.淡雅水彩画，画面宁静； 3.友谊的故事，有趣又治愈。	4岁+
《青蛙弗洛格和朋友们》/《青蛙弗洛格的成长故事》	1.每集约7分钟； 2.讲述小青蛙和4个朋友的故事； 3.画面看似简单，但故事节奏丰富。	5岁+
《不一样的卡梅拉》/同名	1.每集约12分钟； 2.卡梅拉一家的故事，结合文化科学知识； 3.故事情节中有人际相处经验，知识点丰富。	5岁+
《彼得兔和他的朋友们》/同名	1.每集12分钟； 2.彼得兔和朋友们与敌人斗智斗勇，用动物表现人类的情感与品格。	5岁+
《神奇校车》/同名	1.每集约22分钟，还原图书内容； 2.讲科学知识，可帮助理解原文。	6岁+
《老鼠记者》/同名	1.每集约23分钟，每一集都去不同的地方历险； 2.探案故事扣人心弦，激发孩子的阅读兴趣； 3.知识内容丰富，帮助孩子理解原著。	6岁+

续表

原著作品/改编后名称	主要内容和推荐理由	适合年龄
《内裤超人》/同名	1.每集约23分钟，图书内容还原度高； 2.四年级的校园生活，跟书一样每集分节； 3.跌宕起伏，笑点密集； 4.插入知识点，和观看者互动。	6岁+
《淘气包亨利》/同名	1.校园故事，每集11分钟； 2.英式英语，语速较快，需要有一定英语基础； 3.幽默夸张，符合6~8岁孩子的心理。	6岁+
Fancy Nancy /《漂亮的南希》	1.每集约1分钟，音乐剧形式； 2.纯正美语，语速偏快； 3.展现女孩生活的方方面面，培养乐感。	6岁+
《忙忙碌碌镇》/ *Busytown Mysteries*	1.每集约12分钟，故事发生在忙忙碌碌镇； 2.相比原著增加了why and how模块，解决镇上发生的各种问题。	6岁+
《雅卡利的神奇冒险》/同名	1.每集约10分钟，印第安男孩的冒险故事； 2.正能量的冒险故事，鼓励孩子勇敢，认可自己。	8岁+

表1-4 改编自绘本和文学作品的动画电影和短剧

原著作品/改编后作品	主要内容和推荐理由	适合年龄
《女巫扫帚排排坐》/《女巫和她的扫帚》	1.约25分钟，将图书中的故事补充得更为完整； 2.影片保持了图书原文的韵文风格，更加细致地表现了不同动物的习性和特点。	3岁+
《咕噜牛和小妞妞》/《咕噜牛宝宝》	1.咕噜牛宝宝的森林历险记； 2.故事流畅，充满勇气和智慧。	3岁+
《姆明谷的故事》/《姆明谷的彗星来袭》《姆明谷与冬季仙境》	系列3D动画，展现了姆明谷惬意的生活，展示出应对生活中小困难的勇气。	4岁+

续表

原著作品/改编后作品	主要内容和推荐理由	适合年龄
《迷路的小企鹅》/《远在天边》	1.约24分钟，讲述了一只企鹅和小男孩的友谊故事； 2.引发孩子思考是回归同类还是与朋友相伴。	4岁+
《你看上去好像很好吃》《永远永远爱你》/《你看起来好像很好吃》	1.将宫西达也的两本书改编为一个故事，主题为亲情，附带讨论到不同物种的相处； 2.画面色彩饱和，节奏适中。	6岁+
《阴天有时下肉丸》/《天降美食》	改编为一个男孩为了解决岛上沙丁鱼减产，而进行创造发明，并造成了真正灾难的故事。	6岁+
《爱花的牛》/《公牛历险记》	将原书简单的故事扩写，反映拒绝暴力、追寻自由、与人为善的观念。	6岁+
《驯龙高手》/同名	这个故事展现了勇气和友情，以龙和维京勇士这些男孩子喜欢的元素，展开充满魔力的故事。	6岁+
《亚瑟和迷你墨王国》/同名	1.亚瑟为寻找外公留下的财宝进入迷你王国，发生了一些惊险刺激的冒险； 2.让孩子们知道小人物也可以成就大事业。	6岁+
《借东西的小人》/《借东西的小人阿莉埃蒂》	有真人电影和动画电影，动画电影风格清新，展现不同种类的相处。	8岁+
《鬼妈妈》/同名	1.卡洛琳来到镜像世界，和绑架了自己父母的鬼妈妈斗智斗勇； 2.关于勇气与智慧的故事，让叛逆期的孩子们重新认识亲子关系。	8岁+
《哈尔的移动城堡》/同名	魔法、战争和成长的故事，让青少年感受到残酷战争背后的美好人性。	8岁+
《银河铁道之夜》/同名	充满想象力的童话，乔班尼的火车之旅。	8岁+
《失物招领》/同名	展现一个奇特的工业化世界，引人反思科技文明的进程。	8岁+

表1-5 改编自绘本和儿童文学作品的真人电影

原著作品/改编后作品	主要内容和推荐理由	适合年龄
《野兽国》/《野兽家园》	麦克斯离家出走，遇到野兽，释放自己后归于平静的冒险故事，高度还原原著绘本的内容。	3岁+
《丛林之书》/《奇幻森林》	被狼养大的毛克利的丛林冒险，既有人性的光辉，又有森林的狂野。	6岁+
《极地特快》/同名	小男孩坚信圣诞老人的存在，圣诞前夕，他真的获得了北极狂欢之旅，相信“相信的力量”，提醒我们保持童心。	6岁+
《造梦的雨果》/同名	雨果·卡布里特遇到了一位玩具推销员后，进入了一个无比奇特的世界，然后和魔术大师兼科幻电影制作的始祖乔治·梅里爱结交的奇妙故事。	6岁+
《奇幻精灵事件簿》/同名	格雷斯家的三个孩子努力地保护着奇幻精灵事件簿，防止它落入坏人的手中，他们只有团结起来，才能解救处在危难中的家人。	8岁+
《记忆传授人》/同名	一个完美的世界，在一位少年成为“记忆的接受者”之后崩塌的故事。	8岁+
《随风而来的玛丽阿姨》/《欢乐满人间》	魔法保姆玛丽帮助班克斯家的四个孩子找到生活的乐趣，并让他们的父母发现自己养育的问题的故事。	8岁+
《通往特蕾比西亚的桥》/《仙境之桥》	杰西和转校生莱斯利一起运用想象创造出一个叫特雷比西亚的王国，每个孩子都值得一个只属于他们自己的王国，展现青春时的友谊和成长。	8岁+
《波特莱尔大冒险》/《雷蒙·斯尼奇的不幸历险》	三个孤儿因继承了一笔遗产，而遭到觊觎这笔遗产的欧拉夫伯爵的追杀，三个孤儿为此与欧拉夫伯爵斗智斗勇的故事。	10岁+
《穿条纹睡衣的男孩》/同名	讲述二战期间，集中营德国司令官的儿子，和集中营的一个犹太男孩的友谊。从孩子的视角解读战争和人性，展现战争的残酷。	10岁+

续表

原著作品/改编后作品	主要内容和推荐理由	适合年龄
《星期三的战争》/同名	每周三下午，基督徒霍林不得不与严肃的贝克夫人一起待在教室，两人之间展开了一场旷日持久的“战争”，这个故事展现了“阅读”的意义。	10岁+
Hoot /《我爱猫头鹰》	罗伊和两个小伙伴发现，地产开发商的新计划会破坏当地的生态环境，威胁濒临灭绝的猫头鹰，三个具有责任感的中学生决定挺身而出，保护这些小鸟。	10岁+
《小屁孩日记》/同名	讲述初中生格雷在学校和家庭生活中的种种趣事。	8岁+
《佐贺的超级阿嬷》/同名	讲述昭广在佐贺乡下的阿嬷家度过的日子，在物质匮乏的岁月里，家庭的温暖让孩子心灵充盈。	8岁+
《了不起的狐狸爸爸》《查理和巧克力工厂》《玛蒂尔达》《飞天巨桃历险记》等/同名	罗尔德·达尔的大部分作品被拍摄成了电影，电影和原著一样，构思巧妙有趣，引人入胜，这些故事表现人性的弱点和贪婪，孩童的天真与善良，具有讽刺社会现实和激发孩子想象力的作用。	6岁+
《灵犬莱西》/同名	莱西返家的几百里旅程，故事里展现出来的动物的灵性令人感动。	8岁+
《帕丁顿熊》/同名		6岁+
《夏洛特的网》/同名 《精灵鼠小弟》/同名	动物与人类相处的故事，故事温馨，让孩子感受到动物的灵性，产生与动物平等相处的关爱之心。	6岁+
《浪漫鼠佩德罗》/同名		6岁+

但孩子如果有认知和发展的问题，就要尽量避免使用电子产品以及观看视频，以免进一步破坏孩子的感知力。

第四种情形：4岁以上——没有选择权，总是被迫看书

儿童的阅读是孩子生活的一部分，就像收拾打扫、游戏、手工、人际交往一样。如果家长期盼孩子能够独立，却连阅读的自由都不给孩子，孩子怎么可能获得精神世界的自由。父母与孩子再亲近，也不可能完全了解他们的需求和

喜好，也没有哪一个人能够完全洞悉别人的所思所想。

孩子的审美趣味在逐渐形成，开始有自己的判断和选择。这种矛盾在孩子4岁时会明显地表现出来。父母必须意识到，家长所喜欢的和孩子所喜欢的，中间总有一条难以逾越的鸿沟。叫好又叫座在文化行业是一件极其困难的事情。获奖作品有时曲高和寡，即便是畅销榜的前几名，也会有孩子不喜欢。

图1-8 安东尼·布朗著，《我爸爸》《我妈妈》，河北教育出版社

《我爸爸》《我妈妈》是常年蝉联图画书销售榜的超级畅销书，几乎每个家庭都会购入一套，有的家庭甚至会因为孩子喜欢而重复购买好几套，但不喜欢这本书的孩子也大有人在。随便在各大搜索引擎和知乎等社群中搜索，就能发现不一致的声音。

《我爸爸》这本书还经常用改善父子关系、体会父爱的理由来推荐，但经常事与愿违。这本书在解决父子问题上，可能不如让父亲陪孩子读一本《大卫，不可以》来得有用。曾经有非常苦恼的母亲向书店店员诉说，因为父亲很少在家，想买一些能够增加父子情感的书给孩子看，店员毫不犹豫地推荐了《我爸爸》。几天之后，客人一脸失落地告诉店员，这本书没有任何作用。

一位本来就很少参与到养育中的父亲和《我爸爸》一书的父亲角色完全不同，孩子很难获得共鸣。要知道，这本书是创作者安东尼·布朗为纪念自己的父亲而作，里面满满是对父亲的怀念。如果没有与父亲有过难忘的记忆，也就难以对这本书产生共鸣。稍微大一点的孩子，还会觉得家人给他看这种绘本实在是虚情假意。

如果把选择权交到孩子手中，孩子的选择可能是安东尼·布朗的另外两本书《大猩猩》和《朱家故事》，因为这两本书的爸爸才像是自己那个真实的爸爸。他们也许还会选择芭贝·柯尔的《我的爸爸真麻烦》或者菲利普·韦希特的《大嗓门爸爸》。这些书也许不那么有名，看上去好像是在讲爸爸的坏话，但耐心陪着孩子看完，会发现孩子好像不那么讨厌爸爸了。

图1-9 菲利普·韦希特著，《大嗓门爸爸》，二十一世纪出版社

每个爸爸都有缺点，与其塑造完美爸爸，不如把爸爸的缺点摆在孩子面前，让孩子把心里的抱怨都表达出来。《大嗓门爸爸》就是一本这样的书，书中的爸爸嗓门很大，哈琳娜一点儿也不喜欢这样的爸爸。但没想到，爸爸的大嗓门在哈琳娜的音乐会上发挥了大作用。在面对不完美爸爸的时候，我们要教会孩子的就是"抱怨问题——发泄情绪——接纳缺点"。

让孩子参与到选书中来，选择购买他们喜欢的，选择阅读他们喜欢的，对于他们的个性和知识的吸收都有帮助。

另外，父母不熟悉的知识领域，就会不自觉地避免给孩子阅读。

大多数父母都不希望表现出自己的无知，因此父母自己的学科背景和擅长科目一定会不经意地成为选择的重点。书店的会员数据分析能证实这一点，理工科背景的爸爸总是喜欢给孩子购买自然科学和新科技相关的书，而艺术书永远都是最难卖的图书种类。

一个家庭内的阅读喜好高度一致不见得是好事，跟随父母的阅读喜好，也许能制造交流的话题，但也会缩减孩子的认知范围，他们的兴趣和优势很可能在小小的年纪就被埋没了。

父母要相信孩子的选择，他们的选择一定是出于内在的某种需求。如果这种选择真的表现出某种不健康的发展态势，父母做的应当是分析孩子最近发生或遇到了什么状况，而不是阻碍他们的阅读自由。

在父母提供的安全范围内，让孩子自主选择，这将是孩子非常重要的阅读工作。

第五种情形：5~7岁——不识字怎么读书?

幼升小的阶段，孩子的阅读需求越来越旺盛，所读图书的文字量越来越大，但是幼儿园不教孩子识字，所以他们只能依赖之前的阅读经验。

很多父母会发现，之前亲子共读一直进展良好，孩子到了五六岁突然就不愿意读书了。问原因，孩子多半会说："我都不认识上面的字怎么读啊？"

亲子阅读时，孩子通过父母的语言表达和书中的文字符号对应，一点点积累下词汇量。但这一点词汇量，完全无法应付他们做阅读拓展。

一二年级时，随着拼音识字的引入，孩子开始用一套新的方式来识字读文。孩子意识的转换需要一个过程，父母如果在这个时候向孩子施加压力，孩子会对课外阅读产生排斥心理。

这一阶段方法很重要，但更重要的是父母的心态——不去逼迫孩子完成他能力之外的阅读，也不要跟别人家的孩子比较。如果父母确信之前的亲子共读和自主阅读均进行得顺利，那么也请相信孩子已经具备了基本的语感。跟随学校的语文教育，以及为孩子制定更为清晰的进阶阅读计划，充分利用桥梁阅读，就可以提升孩子的读文能力。

第六种情形：小学中高年级以上——学业的压力和阅读的爱好怎么平衡

当孩子步入小学中高年级，面临的最大问题就变成了可以自由支配的阅读时间越来越少了。

学校会布置课后作业，如果家长再安排好几项课外培训，那么孩子已经不堪重负了。阅读的效果不是立竿见影的，因此孩子也会判断是否要用有限的时间做课外阅读。

这一阶段是儿童打好文学基础的关键时期，之前的情感阅读、审美阅读、通识阅读都会变为集中的两个议题：文学阅读和学科阅读。

为了让孩子保持阅读的兴趣，父母需要改变策略，向更多的外部力量求助。让孩子去图书馆读书，参加读书小组和写作小组等，这些都会比在家里盯着孩子阅读有效得多。

家长要鼓励孩子进行文学创作，表达所思所想，并鼓励他们参加相关的文学竞赛。这种文学创作是从模仿写作开始，孩子的创意不能凭空生长出来，文学作品为他们提供了经验的来源。这些方法可以增加阅读的有用性，孩子会愿意花更多时间在阅读上。

第五节　儿童太喜欢阅读是好事吗?

大家都羡慕别人家爱读书的孩子，但是太喜欢阅读是好事吗?

有的孩子从婴儿期起就是衣来伸手，饭来张口，独立性完全没有练习，可能到了三四岁甚至五六岁都不能自己吃饭穿衣，更别说承担适当的家务。他们对于要耗费体力、考验手脑协调的活动不感兴趣。阅读是相比于其他活动更简单的活动，似乎大部分时候只要动动脑子和嘴巴。

孩子如果在阅读这件事上尝到了甜头，他们就会“顺理成章”地以看书为由，拒绝尝试其他活动。有些孩子一到吃饭的时候就开始读书，一叫他们收拾整理就开始读书。这时候，家长好像也没有办法批评他们。

父母常常也觉得这样没有问题，孩子的第一任务就是读书。但用阅读去代替其他爱好，势必会让孩子的其他能力发展受到影响。他们最终会缺乏将学到的知识转化为解决事情的方案和实操的能力。尤其是对于婴幼儿而言，还有更多样的探索在等着他们。

阅读不是功课，需要鼓励，但不需要奖赏。尤其对于本身喜爱阅读，而对其他事情缺乏兴趣的孩子，一定不要设计针对阅读的奖励措施。家庭中要营造“阅读是一件平常事”的氛围。

凡事适合、适量才最好，阅读也是如此。

第二章

挑选童书的通用法则

本章我们将了解哪些因素影响选书过程。

掌握童书奖项、创作特点和有名的图书出版社，以及哪些品牌旗下有哪些优秀的作者和作品。

了解了孩子阅读的行为和习惯，接下来父母就需要知道从哪些方面考虑孩子的阅读需求，为他们选到适合的书籍。

第一节　预算和时间是第一要素

对任何家庭而言，长期的阅读都需要一定的资金和时间投入。

预算是一个重要的维度。

来看下面的这个表格，对0~12岁的阅读花费有个大致了解。

表2-1　12年的阅读花费粗略计算表

类型	平均价格（/元）	阅读数量（/本）	花费（元）[1]
婴幼儿书	25（以单本计）	200	5000元
精装绘本	39（以单本计）	480	18,720元
桥梁书	20（以单本计）	50	1000元
儿童文学	25（不算插图版）	200	5000元
知识书	45（不计高单价的）	200	9000元
其他（游戏书、艺术书等）	45	100	4500元

其中，学前阅读按每月阅读10本书计算（远低于学前1000本书阅读计划的要求），小学阶段按语文课外最少阅读量150万字要求，以及其他学科的课外

[1] 取此类图书定价的中位数进行计算。

知识补充约每个学期10个品种做计算。

这样算下来，以原价购买这些书大概需要4.3万，如果全部在电商平台以五折价购入，大概2万元左右。家庭平均每年的购书投入大约为3000~5000元。当然，这其中还不包含价格较高的大尺寸地板书、立体书等特殊制作工艺的图书，带有复杂互动操作的书，专业度较高的科学和艺术书。

以上的计算全部为中文书，如果想要进行英文原版书阅读，花费几乎要加倍。

对大部分家庭而言，英文原版的阅读集中在幼儿书、绘本和儿童文学，阅读量约为中文书的一半，而这些书的英文平装版价格与国内精装书的定价基本一致，也很容易买到。但父母如果追求阅读最新、最好的出版物，需要在这个部分投入多一倍的金额。新近出版的英文原版书，一本精装绘本和儿童文学的价格大约在98~198元。国外的出版物都是先出精装再出平装，有畅销和长销潜质的书才会出平装版本。如果希望花费更少，就要等待半年至一年，甚至更长的时间。

到了小学阶段，真正热衷阅读的孩子，他们的阅读量将远远超过学校教学大纲要求的课外阅读量，有的会达到基础要求的3~5倍量。这种情况下，孩子的阅读花费自然成倍增加。

综合来看，满足最基本的阅读需求，以全部购书的方式，0~12岁之间，需要花费2万~3万元；双语学习，并且较高层次的阅读满足，以全部购书的方式，需要5万~10万元。

这个花费对于许多家庭而言确实是不小的经济压力，毕竟这个花费还只是基础量。

为了减轻负担，想看的书不一定要买回家，还可以通过借阅和交换来解决阅读需求。

首先，幼儿园和小学一般会设立图书室，社区和政府会设立图书馆，这些场所可以免费获取图书，进行阅读。

其次，出版商一直致力于解决以最低价格满足阅读需求的问题。海豚传媒的“360阅读陪伴计划”和掌灯人的掌中宝亲子阅读卡就是以几百元的价格为孩子提供数百本的图书阅读以及增值服务。在英文书的领域，也有借阅的APP

可以使用，用借阅的价格就能看到最新且富有艺术感的原版图书。

另一个重要的维度是时间。

每个家庭的可支配时间都不一样。父母如果都是上班族，亲子阅读就只能在晚上和周末进行，这时亲子阅读的量可以相应减少，通过精读的方式提升每一本书的利用率。如果父母中有一方或者家中老人可以承担阅读引导和亲子阅读的任务，阅读量就不必减少。

孩子在进入小学阶段的学习后，可以阅读的时间逐渐减少，阅读量也应该随孩子的整体学习计划进行调整。如果孩子有其他的爱好且需要长期练习，阅读的部分仅保持学校要求的课外阅读量就足够了。

总而言之，每个家庭应该根据自己的收入状况和时间调整阅读计划。

第二节　孩子的年龄和能力是关键因素

童书与成年人的图书的最大差别在于分龄，即按照孩子所属的年龄段去挑选书籍。这也是一个最基本的原则。

一般情况下，我们会在2~3岁、5~6岁、8~9岁这几个关键时间点进行年龄分段。

表2-2　不同年龄段的阅读关键[1]

年龄	图书推荐类型	主要的阅读和能力培养方向
0~3岁	五感启蒙的纸板书、互动操作书	基础认知+多元感知+肢体协调
3~6岁	主题丰富的绘本	多文化视角+审美+社会性发展
6~8岁	童话、漫画和初级读物	阅读方法+书面语言
8~12岁	文学、科学和生活类图书	文学积累+学习方法+学科知识

[1] 这里的年龄既代表身体年龄，也代表能力发展的年龄。

分龄便于我们更有计划地选书和阅读。

首先，对孩子的阅读能力进行定期的评估，观察孩子的阅读需求变化。

孩子从生下来第一个月就开始体检，一般一岁前是每个月一次，一岁到两岁是3个月一次，两岁到三岁是每半岁一次，三岁以后一般一年一次。每次体检，孩子的语言、社会发展和思维能力都是检查的项目，家长可以根据专业的医学评估判断孩子的能力发展情况。一般情况下，落后平均水平三个月就要进行干预，孩子语言发展的落后只要不是病理性原因，其他情况都可以通过亲子共读的方式得到改善。对孩子阅读能力进行评估的方法，在后面的篇章还会再给出详细的建议。

判断图书是否适合孩子，可以从图书内容来判别。阅读的内容对孩子来说是新鲜的、有一定难度的，但不会让孩子觉得“看不懂”和“不想看”，也不会容易到孩子三五分钟就能翻完，并且对书中的内容几乎没有疑问。

难度和文字的多少并不是完全正相关，但和话题的类型往往相关。如果无法判定难度是否适合孩子，可以先抛出图书讲到的话题。如果孩子能就这个话题跟父母进行讨论，又能提出一些待解答的疑问，就说明是适合孩子阅读的。

图2-1 乔安·安娜著，《神奇校车》桥梁书版和图画书版，贵州人民出版社

曾有人提出按照孩子的年龄去选择文字比例，例如：1岁的孩子选择文字在图书中占比为10%的书，2岁的孩子选择文字占比为20%的书。其实，这一原则并不科学，无字书就显然不适用。《神奇校车》这样的读物有很多版本，家长会发现适合6岁前阅读的图画书版比桥梁书版文字还要多，这是因为前者是亲子共读，父母承担了阅读文字的工作，而后者完全依赖孩子自己。除此之外，图书内容的主题、思想深度，讨论的话题是否能让孩子带着生活经验去理

解等因素都会影响书籍的选择。但如果实在是无从下手，按照文字多少去选择也不失为一个不严谨但易操作的办法。

其次，尽量不跳过孩子的年龄和能力范围去选书。

家长们遇上图书有折扣总忍不住买买买，那么囤书该怎么囤呢？

一般按孩子当前的阅读能力，最多往前预估3个月到半年的阅读需求。

阅读能力的发展和孩子的整体发展都是阶段性的，在一定的阶段内阅读相应难易程度的图书，家长无法每天明显看到孩子的变化。但在某个时间点，当孩子的阅读积累到一定程度，父母会突然发现孩子有了一些进步。比如孩子会提出，“这些书小宝宝才看呢（意思是书太简单了）”“我不要看黑白的书（指非彩色印刷，没有丰富彩色图片的桥梁书和章节书等）”，等等，这些都可以帮助父母去判断孩子的阅读阶段。

根据孩子的阅读能力，我们也可以把孩子的阅读阶段分为：游戏期（0~2岁）、读图期（2~4岁）、图文期（4~8岁）和读文期（8岁以上）。父母需要关注孩子阅读阶段的变化，提供更适合的阅读内容。

为了给孩子选到适合的书籍，我们还可以观察孩子的认知风格：

> **听觉型认知风格——孩子对于听到的东西更容易理解和记忆，孩子的语言学习能力好。**

> **视觉型认知风格——孩子要通过写下来和画下来的方式学习。早期阅读时，他们喜欢看图，通过观察图案进行学习。**

> **运动型认知风格——孩子通过手部的触摸和操作等实验的方式学习知识，单纯的看和听很难让他们掌握知识。**

> **人际交互型认知风格——孩子们通过与人交流、辩论来理解和掌握知识。知识会在他们的头脑里演绎，这样的孩子也需要自己阅读的时间。**

父母可以通过观察了解自己的孩子属于哪种认知类型，并有针对性地挑选声音书、图画书、议题具有辩论性的书或者操作型的图书给孩子阅读。

第三节 各式各样的推荐书单

除了从家庭和孩子自身的情况进行考虑，我们还会经常受到外界因素的干扰。这些因素会打乱我们的阵脚，让我们变得不淡定。怎样有效利用外部的因素给孩子选书呢？

一、来自邻居和同学的推荐

左邻右舍的孩子和同学在看什么书的确可以作为给孩子选书的参考。

首先，被大众所接受的图书，要么有优质的内容，要么具有流行性。

其次，孩子们都有社交的需求，尤其是幼儿园大班和小学阶段的孩子，同学在看什么对他们的影响很大。共同阅读的这些图书为孩子制造了交流的话题，满足了孩子的社交需求。

通过查看畅销榜了解大家都在看什么也是不错的选书方法。

阅读既有共性也有特性，那些超级畅销书可不是靠着宣传推广就能年销几万、十几万甚至几十万册的数量。超级畅销书一定在内容和形式上具有某些适合大多数人的共性，因为满足确定的需求是获得销售额的前提之一。

功能性的图书，例如语数外的课外辅导书、知识类图书，销量可以反映书的质量；而儿童文学的阅读是具有潮流性的，最流行的不一定是最好的，只能说它们符合当下孩子们的发展心理，但这种发展可能无益反而有害，家长要帮助筛选。

此外，与其他孩子的父母交流心得，了解同龄人的普遍状况，是一种利用他人的经验减少自己的试错成本的方法。

为了选到最适合自己孩子的书，还得学会自己辨别，可以“参考”但别盲目随大流。

二、推荐书单

有主见的父母也许不会受身边的人的影响，却很难不受书单影响，尤其是学校开出的书单。

拿着书单照着买，对于家长来说最省时省力，但也最可能造成购书经费的浪费。如今的书单太多了，媒体、出版机构和阅读推广人都会开各式各样的书单。其中，学校的推荐书单是所有书单里最具使用价值的。因为老师了解孩子的语文水平，能更有针对性地推荐。

推荐书单的最大问题在于，所选的书籍针对的是孩子们的平均水平，个体化的需求在书单里得不到体现。此外，书单的选书大多中规中矩，偏向于经典，新书较少。如果孩子的阅读超前或滞后，使用推荐书单的意义就不大了。

为了最大化地利用书单，小学生的父母们可以提前了解下一学期的推荐书单，根据孩子的阅读进展早做准备。

这里特别要说到的是来自意见领袖的推荐书单。

社交媒体的发展极大地影响了图书出版，也改变了大众接收信息的方式。大批的儿童阅读推广人和意见领袖涌现出来，这些人原本并不是专家，因为有养育孩子和一些童书阅读的经验，就开始为孩子们推荐书籍。他们的背后往往有团队运作，出版商也会提供充分的信息帮助他们讲解商品。有了专业团队的助力和个人的努力，有的意见领袖成为了真正的专家，但仍有些意见领袖没有很好的鉴别能力，缺乏体系化和普适性的判断。

真正的专业选书人，一年要看来自国内外出版社的几百本图书目录，几千甚至上万本经过初筛的童书图文和视频资料，并阅读样书，分析孩子的阅读需求。选书这样看似简单的事情，还要建立在大量市场调研和销售数据分析的基础上，有时需要几个人一起讨论，才能完成每个月的图书甄选。

相比之下，如果只是个人出于喜好看了一些书便来做推荐，那么这些建议往往缺乏普遍适用性。所以在使用意见领袖的推荐书单时，要多考虑自己孩子的特点和家庭状况，减少冲动消费。

第四节 图书的出版发行维度

图书和其他商品一样，也有品牌的概念，出版商和作者都会影响消费者的购买。那么，在选书的过程中应该如何考虑这些因素呢？

一、文化差异

中国大陆的童书出版和创作起步晚、作品少，市面上80%以上的优质儿童书是引进作品。

不同文化的差异，反映在日常生活的点点滴滴中，影响孩子对于图书内容的吸收。

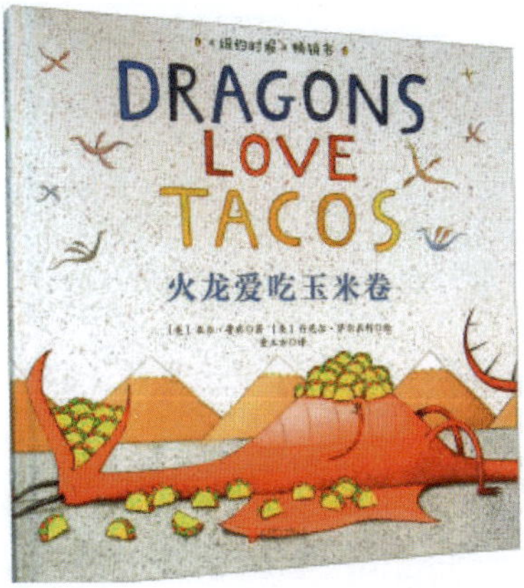

图2-2 亚当·鲁宾著，《火龙爱吃玉米卷》，北京联合出版公司

《火龙爱吃玉米卷》出版后很快就登上了美国亚马逊同类书畅销榜的第一名，但国内的销售一直不佳。这个故事以孩子喜欢的喷火龙为主角，内容可以延伸到孩子的挑食厌食问题，情节的发展合理又有趣，却因为“玉米卷”没有获得广泛的认可。在美国，墨西哥裔数量庞大，玉米卷也是常见的食物，因此孩子们很容易被吸引。而墨西哥菜在国内的普及度非常低，如果把“玉米卷”换成“老北京鸡肉卷”，说不定孩子会更容易有共鸣。

类似《火龙爱吃玉米卷》这样的童书，当家庭的购书预算有限时便可以直接忽略。了解不同饮食文化对孩子有益，但如果书籍的重点不是讲不同地域的饮食文化，就没有必要去啃这块硬骨头。

除了上面提到的《火龙爱吃玉米卷》，还有很多童书都试图通过阅读让孩子养成良好的饮食习惯，但也存在同样的问题。寿司、饭团、三明治经常会出现在上述类型的图书中，但这些内容并不适合以中式餐饮为主的中国家庭。

幼儿阅读图书需要建立在一定的生活经验上，没有任何生活经验支持的内容，很容易给孩子造成困扰。如果孩子平时确实会经常接触这些食物，那么将阅读图书和品尝食物联系起来，也不失为一种进行“食育”[1]的方法。

动植物观察类的童书也存在着类似的问题。

一方水土养一方人，动植物也是如此。当孩子阅读的是以观察为主并且提供田野观察实例和方法的图书，那么书中提到的动植物是否常见就很重要了。建议阅读国内图书，将生活与书籍内容联系起来，以达到亲近大自然的目的。

政治和历史背景的差异同样会影响孩子的阅读。英美的儿童文学作品，经常有“二战”、黑人和人权相关的内容，如果不理解相关国家的政治和经济制度就很难理解这些文学作品。与餐厅打工、养宠物和春假相关的内容在英美图书中也很常见，对国内的孩子来说却很陌生。

如果这些文学作品在不同的文化背景中表现出人类共性和社会发展问题，则可以由孩子自己选择进行适量地阅读。

二、不同国家的童书特色

除了有些幼儿书和知识书通常是由编辑室选编或共同创作的，绝大部分儿童书都是个人作品。每本书都不可避免地烙上作者本人鲜明的创作风格和个性。有的创作者艺术风格特别明显，一眼就可以辨别出来。

作者在创作中使用的艺术手法、表达的观念和对世界的思考都各有特点。多样的阅读能促进孩子形成多元的审美和接受文化差异的能力。

创作者的个性化差异除了个人自身的原因，也跟他们生活的环境、所在国家的文化密切相关。同一国家的不同作者的创作可以归纳出共性。

---

[1] 食育是指通过给孩子食物相关知识的教育，从小培养良好的饮食习惯，进而延伸到艺术和人格培养的养育方法。

1. 中国

大陆的童书创作虽然开始得较晚，但涌现了一大批优秀的图画书和文学作品。图书的内容目前主要集中在中国传统文化，比如《洛神赋》这一类，也有《我们的一天》《公主怎么挖鼻屎》等选题贴近儿童生活的绘本。

图2-3 叶露盈著，《洛神赋》，中信出版社

近几年，儿童文学的创作从童话、校园故事和动物文学扩展到了科幻和奇幻文学。与此同时，曹文轩等的儿童文学作品也获得了世界范围内的认可。

相比图画书和儿童文学，知识类图书显得有些逊色，问题主要出在表现形式上。父母们在挑选国内原创的知识书时，可选择国内具有优势的学科和技术领域，比如载人航空、地铁、桥梁隧道等工程科学相关的图书。

此外，中国台湾的创作者开始童书创作的时间较早，已经能够持续稳定地输出人才和作品到世界各地。其作品非常关注儿童生活，常常使用中国的传统元素，又能和国际接轨。

2. 美国

美国的图画书从内容到艺术形式非常多样，覆盖儿童生活的方方面面。既有凯文·汉克斯创作的贴近生活的温馨作品，也有大卫·香农夸张的戏剧性作品；有彼得·西斯这样的创意大师将幻想和现实进行融合，呈现出电影的镜头感，也有莫里斯·桑达克、李欧·李奥尼、艾瑞·卡尔这些在创作技法和内容表现上都造诣极高的绘本大师。他们对年轻一辈的影响深远，促进了图画书创作水平的提高。

美国的儿童文学和儿童漫画也发展得十分繁荣，以校园和动物为主题的文学作品非常受孩子们欢迎。超人、蝙蝠侠等是成年人世界里的英雄，Lunch Lady、Dog Man等则是专为儿童创作的超级英雄。这样的“Super Hero”高频率地出现在美国童书中，符合孩子希望获得可控性，成为自己主人的发展特点，也反映出美国从小开始对孩子进行个人主义和英雄主义教育的特征。

美国儿童书出版具备强大的大众市场流行性，价格和内容都要能被大多数家庭所接受。忙忙碌碌镇、苏斯博士和金色小书系列图书，学乐出版社的大树系列、神奇校车系列桥梁书和老鼠记者系列都是美国儿童书的代表。它们价格便宜，内容扎实，表达幽默的方式非常直白。

图2-4 大树系列图书，学乐出版社

同时，美国也不缺乏展现先进技术和先锋艺术的童书，许多获奖作品都十分具有前瞻性。

3. 英国

英国的凯特·格林威奖只颁奖给在本土进行创作的绘本，因此吸引了来自世界各地的创作者来到英国。Walker Books、Little Gestalten、Andersen Press等出版社以优秀的图画书闻名世界。光是Walker Books就和超过150位创作者合作，包括海伦·奥克森伯里、安东尼·布朗、露西·卡曾斯、迈克·罗森、莱斯利·帕特里切利、尼克·沙拉特等名家。

这些创作者喜欢以某个角色创作系列作品，创作了如咕噜牛、花格子大象、顽皮公主、女巫温妮、小玻和小鼠波波等受孩子喜爱的形象。这些作品以纯粹的故事创作为主，较少融入历史和科学内容，情节紧凑、画面感强，把想让孩子了解的东西不露痕迹地融入故事里。其中，昆汀·布莱克的水彩风格是英式图画书的画风代表，清新又乱中有序，就像孩子的生活一样。

在儿童文学领域，英国作家的作品无论产量还是质量都很高。儿童幻想文学的巨头齐聚英国，创作了彼得兔、帕丁顿熊、五伙伴、哈利·波特、阿斯兰、魔法师哈尔、爱丽丝和地板下的小人这些家喻户晓的文学形象，为无数孩子带来了天性和头脑的解放。这些文学作品探讨的议题广泛而深刻，不仅关注孩子们校外的生活，还会用充满想象力的方式探讨社会和人性，让孩子对于大自然、世界和社会有更加深入的思考。

图2-5 比阿特里克斯·波特著，《比得兔的世界》，连环画出版社

除了图画书和文学作品，英国的出版社和作者也善于把艺术性的画面和知识结合起来。DK儿童科普书系是无数孩子的科普启蒙老师，而Quarto旗下的QED和Flying Eye Book出版的知识书则展示了科普书的另一种可能性。威廉·格利尔创作的《极地重生》用简单却有震撼力的画面展现出探险者的探险过程和非凡勇气；本·纽曼和多米尼克·瓦利曼博士合作的太空猫系列绘本则让一只猫带领小读者进行物理、化学和人体的探险，将数据图和画面结合起来。

在知识书领域，不可不提尤斯伯恩（Usborne），这家出版社颠覆了知识类图书的创作方式，将声音、触摸、翻页巧妙融合在一起，让3岁以下的孩子也能领略阅读通识和艺术读物的乐趣。

4. 法国

幼儿书和知识书是法国儿童书最出彩的类型。格扎维埃·德纳在幼儿书领域的创新，为幼儿带来了了解生活常识的新玩法，为幼儿阅读提供了时尚的元素和出色的趣味。安妮·索菲·鲍曼的Ultimate系列作为一套以翻页和转盘为主的操作类童书，在阿歇特旗下的出版社出版后，也在全球掀起了阅读狂潮。

美国几乎包揽了经典立体书和纸艺书的出版，但来自法国的海贝卡·朵特梅、阿努克·博伊斯罗伯特和菲利普·于什等作者把纸艺玩出了新高度。尤其是海贝卡，她极富艺术感和想象力的创作，孩子喜欢看，大人也忍不住要收藏。儿童艺术书领域的大师埃维尔·杜莱也是法国籍作者。

图2-6 海贝卡·朵特梅著，《海贝卡的小剧场》，长江少年儿童出版社

在儿童文学领域，法国早在十八、十九世纪就出现了很多优秀的作品。《小王子》《小淘气尼古拉》《列那狐的故事》等作品经久不衰，风靡世界。这些作品几乎都有中文译本。

5. 德国

德国本土的幼儿书和图画书总是试图教孩子们各种规则，父母们看着欢喜，孩子却觉得没意思。但在儿童文学领域，德国的作品却在理性之外充满了想象力，如埃里希·凯斯特纳和米切尔·恩德的作品逻辑紧密，话题严肃深刻，却一点不妨碍它的童趣和奇妙。这些经典的儿童文学也都有中文译本。

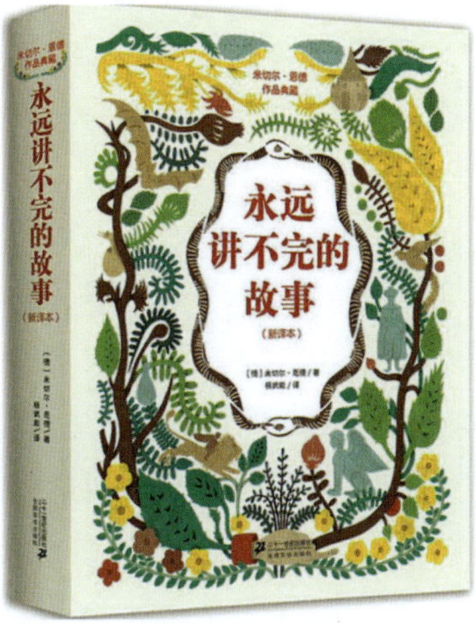

图2-7 米切尔·恩德著，《永远讲不完的故事》，二十一世纪出版社

6. 日本

日本图画书传达的文化观念在西方国家难以被理解，这和中国图画书走出国门的困难有类似之处。

五味太郎（Itsumi Taro）和安野光雅是全球范围内最负盛名的日本创作者。五味太郎的幼儿书和艺术书，内容饱满又有足够的留白，适合幼儿的视觉发展。他的作品艺术感超越了文化感，在幼儿认知和艺术启蒙上得到了广泛认可。

安野光雅是一个多才多艺的图画书大家，他的作品充满文化感，尤其是《旅之绘本》和《数学绘本》，将科学内容和图画进行了深度结合，创造出幽默而缜密的视觉游戏。他的画风清新淡雅，像是艺术馆里珍藏的作品。宫西达也、加古里子和岩井俊雄等作者也受孩子们欢迎。

图2-8 安野光雅著，《旅之绘本》，新星出版社

不只是绘本，日本的儿童文学也总是从生活的小事开始，讲成长的烦恼和小确幸，讲人性和对生活不幸的抗争。这些书中亲子相处的情节也会对于父母的养育方式带来启发。

7. 其他国家的作品

图2-9 亚历山德拉·米热林斯卡、丹尼尔·米热林斯基著，
《地图人文版》，贵州人民出版社

亚历山德拉·米热林斯卡夫妇创作的《地图人文版》《地下水下》等作品使得波兰也逐渐走入大家的视野。新颖的艺术风格和知识表达方式迅速抓住了读者眼球，有助于拓展孩子们的视野，锻炼他们的思维。

三、获奖童书如何选择

是否获得奖项，是很多父母选书时最早接触的原则之一。凯迪克大奖、纽伯瑞奖、安徒生奖和凯特·格林威大奖，这些奖项是高品质的保证吗？为了激励儿童书的创作者，很多国家都会设立相应的奖项。那这些获奖作品都适合中国孩子阅读吗？我们该如何做选择？

1. 美国的童书奖项

美国的童书奖项数凯迪克大奖名气最大。除此之外，还有纽伯瑞奖、国家图书馆奖、苏斯奖和青少年儿童选择奖等奖项，每个奖项都有不同的评选范围和标准。

图2-10 凯迪克大奖金奖和银奖奖章

凯迪克大奖（The Caldecott Medal）是美国最具权威的图画书奖，是为纪念伦道夫·凯迪克而设，标志是凯迪克的经典作品“骑马的约翰”的圆形标。

这个奖项以儿童理解为前提，从图画的角度切入进行评选，看重艺术技法和图画对于其他部分（主题、情节等）的表达和情节推进，被誉为图画书界的“奥斯卡”。凯迪克大奖为孩子们提供了一个图画书的艺术宝库。

凯迪克大奖只颁给美国本土的创作者，跟安徒生奖、博洛尼亚插画奖相比少了一点文化包容性。其获奖作品的美国风格和元素比较明显，种族和人权问题在获奖作品里体现得比较广泛。这些奖项也许并不是有意和政治、历史扯上密切关系，但创作者本身很难脱离他们的生活环境，评委也做不到完全不关心时下的议题，孩子也有必要去了解这些会跟他们生活有关系的时事。但这些内容对中国孩子来说既有难度，又难以激发兴趣，家长要谨慎选择。

从整体的市场销售来看，凯迪克大奖的早期获奖作品和距今创作时间约10~30年之间的作品一直销售得非常好，这跟经典图书所具备的实力密不可分，也跟大众的欣赏水平密不可分。现在仍然热门的大卫·香农的作品《大卫，不可以》是20世纪末的作品，第一次出版距今已经超过20年了；大卫·威斯纳的《疯狂星期二》1992年获奖，距今也快30年了。近观凯迪克大奖最近五年的获奖作品，大部分父母的感觉是“看不懂”。原因有二：一是艺术技法，一是议题。就像中国和中国人总是在外国作品中被曲解一样，没有当地的生活经验，中国的父母们也很难理解这些儿童作品的意图。

图2-11 纽伯瑞大奖奖章

纽伯瑞大奖（The Newbery Medal for Best Children’s Book）也有同样的问题。这个奖项的获奖作品的美国元素也非常多，二战、种族和动物保护的题材比重大，一本叫好又叫座的纽伯瑞奖获奖作品非常难得。不仅是在中国，在美国本土，这些书也不属于最受孩子们欢迎的那一类。对那些没有浓厚文学兴趣的孩子而言，不妨挑一些更有意思的作品进行阅读。

说到有意思的奖项就不得不提美国的另外两个奖项，一个是青少年选择奖，一个是苏斯奖。

青少年选择奖是由青少年儿童票选出他们最喜爱的图书。也许从艺术和文学性比不上凯迪克大奖和纽伯瑞大奖，但却是孩子们真正喜欢的作品，获奖作品的水平并不低。

图2-12 苏斯奖奖章

苏斯奖（The Theodor Seuss Geisel Award）是为纪念美国儿童畅销书作家泰德·盖泽尔（苏斯博士）而设的奖项。这位作者不仅获得过凯迪克和普利策奖，还获得过奥斯卡和艾美奖，是一位幼教专家。其他奖项的评选，大都是评价书的艺术性和文学性，苏斯奖的评选标准却是对孩子的能力发展有益。看似功利性的评价标准，却选出了最受孩子们欢迎的图书。就像苏斯博士本人的作品，乍一看有点搞怪，画面好像不那么美，但孩子们兴趣浓厚，也就能在阅读中很快地掌握语言知识。

近年来，莫·威廉斯的作品总是能获得苏斯奖评委的青睐。他获得苏斯奖的作品——小猪小象系列非常幽默，让孩子在欢笑中提升英文水平。他的绘本作品也曾两度获得凯迪克大奖。

因为苏斯奖对语言表达的考究，其获奖作品大多适合4~8岁的孩子，也就是国内所说的桥梁书阶段，所以这些书的英文原版也非常适合用来做英语启蒙。

2. 英国的童书奖项

英国的凯特·格林威奖（The Kate Greenway Medal）是全世界评选条件最为严苛的儿童图书奖项之一，只颁给在英国境内创作的图画书、桥梁书和文学书，看重作品的综合创作水平。获奖作品一般主题丰富，大多跟孩子的成长历程相关，尤其是跟孩子的情绪和心理发展相关，体裁上多童话和寓言式的故事。父母们如果想找这种类型的书，那么凯特·格林威大奖的获奖作品可以作为优先选择项。

图2-13 凯特·格林威奖奖章

3. 其他国家的童书奖项

每年四月初举办的博洛尼亚书展是全球儿童图书一年一度的盛事，全世界的优秀作品、插画师和出版社都齐聚于此。书展期间颁发的博洛尼亚最佳童书奖（Bologna Ragazzi Award）亦是一场童书的非凡盛宴。

图2-14 博洛尼亚最佳童书奖标识

这一奖项将儿童领域的创作分门别类，为每个细分领域的创作者颁发奖项。常规的奖项有小说奖（Fiction），非虚构作品奖（Non-Fiction）和新人奖（Opera Prima），另有新视野奖（New Horizons）奖励那些特别有创意和开创性的作品。2020年新增了儿童数字内容奖。这些奖项不分国界、国籍，所以能够将全世界范围内的作品全部囊括在内，其艺术创作和内容议题的深度和广度，是世界上独一无二的。

因为博洛尼亚最佳童书很多获奖作品都不是以英语为创作语言，所以它们从获奖到与全世界的读者见面需要很长的时间。

安徒生奖（Hans Christian Andersen Award）也是一个不限国家和种族的奖

项，其他奖项都是颁奖给作品，这个奖项是颁给“人”。类似于诺贝尔奖，虽然作者是因某些作品而被提名，目的却是为了表彰这个作者在相应领域的突出影响力。获奖者不一定是在这个年度里创作了最优秀作品的人，但却是最具影响力，对行业发展和后辈产生深远影响的人，或是创新了文体和创作方式的人。

图2-15 安徒生奖奖章

安徒生奖这几年的获奖者集中于亚非拉地区，也表现出该奖项将不同国家的文学作品推向世界的功能。国内虽然引进了很多安徒生奖获奖者的作品，但与其他奖项的获奖作品相比，销量非常一般。毕竟实验性和创新性的作品不符合大众阅读需求和阅读能力，也不是一般读者的优先选择对象。

中国的儿童奖项也在不断发展和增多，最为推荐的是信谊儿童文学奖。这一奖项从台湾发展到大陆，极大地促进了中国图画书的发展，并使得一批优秀的本土绘者和作品得以被大家知晓，尤其是在1~4岁的幼儿阅读领域，有不少优秀的原创作品。这些获奖作品是父母们可以优先选择的阅读对象。

图2-16 卡内基文学奖奖章

在文学奖项领域，还有英国的卡内基文学奖、瑞典的林格伦文学奖、德国青少年文学奖、法国“圣·埃克苏佩里”儿童文学奖、俄罗斯国家列夫·托尔斯泰儿童文学奖等，这些奖项筛选出了相应国家最优秀的儿童文学作品，可以作为文学阅读的优先选择项。

四、依据出版社和童书品牌做挑选

随着时代的发展，出版商的品牌运营意识越来越强，产品风格也越来越突出。关注出版商，可以方便父母们快速地找到特定类别的童书。

出版商有各自的出版范围和特色，有的出版商只出版某个细分领域的童书；有的出版商是综合型的，出版各个类别的童书。

国外的儿童艺术书基本都出自专业的艺术出版社，例如Prestal、Phaidon等；儿童科普主要以DK、National Geography、Frances Lincoln等出版社为主；婴幼儿书以Usborne、Twirl、Nosy Crow、Priddy books和Chronicle的最为突出；Walker、Templr、Little Tiger、HMH、Little Gestatlten，专注于儿童图画书出版；Bloomsbury、Faber&Faber这样的出版社专注于儿童文学领域……企鹅兰登、哈珀·柯林斯、麦克米伦、哈谢特、西蒙·舒斯特和学乐出版社等综合类型的出版社，出版品牌的分支众多，出品丰富。它们最有名的童书一般是进阶读本、系列桥梁书和系列儿童文学作品。

国内的出版商，既有中国少年儿童出版社和浙江少年儿童出版社这样的出版社，也有民营的出版公司。

下面这张表格里列举了国内主要的儿童书出版商[1]。

---

[1] 这里的出版商包含了出版社和民营出版公司。

表2-3 少儿出版商的出版类型和代表作品一览[1]

出版品牌	主要出版类型	重要作者和产品
小中信	综合 覆盖0~14岁	故宫文化、通识知识类、小熊很忙、姆明、给孩子的系列、家教育儿、刘慈欣和郑渊洁作品
乐乐趣	综合 0~8岁	立体书、揭秘翻翻书系列、拉鲁斯百科、发声游戏书、迪士尼IP游戏书等
接力	综合 4~16岁	孤独星球、尤里斯伯恩、儿童文学、奥利弗·杰弗斯和朱迪斯·克尔绘本、帕丁顿、巴巴爸爸和蓝精灵等IP衍生图书
海豚传媒	综合 0~12岁	DC和漫威、芭比、低幼（小鸡球球等）、绘本花园、洛伦兹高端书系、乐易学、德国百科、培生少儿英语、父母教练等产品线
禹田/禹晨	综合 4~12岁	白鲸/常青藤国际大奖小说、暖房子绘本、阅读理论专业读物等
童眸/巴亚桥	绘本和文学 0~14岁	多莱尔作品、I can 人物传记图画书系、凯特·梅斯纳作品、大师名著系列、当代经典系列、杜莱作品、小手摸摸系列、格林姐妹、仓鼠公主、奇迹博物馆等系列
浪花朵朵	综合 6~14岁	幼儿通识和艺术、少儿英语（偏教辅）、少儿科学人文通识、跨学科游戏书等
双螺旋童书	绘本和文学 4~12岁	幼儿数学、莫波格文学作品、安野光雅作品、加古里子作品、达洋猫系列等
启发童书	绘本 4~8岁	安东尼·布朗、大卫·香农、赖马、大卫·维斯纳、芭芭拉·库尼、埃米·杨、芭贝·柯尔、伊芙·邦廷、克里斯·霍顿、路德维格·贝梅尔曼斯、彼得·贾维斯、伊恩·福尔克纳、海伦·奥克森伯里、罗伯·比达尔夫、克里斯·范·奥尔斯伯格、凯文·汉克斯、沃尔夫·埃布鲁赫、安德烈·德昂等作者的作品，少量纽伯瑞获奖文学作品等

[1] 著作权人、版权代理人和国外出版社与国内出版公司的授权时间大多是5~10年，版权到期后，绝版、断版、换出版社出版都经常发生，故以上的表格仅供参考。

续表

出版品牌	主要出版类型	重要作者和产品
蒲蒲兰	绘本 1~6岁	宫西达也、安东尼·布朗、伊东宽、小林豊、中川千寻、汤米·温格尔、松冈达英、彼得·西斯、约翰·伯宁罕等
信谊图画书	绘本 0~8岁	五味太郎、艾瑞克·卡尔、凯文·汉克斯、玛格丽特·怀兹·布朗、海伦·库柏、艾诺·洛贝尔、艾兹拉·杰克·季兹、汤米·狄波拉、李卓颖、露西·卡曾斯、岩村和朗、安娜·耶纳斯、唐诺·克鲁斯、约翰·伯宁罕、乔恩·克拉森等
爱心树童书	绘本和文学 4~14岁	吉竹伸介、林明子、莫·威廉斯、谢尔·希尔弗斯坦、李欧·李奥尼、朱迪·巴瑞特、大卫·罗伯茨、彼德·雷诺兹、琼·穆特、乔伊斯·西德曼、吉恩·蔡恩、吉尔·麦克尔默里的绘本，《窗边的小豆豆》、《神奇的收费亭》等获奖文学作品等
耕林童书馆	绘本和科普 4~12岁	大卫·麦考利作品、最美的科普系列、恐龙专家、国际大奖短篇小说、疯狂学校系列、坏家伙系列等，松居直、苏西·李、玛西娅·布朗、马丁·普罗文森作品、艾洛伊丝系列
童立方	绘本 0~10岁	猜猜我是谁、小猪小象、你好，色彩趣味认知、淘气包亨利、学乐数学分级等系列作品，桑德拉·博因顿作品、卡洛琳·杰恩·丘奇作品、杰克·平克尼作品、茱莉亚·唐纳森作品、莫·威廉斯作品、马克·西蒙作品等
北斗童书	地理知识 4~10岁	国际大类儿童科普绘本系列作品，《藏在地图里的古诗词》《藏在地图里的成语》《世界多奇妙》，AR地球仪等
蒲公英童书	绘本 4~12岁	理查德·斯凯瑞作品、莫里斯·桑达克作品、雷蒙·斯尼奇作品、市川里美作品，神奇校车、手绘科普百科系列、阿柑系列等
中国大百科全书出版社	科普 0~14岁	DK百科（分低幼、奇趣百科、图解百科等）
北京科学技术出版社	科普 4~8岁	1000层的房子系列、我爱幼儿园系列等
国开童媒	IP类 4~10岁	乐高游戏书、迪士尼双语书、DK数学游戏书

续表

出版品牌	主要出版类型	重要作者和产品
中国少年儿童出版社	文学 4~12岁	林汉达作品、林格伦作品，《丁丁历险记》《小淘气尼古拉的故事》等
童趣出版公司	IP类 4~10岁	迪士尼拼音书和故事书、我的世界衍生书；上海美影图画书
新蕾	文学 6~14岁	梅子涵、王一梅等作家作品，国际大奖小说系列、国际大奖小说·注音版
果麦	文学 6~14岁	经典文学儿童版、孩子们的诗、凯叔编作品
天天出版社	文学 6~14岁	曹文轩、常新港、汤素兰等作家作品，中国当代获奖儿童文学家书系、中国现当代儿童文学典藏书系
红点	通识 4~12岁	《艺术星球》《我们，我们的历史》《希腊神话》和儿童音乐之旅系列等
广西师大·魔法象	图画书 4~14岁	图画书理论作品、林世仁作品、长谷川史义作品、乔恩·艾吉作品、故事森林产品线
未小读	绘本 4~10岁	鲍勃系列、《不想和你说再见》《我知道你的感觉》
读小库	通识类 4~14岁	14岁懂社会、101件事系列，人物传记、郝广才作品
小象汉字	汉语、识字， 1~8岁	《我的第一本汉字书》《甲骨文识字卡》
小猛犸童书	科学 4~12岁	《万物运转的秘密》，DK百科系列、微生物系列、这个有趣的世界系列等

国内出版社在引进版权时，一般会签5年左右的版权合同。由于版权争夺非常激烈，我们会看到某些童书断版一段时间之后，又被另一家出版社出版的情形。了解上面表格中出版品牌的出版物动态，就能第一时间掌握优质童书的信息。

第五节　获得书讯的途径

新媒体和电商的发展，丰富了读者的购买（借阅）方式，传统的书店和图书馆不再是市场的主流。

了解这些渠道的特点，可以帮助父母快速决策，找到适合自己的购买（借阅）渠道。

一、实体书店和线上书店

1. 实体书店

优点：更新快，分类专业，可试读和交流，有氛围

实体书店通常会保持一定的上新频率，以吸引顾客到店。

为了让新书销售得更好，实体书店总会划出一定区域做专门的推荐，让顾客能快速地找到新品。而旧的出版物大多会摆在书架上，等待顾客慢慢寻找。

实体书店一般在开业前就会做好选品并进行标准明确的商品落位，根据顾客动线和消费习惯摆放商品。大部分儿童书店，会采用“分龄”和“图书类型分类”并存的上架方式，顾客在现场可以用电脑查询库存位置，也可通过柜标和层标等标识来找到想要的图书。顾客在现场就能看到书的内容，感受纸张的质感，和店员交流阅读心得，这是实体书店的一大优势。

此外，实体书店也提供了丰富的文化活动，比如线下故事会、图书沙龙和教育专家的讲座。

书店里，有人与人面对面地互动，这个过程中也会有很多与书有关的趣事发生。因为大家都在认真、安静地看书和选书，孩子更容易受环境影响从而产生对书的兴趣。从众是孩子的特点，不爱看书的孩子，也会想要看看其他孩子在翻阅什么。因此，不妨多带孩子去书店看看。

缺点：价格高，很难找到旧书

书店的运营成本高，需要用新书吸引客人复购，因此品种的替换率较高，旧书相对较少。除非这些旧书是超级畅销书，能为书店带来持续的利润，否则一旦有同类型的新书出现，旧的品种就会很快被替换掉。

实体店按书的定价销售，一般针对会员有折扣，在特定节日或针对滞销品做促销，但大多数时候相比其他渠道没有价格优势。

2. 线上书店

优点：价格优惠，书讯及时，主题推荐集中，能知晓他人评价

童书这类商品，不管是电商大促还是平日的网络售价都比实体店划算得多。不算入驻商家，只看当当和京东自营，就已经为大家提供了足够多的选择。线上交叉分类的方式，也便于顾客更快检索到想要的图书种类。

线上店铺和实体店一样，也有新书专区，有时还会有新书预售。即使书的出版年代久远，还是能在线上书店被找到。

有些线上书店也会制作童书专题，按照主题和孩子的能力培养来推荐图书。已经购买的人也会进行图书评论和晒单，帮助顾客做购买前的评估。

缺点：易冲动消费，不了解实物，可能遇到盗版和仿版

线上购物的最大问题是容易冲动消费，一不小心就会踏进商家的促销“迷阵”。

用套装提高单价是网络销售中常用的产品策略。这种策略之下，我们很有可能买到原本没有需求的图书。

比如说，婴幼儿行为习惯培养类的图书大部分是套装销售的，里面包含了如厕、吃饭、喝水、穿衣和睡眠等主题，有的孩子可能只需要如厕这个主题的书。但考虑到成套购买更划算，而且提前囤书的情形下，不能预料到孩子未来的需求，就会在价格诱导下选择套装书。最终花了一套书的钱，真正使用的只有其中一两本。

绘本也经常按作者或一定主题，例如友谊、亲情、冒险等组套销售。孩子只对套装中的某几本有兴趣是很常见的。

比较适合按套系购买的是桥梁书和分级读物，但也建议大家先让孩子试读其中一两本，确认孩子喜欢或有用，再斥资购买。

盗版和仿书也是线上购买的一大问题。选择平台自营或官方店铺进行购买质量相对有保证。

童书的印制成本高，光印刷和纸张成本就可能占书籍定价的20%~30%。

盗版书追求暴利，在油墨和纸张上偷工减料。很多人认为盗版书不过是印错几个字，颜色偏色，却不知道在印刷的过程会使用大量的化工原料，这些原料如果处理不当，会对孩子的身体和大脑发育造成伤害。

仿书通常是正版书，但从内容或形式上模仿了某些作品，但创作水平却比不上被模仿的图书。因为它们有正规的出版途径，我们很难分辨，只能慢慢积累经验，选购图书时，除了查看书的详细内容，也可以多看出版时间和作者的创作经历，以便更好地判断。

二、出版商的社群账号和小程序

优点：解读仔细，提供附加服务

出版公司的社群账号通常会第一时间发布新书资讯，有些出版公司还会不定期举办线上、线下的分享课，甚至育儿的专业课程。有的绘本出版商会举办绘本阅读的研修活动，有的出版商有自己的育儿频道，或以书院、直播课、录播课程形式帮助家长更好地养育孩子。父母们通常只需要购买书籍，就能获得相应的专业内容。

随着知识付费的发展，不少出版商也制作了更多方便读者使用的数字资源。这些数字出版物或APP有时也需要额外付费。根据内容类型的不同，有的线上课比纸本书的价格更贵。我们可以根据实际需求做选择。

缺点：仅限自己公司的出版物

这些社群账号通常只能发布自己公司的图书，而且总是会有意无意地夸大这些图书的作用。关注这些账号的作用并不是更加全面地了解图书，而是有针对性地关注自己喜欢的出版商的最新动态。

三、导读手册和广告页

优点：随书附赠，针对性强

经常阅读英文原版书的家长可能会发现，好像只有国内的图书会进行塑封。不过也正因为塑封，导读手册和广告页才方便夹在书中不散落。

导读手册通常会介绍创作背景和作者信息，讲解书的亮点，解释书中难以被理解的内容并提供一些亲子共读的建议，帮助父母快速了解图书内容和阅读方法。

广告页通常会推荐该出版商的其他出版物。这也是获取图书信息的重要方式。

缺点：经常散落，妨碍阅读

如果不想通过导读和广告页了解相关图书讯息，这些夹在书中的折页和小册子就很恼人了。如果不需要，建议可以单独整理放在一处或者直接扔掉。

四、书籍借阅

优点：版本多，免费或价格低

如果预算有限，借阅就是一种获取图书的好方法。

在公立图书馆可以找到经典图画书、科普和文学，年代久远的在购物平台上难找到的书也能在这里找到。但手工书和游戏书不适合借阅，如有需要，建议父母自行购买。

绘本馆类似图书馆，但需要缴纳年费或会员费。绘本馆的年费有高有低，价格跟其提供图书的质量和活动相关。为了增加营收，绘本馆会提供绘本和双语阅读课程等服务。经营的品种除了绘本，通常会有大量的双语学习和分级阅读类图书。

缺点：新书更新慢，书本陈旧

有市场前景的童书大多会优先在某些渠道进行首发或者独家销售，图书馆作为公共设施，往往不会和以销售为目的的店铺一样同步上架新书。由于借阅的人较多，许多孩子爱惜书本的意识不强，有的书甚至只被借阅三五次就已经出现破损了。除了破损，还有卫生问题，如果孩子在口欲期或者喜欢一边吃东西一边看书，那书上少不了会掉落一些口水和食物残渣。虽然绘本馆会把定期消毒作为一个营销噱头，但如果有洁癖，建议尽量选择自行购买。

现在，也有公司在幼儿园内放置借阅书架作为主营业务，通过走进校园服务更多读者。

无论借阅的书籍来自哪里，图书馆、绘本馆还是学校，损坏图书都需要进行赔偿。所以，如果想要孩子通过借阅的方式获取图书，就更加需要培养孩子良好的阅读习惯，不随意毁坏书籍。

五、阅读相关的专业著作

市面上的儿童阅读理论著作非常多，专业的书籍能让父母们增长见闻；意见领袖的分享能够平复父母们的心理，给大家信心和力量。但要注意，不要把育儿经验分享当作专业知识去使用，除非读者具备和创作者类似的经济条件和认知水平。

同类型的专业著作，通常只需要选择其中的一到两本进行阅读。每个作者的观点虽有不同，但同一类型的图书内容终归大同小异。

表2-4 儿童阅读理论和方法相关的图书

书名/作者	主要内容	适合情形
《幸福的种子》松居直	系统地介绍了图画书在儿童成长中的作用，以及怎样挑选优秀的图画书，如何对孩子进行阅读引导	篇幅较短，适合作为阅读习惯培养入门读物
《世界图画书阅读与经典》彭懿	针对经典绘本做了详细讲解，作者介绍、方法都一应俱全	适合作为全面了解如何阅读绘本入门读物
《绘本之力》河合隼雄，松居直，柳田邦男	从心理学、绘本中的语言、图画和文化表达探讨绘本对于人性和心灵的作用	适合绘本深度爱好者和专业人士
《图画书为什么重要》伦纳德·S.马库斯	以访谈录的形式，记录和21位绘本大师的对话，展现作者创作心路历程和绘本发展史，理解儿童作品的创作理念	适合喜欢读文学传记的父母和专业人士
《好绘本如何好》郝广才	讨论绘本的各个要素，阐释什么样的绘本是好绘本，帮助父母建立欣赏绘本内容的原则	适合父母和专业人士

续表

书名/作者	主要内容	适合情形
《阅读理论经典书系：图画书宝典》丹尼丝·I.马图卡	探讨了图画书的艺术技法、媒介材料、视觉元素、发展简史、出版程序和专业术语等	适合作为工具书
《图画书这样读》彭懿	七步阅读法，详细举例教父母和孩子如何阅读一本图画书，有较新的绘本案例	适合新手父母
《一本书读透图画书》苏菲·范德林登	对绘本图文进行了清晰地分析	适合绘本深度爱好者和专业人士
《如何给孩子读绘本》松居直	通过案例教大人怎样理解故事和图画，如何运用声音、动作等要素引导孩子	适合刚开始给孩子讲绘本的父母
《长大之前一定要看的1001本童书》朱莉娅·埃克谢尔	按年龄做图书推荐，主要是绘本和文学书，一页介绍一本书	作为选书的工具书使用
《共读绘本的一年》薇薇安·嘉辛·佩利	每一章节都以一本绘本为题，举例说明如何在阅读中激发孩子自主学习的意愿，提升思考的能力	适合父母阅读，也适合幼儿园老师
《喂故事书长大的孩子》汪培珽	提供书单，在使用绘本提升语言表达方面比较权威	适合父母
《朗读手册》吉姆·崔利斯	解答为孩子读书时可能遇到的各种问题，解决家长、老师的选书困惑，精选了儿童文学的阅读书单	适合父母
《当孩子遇见书》中川李枝子	作者结合自己17年保育员工作经验、阅读与创作经历，分享自己对于儿童绘本、读书、育儿的理解	适合父母

续表

书名/作者	主要内容	适合情形
《骑鲸之旅》 粲然	作者讲述了自己和孩子斗智斗勇，但却温馨的亲子共读经历	适合父母
《爱讲故事的爸爸是最好的爸爸》 杨政	从父亲的角度讲述父母关心的儿童阅读问题，推荐了101本绘本	适合父亲阅读
《说来听听：儿童、阅读与讨论》 《打造儿童阅读环境》 艾登·钱伯斯	从专业角度讲解怎样选书、创造良好的阅读环境，建设图书馆阅读角，以及如何阅读和给孩子讲故事	适合绘本馆、幼师、多胎家庭
《读书会的75个阅读作战法》 蒙瑟拉·纱尔朵	针对儿童的文字阅读，提供75个系统化的领读策略，改变儿童阅读困境，唤醒孩子的阅读潜能	适合教师和多胎家庭
《绘本的手作游戏》 林美琴	提供图文制作步骤，教大人带领孩子制作绘本，体验动手操作的乐趣	绘本教学工具书，适合绘本馆、幼师和多胎家庭
《世界儿童文学阅读与经典》 彭懿	通过30本儿童文学举例，全面了解如何阅读儿童文学	适合作为入门读物

第三章 分龄选书

本章，我们将了解每个年龄段的阅读要点，以及不同年龄段适合阅读的图书。

举例的图书附有阅读方法和内容简介。

做好选书前的准备，家长们就可以开始为孩子挑选书籍了。

在选书时，一般会结合年龄和图书类型两个维度进行甄选：6岁以前，年龄是主要的参考依据；6岁以后，孩子的阅读兴趣更为重要。本文所做的阅读推荐也依照这个逻辑。

第一节 早期启蒙阶段（0~3岁）

0~3岁也是培养孩子阅读习惯的第一个关键期，简而言之就是要达成“爱上阅读”和“能主动拿书”这两个目标。“感知觉发展”和“认知体系构建”也是建立在这两个目标上的。

婴幼儿书在分类上会考虑孩子的感知觉发展和认知体系构建。许多婴幼儿书从形态和类别上就可以看出适读的年龄段。

一、书就是玩具

感知觉发展和认知体系的初步构建包含丰富的内容。感知觉发展包括了听觉、视觉、触觉、嗅觉和味觉，以及大运动和精细运动发展；认知体系构建主要包括了时间概念、力量感、空间感、语感以及生活常识等内容。

由此可见，此时的阅读并不只是读，而是要调动全部感知器官和思维的活动。孩子啃咬布书，用指尖触摸洞洞和不同材质，用耳朵听噪音书，用鼻子嗅香味书，他们也要用手去练习翻页，拨动转盘，去做卡片的匹配，甚至系书上的绳带和扣子。

对于小宝宝们而言，婴幼儿图书就是用来“玩”的。

二、0~3岁孩子的阅读计划

婴幼儿图书多种多样，趣味十足。正是因为多种多样，每类书都能对应到孩子各月龄的发展能力，父母们一不小心就会漏掉某些帮助孩子特定能力发展的书，或买得太早、太晚。

在阅读的初始阶段，家长要趁早考虑怎样让孩子养成阅读习惯，使孩子未来的阅读事半功倍。因此，提前规划好阅读路线十分重要。

那么，怎么给婴幼儿做阅读计划呢？我们先来看看0~3岁可以阅读哪些书，什么月龄读，读多少，怎么读？

表3-1 0~3岁阅读计划表

年龄	阅读目标	适合图书类型	种数	阅读方式
0月龄+	趣味阅读	各种温馨有趣 的图画书	不限	父母讲述或 亲子共读
3月龄+	语言感知	童谣 低幼图画书	3~5种	怀抱孩子唱念 亲子共读
3月龄+	视觉启蒙	黑白、彩色图卡 认知类纸板书	5~10种	婴儿车/床悬挂 自主阅读
3月龄+	口腔发展 焦虑安抚	布书	3~5种	啃咬 自主阅读
6月龄+	安抚 翻页练习	洗澡书 Buggy book	4~5种 1~3种	放入浴盆、 悬挂婴儿车使用 自主阅读
6月龄+	观察与探索 光影感知	折页书和超 厚纸板书 手偶书	3~8种	父母引导的 自主阅读 必要的父母示范
9月龄+	触觉 了解质地 和材料	触摸书	5~10种	引导自主阅读
9月龄+	声音认知 与模仿 精细运动	声音书	3~5种	自主阅读

续表

年龄	阅读目标	适合图书类型	种数	阅读方式
12月龄+	识物	认知类纸板书	3~5种	自主阅读
12月龄+	手部精细操作 通过触觉了解“模式”[1]	有多种互动机关的纸板书	10~20种	父母引导的自主阅读
15月龄+	中英文发音模仿， 增加口语词汇	场景式词汇书 发声书	3~5种	父母引导的跟读
18月龄+	细节观察、寻找、识别与配对 局部与整体	翻翻书、配对卡片 I SPY寻物书 拼图书	10~20种	父母引导的自主阅读
18月龄+	节奏与旋律	音乐书（可播放）	3~5种	父母引导的自主阅读
18月龄+	数的认知	认知纸板书	1~3种	父母引导的自主阅读
21月龄+	颜色识别和搭配 手部运动	艺术启蒙纸板书 涂鸦书	3~5种	父母引导的自主阅读
24月龄+	口语表达 生活习惯	故事主题、生活常识的低幼图画书	5~10种	亲子共读
30月龄+	时间与空间	益智与艺术游戏书 认知类图画书	5~20种	父母示范
36月龄+	手眼协调	手工书 例如剪纸书、穿线书	3~5种	父母示范的自主阅读
……				

[1] “模式”是指事物的规律，例如雨落下的线条，道路的线条，波浪的起伏，这些都可以通过图书的设计反映出来，使孩子通过触觉了解到事物的发生发展规律。

根据以上表格，我们可以针对孩子的实际发展状况，做一个简单的阅读计划表，计划表的核心是——找到需要解决的问题，记录自己和孩子的收获。

表3-2 制作自己的阅读计划表（样表）

月龄	阅读目标	孩子最近发生的问题	书名	孩子的收获	父母的收获

要注意的是，“父母”做阅读的计划是为了让我们明白孩子需要什么，我们应该买什么，有没有关键的事项遗漏，而不是为了强迫孩子阅读。

计划需要根据孩子的成长和兴趣变化不断调整，不必太精细，也不需要强制执行。在表格里，我们要记录的是孩子的成长，是父母和孩子一起经历的人生，而不是孩子又掌握了什么知识点。如果计划剥夺了孩子的阅读乐趣，如果把阅读计划变成对孩子能力的评分表，那不如不做计划。

三、婴幼书的类别、作用和使用方法

婴幼儿图书的种类多，功能千差万别，不仅能够培养孩子的阅读兴趣和习惯，还可以解决我们时间少、不能陪伴孩子的问题。

为什么这样说呢？

孩子在婴幼儿期时，父母要花大量的时间来安排孩子的生活饮食起居。光是这些事情就足以让父母们累得筋疲力尽了，而阅读对于父母和孩子来说是一个很好的放松和交流的方式。

儿童早期阅读真正要解决的问题是让孩子爱上阅读、学会阅读方法，逐渐能够自己规划阅读时间，并有自己的空间安排自己真正想做的“工作”。

这样的目标如若可以达成，在婴幼儿阅读时，父母们就可以得到片刻的休息时间，让自己不被照顾孩子产生的负面情绪而裹挟。

下文挑选了14种主要的婴幼儿图书类型，并给出了选购的建议和推荐书单。文中提到了很多英文书，英语不好也不用担心，这些书不但很容易在国内的各大购物网站买到，而且由于婴幼儿图书的特性，语言并不会成为阅读的障碍。

1. 视觉启蒙——识字、识物卡片（Flash Cards）

闪卡的作用是促进视觉发育和基础概念认知。闪卡大部分时候是指一张一张单独的卡片，但也有装订成书的。只要它们具有卡片的特性，每一页都是可以单独阅读的内容，就可以叫作闪卡。有的闪卡通过塑料环串起来，便于收纳或悬挂在婴儿车上。

不少医院的儿科护士、母婴店的销售以及早教中心的老师经常给新生儿父母推荐闪卡，市面上也有专门用闪卡做左右脑开发的培训机构，但我并不赞同过早和过度使用闪卡。

考虑到婴儿早期的视觉发展规律，父母们更需要给孩子观察大量不同的、活动的事物，以促进他们眼球的活动。

使用闪卡一定要把握好频率和使用时长，以免对孩子的视力造成伤害。

图3-1 典型的闪卡

选购建议

> 闪卡主要有黑白卡和彩色卡两种，从卡片的内容又可以分为识图和识字卡片。

> 黑白卡适合3月龄以上的婴儿，彩色卡适合6月龄以上的婴儿。黑白卡主要促进孩子分辨物体的形状和轮廓，彩色卡主要帮助孩子辨别颜色，促进色彩的认知。

> 孩子大约要在18月龄到30月龄之间才能把颜色的名称和对应的颜色一

一对应起来（也就是父母说红色时，孩子能把红色的物品指出来不出错）。这之前的色彩启蒙主要是帮助孩子辨别不同色彩的差异，感受不同色彩带来的情绪和感官上的差别。

> 识物卡片先选黑白卡再选彩色卡。黑白色的对比强烈，能帮助孩子更快地了解物体的形状和边界；6月龄~9月龄间逐渐过渡到双色的彩色卡片、最终过渡到全彩卡片。

> 在图案的选择上，优先选择几何形状和生活中常见图案的卡片，其次选择具有重复、循环特征图案的卡片，让孩子初步了解“模式”和“规律”，提高孩子观察和发现的能力。

注意事项

> 避免过早使用视觉闪卡。

> 儿童的视觉发展有着自己的规律，孩子3月龄才拥有正常的视野范围，可以固定视物；4~6个月时视网膜迅速发育，能够开始追踪声音来源以寻找物体，这时孩子的视力仅仅0.1；6个月以后孩子们才能开始通过对焦看清自己想看的东西。3岁左右他们才接近成年人正常的视力，形成完整的立体视觉。

> 婴儿期的孩子视物时，会一直盯着一样东西使劲看，不会频繁眨眼。因此，过早地、频繁地让孩子注视闪卡，会对孩子的视觉发展造成负面影响。闪卡里的丰富内容，如果一味地强加给孩子，信息供大于求，反而会让孩子发生认知障碍。

> 不满3月龄的婴儿最好不要使用闪卡。

> 使用时，应少量多次，一天4~5次，每次时间应控制在2~3分钟以内。闪卡放置于距离孩子眼睛15~30厘米的位置，随着孩子的视力发展，视物距离的变化而调整阅读距离。

> 针对4月龄~6月龄的孩子，使用时可以采取将书悬挂的方式，让孩子自主视物；并且父母可以通过转动图书（每次转动要有5~10秒的停留时间），让孩子

发生追踪行为，锻炼眼球和颈部的肌肉运动。

> 针对6月龄~12月龄的孩子，在孩子自主翻阅的基础上，家长可以和孩子进行口语交流，让孩子意识到听到的词汇和书中的图案有对应关系。

> 识字卡片建议在18月龄后使用。因为孩子0~3岁主要记忆图像符号，即使能指认文字也是将文字记作一个图像，所以会出现一本书上能指认出来，换了一本书就不会读的情况。

图书推荐

> 塔娜·霍班著，《*White on Black*宝宝黑白卡》，中信出版社

这套经典的黑白卡适合作为孩子的第一套视觉认知卡。国内出版的套装一套六本，图案的选取来自婴儿生活中最常见的物品；黑白对比强烈，边界非常清晰，图案做了抽象简化，便于孩子抓住物品外观上最核心的特点。

> 斯密瑞提·布拉萨达姆·霍斯著，《小宝宝视觉·触觉认知书系列》，童立方

这套书使用轻微凹凸设计，使得图案的边界更为清晰，这样孩子就能通过触摸进一步理解形状。这套书选取的图案放入了孩子感兴趣的交通工具和动物等，每一个页面都有一个主题，也采用了烫金工艺，通过对比鲜明的颜色刺激孩子的颜色认知。

> *Animal Alphabet Cards*、*Nature Number Cards*、*Art Cards for Babies*, Wee Gallery

这系列卡片适合6月龄以上的婴儿，最早阅读时间不早于4月龄。这些卡片除了黑白对比，还在图案细节上采用了大量重复的设计，采用常见的曲线、点和图形进行重复，符合动物本身的特点，又有利于孩子观察细节，理解规律。卡片带收纳盒，每张卡片都有正反两面，一面是图案，一面是数字或者字母。

数字闪卡的设计尤其用心，当数字增加时，卡片里的动植物数量也随之增加，一张卡上用多个动植物表现一个物种，既有共同特点，也有不同亚种的不同特点，利于孩子了解多样性。

> ***The World of Eric Carle? The Very Hungry Caterpillar?*、*Eric Carle Number Flash Cards: 123*、*123 to the Zoo Flash Cards*、*Feelings Flash Cards*、*My First Dinosaurs Flash Card*等, Chronicle**

这些闪卡适合9月龄以上的孩子，选取常见的图画书角色，具有艺术感和设计感，有助于宝宝审美的形成。卡片的内容一般为简单的物品认知，也包含数字和英文字母等，图文高度关联。

> ***Alphabeasties and Other Amazing Types*, Petra Gentz Werner, – Blue Apple Books**

这是一套具有创意的字卡，一面是由相应字母组成的动物图案，一面是由字母构成的动物单词。所有的卡片一起可以拼成一整块拼图，可玩性较高。适合两岁以上的孩子。

2. 外出便携——婴儿车悬挂书（Stroller Cards）

这种图书本质也是闪卡的一种，特点在于可便携，能随时随地让孩子进行阅读。这类书的开本小，便于孩子自己抓握。之所以特别介绍，是因为随着婴儿车的普及这类书的使用频率越来越高。

图3-2 典型的婴儿车悬挂书

选购建议

> 优先选择质量轻、卡片尺寸小，孩子可以单手抓握的。

> 选择孩子喜欢的，因为这类书在外出时可作为安抚物使用。

> 选择胶质柔软，塑料环尺寸大的，方便孩子啃咬也方便悬挂。

图书推荐：

> ***On My Way: On My Way! A Wee World Full of Vehicle*、*I see at the market*、*I see bugs to count* 等，Wee Gallery**

这套书采用的是金属感卡片、塑料圆环加纺织长带的设计，椭圆形的页面设计，一面白底、一面黑底，白底主要是图案，黑底主要是文字符号。虽然每本只有5张卡片，但也足以让4月龄~12月龄的孩子沉浸其中。

> ***The World of Eric Carle touch and feel stroller cards*、*Ring Flash Cards My First Words*、*Curious George Stroller Cards* 等，Mudpuppy**

这些卡片的圆环非常柔软，孩子啃咬起来非常方便；画面的颜色鲜艳，并且使用了好饿的毛毛虫和乔治猴等孩子喜欢的形象。

3. 打造安全感——布书（Cloth Book / Cotton Book）

布书是纺织品而不是纸品。这类书可以咬，也可以抱在怀里抚摸，能起到视觉启蒙和安抚的作用，在功能上可以替代咬巾和安抚娃娃。

有的布书会在一本书上使用多种布料，展现不同物品在材料上的特点，提供不同的触觉体验。啃咬布书，也可以满足口欲期孩子通过口腔去感知材质的发展需求。

图3-3 典型的布书

选购建议

> 材质柔软，一本书由多种材料制成。

> 颜色鲜艳，不掉毛。

> 9月龄以前，不要选择带有绳子和细小配件的布书，以防缠绕手指。

注意事项

> 不会翻身的婴儿在父母的监护下使用，以免书盖在口鼻上造成窒息。

> 选择不掉色的布书，最好在使用前进行清洗和晾晒，在使用过程中，如果孩子经常啃咬，建议每天都进行清洗。

> 使用时，可采取悬挂婴儿床和婴儿车的方式；也可以直接放在床上，让孩子抱抱和摸摸，增强孩子的触感体验。

> 书中如果使用了触摸、声效或者搭配了小公仔，父母可以进行演示，重点展示手部动作，让孩子理解力量对材质带来的改变。

图书推荐：

> *Fuzzy Bee and Friends*、*Squishy Turtle Cloth Book* 等，Priddy Book，2月龄~24月龄

作为安抚物，宝宝2月龄可以开始使用。这个系列使用的是不带绒毛的含棉混纺布料，洗后易干。以 *Fuzzy Bee* 这本为例，它画的是各种可爱的昆虫，昆虫的翅膀、甲壳、翅膀等有特殊的材质设计，孩子可以触摸。图案简单，色彩鲜艳；书页外层是布，内层增加了塑料，婴幼儿捏书时能发出沙沙的响声。这个过程可以让孩子通过手部小肌肉运动，产生大小和频率不同的声音，感受声音的产生原理。

> *Wee Gallery Baby's First Soft Book: Swing Slow, Sloth*、*Friendly Faces in the Yard*、*Pitter Patter Penguin*，QEB Publishing，2月龄~24月龄

书的配色非常柔和，材质呈现棉麻的质地。图案较抽象，每页之间没有关联，可以作为认知图卡使用。书的外观像动物的脸型，样子可爱，也适合做安抚玩具使用。*Pitter Patter Penguin*这个系列的布书做了标签的设计，符合孩子喜欢拉扯突出来的标签的行为发展。

> *Baby Dinosaur*、*Baby's Very First Cloth Book*、*Animals Babys First Cot Books*等，Usborne Publishing，4月龄~18月龄

这系列的布书比一般的布书厚，便于小宝宝翻阅；材质看上去像泡沫，质轻柔软，不用担心小月龄的孩子翻身、爬行时磕到。

> *Sleepy Bunny*，Golden Books，Penyuin Random House，10月龄~36月龄

本书封面的布料带短绒毛，内页是普通布料。书中有一只玩偶小兔子，用绳子固定在书上。整本书以蓝色为主色调，背景色为白色，给人一种静谧安定的感觉，适合睡前使用。宝宝们可以手拿玩偶兔子，跟随书本里的小兔子做睡前准备，把兔宝宝送上床睡觉。在这个过程中，孩子通过模仿的方式（过家家）获得内心的安宁，更容易入眠。

适合睡前阅读的布书还有*Goodnight Moon Cloth Book*（Harper Festival）、*Baby's Day: Cloth Book*（Little Simon）等。

选购布书不用追求数量，有一到两本即可。为了起到安抚的作用，最好选择有孩子喜欢的图案形象的布书。

4. 解决怕水的问题——洗澡书（Bath Book）

洗澡书是婴幼儿洗澡时使用的图书，作用与洗浴玩具类似，可以起到安抚和“感知水”的作用。

洗澡书一般为EVA/PVC材质，不怕水，易清洁。布书容易脏、难打理，而洗澡书就没有这种问题。

孩子或早或晚会出现对水的恐惧。被水烫到、呛到，在洗澡盆里滑倒，突然被放入水中，眼睛进水等状况都会让孩子讨厌洗澡。孩子天性喜欢玩水，一旦克服心理障碍，进了澡盆又不愿意出来。洗澡遇到的种种问题，洗澡书都可以解决。对比洗浴玩具，洗澡书离开水还可以继续使用，能更好地转移孩子的注意力。

图3-4 典型的洗澡书

当然，如果孩子没有恐惧水或者洗澡哭闹的行为，就没有必要购买这类书。但如果孩子喜欢玩水，父母也不介意孩子在澡盆里感受水的“力量”，有变色效果和拼图游戏的洗澡书也不妨一读。

选购建议

> 洗澡书多为塑料材质，不适合放入超过60℃（婴幼儿洗澡水温度的范围是36~40℃）的水中。

> 选择孩子感兴趣的IP改编的洗澡书，能更好地起到安抚作用。

> 使用时，除了在水里翻页，还可以让宝宝将书一遍遍按入水中，观察书浮上来的过程，感受密度、浮力等概念。

图书推荐：

> ***Color Me: Who's in the Water? Color Me: Who's in the Rain Forest? Color Me:Who Loves Dinosaurs*** **等，QED Publishing，9月龄以上**

适合能自己独自在澡盆里坐稳的婴幼儿。这套书最大的特色是，入水前书本页面都是黑白的线稿，入水后图案会变成彩色，晾干后又变成黑白。

> ***The Pigeon Needs a Bath Book!*** **Hyperion Books for Children**

The Rainbow Fish Bath Book，Northsouth

Curious George Bath Book，HMH

Swim with Little Fish!: Bath Book，Candlewick

Gossie & Friends Go Swimming Bath Book with Toy，HMH

这些书适合12月龄以上。它们都是知名绘本的洗澡书版本。根据洗澡书的特点，对原著内容做了细微修改。这种修改主要是提取了跟“水”有关的元素，比如海洋和海洋动物，然后制作成新的出版物出版。

5. 听觉启蒙—发声书（Noisy Book / Sound Book）

发声书的侧边、底边或页面内置按钮，按下按钮后，书本会发出声响。

发声书能帮助孩子认识生活中常见的声音。由于婴幼儿的视力发展缓慢，听觉是他们在早期发展中最依赖的感知觉。像噪音般简洁并不断重复的声音可以吸引婴幼儿进行阅读，并促使他们通过声音的方式认识世界。

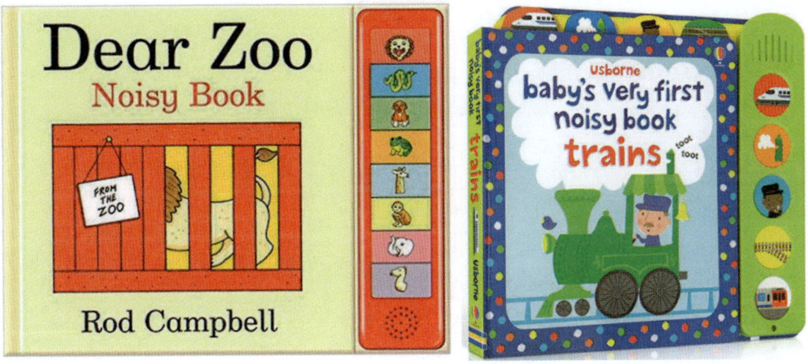

图3-5 典型的发声书

使用发声书还能促进孩子的语言发展。这些书中的声音短促有趣，可以引发婴幼儿的模仿。又因为模仿难度大，婴幼儿在模仿的过程中需要充分调动口腔肌肉和颌关节，使得婴幼儿的发音器官可以得到良好锻炼，让孩子的发音更准、更好。

选购建议

> 注意按钮的位置。按钮通常内置在书页内，因为没有凸起，使用难度较大，对精细运动的要求更高，适合月龄更大一些的孩子。

> 注意声效的选择。根据孩子的年龄，从聆听自然界的声音开始，到交通工具和家用电器运转时发出的声音，再到乐器的声音，完成从生活常识到音乐启蒙的发展路径。

注意事项

> 大部分发声书配有电池，扯掉封底的塑料卡片就可以使用。

> 孩子能自己阅读发声书，无论是聆听还是模仿发音。为了让孩子更有兴趣，爸爸妈妈可以带着孩子一起模仿。

图书推荐:

> ***Polar Bear, Polar Bear What Do You Hear?*** **Henry Holt,10月龄以上**

这本书的按键在书的右侧，按键较大，使用方便。书中使用的图画形象来自艾瑞·卡尔的经典作品，保留了原作朗朗上口的文字内容，适合练习英语口语。

> **《尤斯伯恩：挠痒痒触摸发声书》（全2册），接力出版社，6月龄~12月龄**

这套书里有触摸设计，孩子摸动物们的皮毛，动物就会发出叫声，同步触觉、听觉和视觉的发展。

> **《奇妙发声书：生活》《奇妙发声书：动物》，西安出版社，12月龄以上**

这套书词汇量大，音效丰富，并且设计有翻页。

该出版商还出有《宝宝点读认知发声书》和《趣味早教发声书》（拼音、英语和数学），适合2~3岁模仿发音。

> **《尤斯伯恩：奇妙发声书》（全4册），接力出版社，18月龄以上**

这套书适合刚开始学说话的孩子，不仅有发声的按钮，文字的部分也将拟声词一一展示，将文字和声音做了结合。

> **《听，谁的音乐会？》（全4册），开明出版社，18月龄以上**

这套书将古典音乐、乐器和音乐感受相联系，包含了所举例的音乐家最著名的24个音乐片段。

乐乐趣出版的《法国幼儿音乐启蒙发声书》（全4册）有异曲同工之妙，对乐器的讲解更深入，适合更大一些的孩子，建议作为音乐绘本来阅读。

> **《你发现了什么？》《会说话的动物百科》《快来数数》《点亮夜空的萤火虫》，江苏凤凰教育出版社，12月龄以上**

这些书结合了手电筒、放大镜、擦写等玩法，发声清晰，书中的形象来自艾瑞·卡尔的作品。

6. 自我认知——镜子书 / 脸谱书（Mirror Book / Face Book）

婴儿在4月龄~9月龄间特别喜欢照镜子，他们通过镜子观察自己，也通过移动、触摸镜子，来建立与周围环境的联系。镜子书的最大作用在于帮助孩子形成自我认知，将自己和他人、其他物品区别开来。除了自我认知以外，镜子书也帮助孩子理解“镜像”。

为了避免镜子破裂造成危险，镜子书一般使用塑料达成镜面效果。

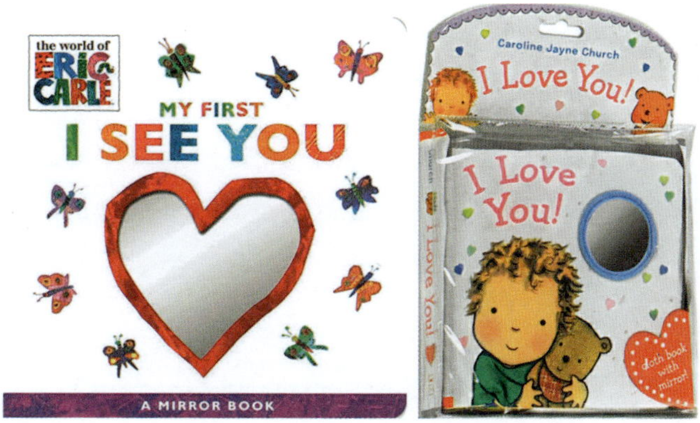

图3-6 典型的镜子书

孩子使用这些书时，家长可以跟孩子一起照镜子，并且做出喜怒哀乐的夸张表情。婴幼儿会看得目不转睛、手舞足蹈。等孩子到约12月龄时，他们就可以自己面对镜子书，玩躲猫猫（peek–a–boo）的游戏了。

因为不明白镜子里为什么会有一个一模一样的自己，部分孩子会感到恐慌。这时，父母可以先照照孩子喜欢的玩具，让孩子有初步的镜面感受，再引入人照镜子这项活动。

脸谱书通常以人和动物的脸部作为图书的主要画面，也能帮助孩子自我认知，理解各种各样的人，以及他们的表情和打扮。

图书推荐：

> ***Look at Me!* Scholastic，3月龄以上**

这本书做成了圆形镜子的模样，每一页都有宝宝的脸部照片，表情各不相同。看完书中宝宝的表情，孩子可以返回封面，对着镜子做出类似的表情。孩子在阅读中慢慢理解不同的情绪，对着镜子挤眉弄眼的过程，也让他们的表情控制（面部肌肉的控制）越来越好。

> ***DK Publishing*, *Baby Faces Peekaboo! Peinguin*, 3月龄以上**

这本书里既有不同肤色的宝宝的情绪脸，也有动物和玩偶的情绪脸，每一个跨页相呼应。翻页的设计，让孩子可以和书里的宝宝们玩“躲猫猫”的游戏。

> ***Hello Baby: Faces*, Priddy Books, 3月龄以上**

这是一本纯粹的人物脸谱纸板书，强烈的黑白对比让孩子对五官的轮廓留下更清晰的印象。

> ***Baby's Big Busy Book*, Little Simon, 9月龄以上**

大开本，厚纸板，部分图案有轻微的凹凸感，可以通过触感感知物体边界。最后一页有镜子。书的内容丰富，与生活关联度高，可以模仿玩过家家。

> **《3D镜面绘本套装》（全2册），浪花朵朵，18月龄以上**

这套书可以形成3D视觉效果，以食物和彩虹为切入，让孩子体验镜面反射的神奇现象。套装内《今天吃什么》通过镜面纸展现食物的制作过程，《不可思议的彩虹》可以让孩子看到七色光在纸间穿梭。因为使用了镜面纸，对光线的反射强，书页显得特别亮，小宝宝可能会觉得刺眼。

7. 触觉体验——触摸书（Ttouch-Feel 和Trace-Along）

触摸书使用布料、塑料、特种纸张等制造不同的触感，刺激婴儿手指的神经末梢，进而刺激大脑中的感知觉区域，让孩子获得对物体的外部质感（扎手、光滑、毛茸茸等）的感受。有些物品孩子平时较少接触或不宜接触，比如沙滩、栅栏、动物毛发等，通过书中的模拟触摸，可以让孩子对危险事物形成基本印象。

图3-7 典型的触摸书

触摸书不仅通过材质丰富触觉体验，有时也会通过触摸轨迹让孩子感知规律。这一类在英文书里叫作Trace-along，指在书上挖浅的线条或形状，孩子通过感知这些点、线、面的边界，获得对于事物进行过程和发展规律的认知，例如风向、道路延续的方向、雨滴落下的规律、海浪的起伏，等等。

选购建议

> 选择有接近事物本身质感触摸物的触摸书。粘手的、扎手的感觉孩子也有必要体验。

> 触摸书含有细小部件，容易因为拉扯而掉毛。孩子使用时，父母最好陪伴左右，以免发生危险。

图书推荐：

> Dorothy Kunhardt, *Pat the Bunny* , Golden Books

这是一本综合感知书，包含了触觉、视觉和嗅觉三种感知觉锻炼项。每一页都有生活中常见的场景，也有助于习惯的培养。孩子可以摸柔软的兔子，可以照镜子，可以摸爸爸扎手的胡子，还可以嗅到花草的芳香（打开书真的有可以闻到的香味）。

> ***Touch Think Learn: ABC*、*Touch Think Learn: Numbers*、*Touch Think Learn: Homes*、*Touch Think Learn: Baby Animals*、*Touch Think Learn: Little Critters*、*Touch Think Learn: Opposites*、*Touch! My Big Touch-and-Feel Word Book*，Chronicle Books，18月龄以上**

这一套书通过凹凸不平的边界和挖洞，展现字母、数字、比较等基础概念。书中多处用到几何图形，有助于孩子发展数理逻辑。

> **《宝宝触摸游戏书》（全4册），接力出版社，适合9月龄~30月龄**

这一套触摸书，不仅有多种材质和翻页，也有可以追踪的轨迹，例如滑冰留下的痕迹、鱼儿的游向。书中还大量使用不同颜色、大小、质感的圆点，以圆点为基本元素，展示出事物不同的“模式”。

> **《亮丽精美触摸书》（全4册），未来出版社，1~4岁**

这套书的画风极度写实、精细，适合对大自然和小动物有浓厚兴趣的孩子，触摸物的仿真度也极高。

8. 锻炼动手能力——互动机关书（Flip-Flap / Slide-and-See……）

使用这一类书，孩子需要自己拨弄书上的零件，才能感受到阅读的乐趣。互动机关书有翻页，或者上下左右推拉的卡板、左右转动的转盘，甚至扣子和系带。

幼儿书中翻页的作用主要是制造惊喜，满足孩子喜欢捉迷藏的心理，鼓励他们去探索看不见的东西。

转盘 / 滑动的装置不仅锻炼精细动作，也帮孩子建立起方位和方向意识，帮助孩子发展“空间感”。

图3-8 典型的机关书

扣子和系带的设计，对手眼协调的要求较高。一遍遍地重复操作，不仅可以锻炼手部力量和精细度，还可以提高孩子动作的稳定性。

洞洞的设计，则通过洞洞制造层次感，为孩子营造惊喜，表现事物之间的相互联系，例如局部与整体，或者层层递进的关系。

注意事项

> 互动机关书比其他类型的书更容易损坏。不要因为孩子弄坏了书而斥责他们。

图书推荐：

> 小玻系列翻翻书，接力出版社，9月龄以上；0—3岁行为养成翻翻书，北京科学技术出版社，9月龄以上；小熊很忙系列，中信出版社，12月龄以上

这三个系列畅销又长销，大部分孩子都喜欢。

> *Lulu's Clothes*、*Lulu's Clothes shoes*、*Lulu's Loo*、*Lulu's lunch* 等，Bloomsbury，12月龄以上

这个系列以一个叫“露露”的小女孩为主角，把她穿衣打扮、吃饭、大小便的行为都通过互动操作展现出来。每本书都有丰富的活动，比如拉拉链、围围兜、扯卫生纸、开关门。孩子们跟着露露一起练习，不需要父母示范，就能找到这些机关，在一次又一次地练习中掌握这些基本动作。让无趣的习惯养成过程变得有趣，尤其适合女孩阅读。

> *The Ugly Duckling*、*Wind in the Willows*、*Cinderella*、*the Snow Queen*、*Little Mermaid*、*Snow White*、*Mulan*、*Hansel and Gretel*、*Peter Pan*、*the Princess and the Pea*、*Dr Dolittle*、*the Three Little Pigs*、*the Jungle Book*、*Puss in Boots*，Campbell Books，18月龄以上

这套书虽然是童话故事，但都经过了精简和修改，将童话的荒诞性做了一些删减，以便适合幼儿阅读[1]。

故事性削弱后，人物动作成为孩子关注的重点。这一系列中的转盘、翻页大都用于表现人物的动作和行为，例如爱丽丝掉进兔子洞的过程，疯帽子喝茶的过程，隐藏在森林里的动物，在房间里探头探脑的小矮人等。孩子关注这些行为，发现危险和机遇，也是孩子阅读这套书的主要价值。

童话的故事作为背景设定的好处是，爸爸妈妈可以更快地带入，降低亲子互动的门槛。

> *Lets Bake a Cake*、*My First Computer*、*Let's Grow Vegetables!*、*My First Toolbox*、*Let's Care for Baby*，Twirl，24月龄以上

手提式的设计，方便幼儿携带。孩子可以用这套书进行角色的扮演，了解不同工作的内容、流程和方法。例如，工具的这一册里有用厚纸板做的测量尺、锯子、铁锤、螺丝起子、电钻、钳子等，孩子可以使用这些工具模仿爸妈的行为。而电脑的这一册，能让孩子初步明白爸妈是怎样使用电脑进行工作的。

> *What Are You Wearing Today*、*How Do You Sleep?* Thames & Hudson，9月龄~24月龄

---

[1] 传统的童话故事不建议5岁以下的儿童经常阅读。因为童话缺乏真实性和生活贴近性，孩子分不清楚现实和想象世界的边界，容易产生认知的混淆。

这个系列既是翻翻书也是立体书，阅读时需要经常做“拉”的动作。书中讲了许多常识与概念，并用抽象图案表达出来。看上去简单，实则逻辑性较强。

> 马修·凡·弗利特著《闻一闻！》《嚼一嚼！》《舔一舔！》《小脑袋》，花山文艺出版社，10月龄~24月龄

在这套书里，闻、嚼、舔的动作都能通过操作拉页实现。

> 《0~3岁视觉激发游戏书》（全4册），海豚传媒，12月龄~24月龄

这是一套以翻页为主的视觉启蒙书，色彩鲜艳，信息量大，涵盖动物、交通工具、植物、颜色、数字、形状、日常用品七个主题，用分类和颜色展现每个主题的逻辑，教给孩子“大”与“小”，“前”与“后”等空间概念。

> Baby all 科学系列，ARAM，18月龄~42月龄

这套书里有动植物的生长过程、冰箱的食物存放方法等知识点，并用拉页、动态页面等方式展现在孩子眼前，符合孩子从细节和表象切入科学学习的特点。

9. 认知——其他的纸板书（Board Book）

大部分的触摸书、互动机关书是纸板书形态的。除了这些特殊的纸板书，常见的纸板书一般分为认知和图画故事两类。

从制作工艺上来说，有异型切割和镂空工艺的纸板书。

从尺寸上来说，有婴儿一手就可以抓握的手掌书，也有大开本的地板书。手掌书尺寸小、厚度厚，可以用来做堆叠游戏，地板书适合二胎和多胎家庭、学校教学。

（1）认知类

认知类纸板书既包含基本概念的认知（字母、形状、数字、常用词汇），也包含基本常识的认知（例如如厕、吃饭、人物关系等）。我们可以根据孩子的兴趣来选择认知启蒙书。

基础概念的认知帮助孩子形成时间感、空间感，激发他们的本体觉；同时这些认知过程也针对孩子的语音系统发展，让他们感受口语表达的逻辑，形成口语表达的基础能力。

图3-9 典型的认知类纸板书

（2）图画故事类

图画类的纸板书，源自绘本，相比于精装和平装的绘本，更经久耐用，更便于孩子自己翻阅，因此更适合3岁前的孩子。

比较好的图画书类纸板书有《蓝色小卡车》和“大头鱼”“好厉害的车”“五只猴子”“花格子大象艾玛”“小猫莫格”“羊驼拉玛”等系列书。

这些书共同的特点是：以孩子喜欢的动物形象或交通工具为主角，故事结构相对简单，故事内容以衣食住行玩和日常生活习惯为主。

图3-10 典型的故事类纸板书

图书推荐：

> 认知——吉田纯子著《0-4岁幼儿认知小百科》，长江少年儿童出版社，12月龄以上

词汇分类，场景式学习，侧边有标签栏，书的结构和逻辑清晰，规律性强，孩子学得快。

> 认知——桑德拉·博因顿著"猪猪宝贝系列""情绪管理系列""基础认知系列""启蒙经典系列之我与世界分辑"，黑龙江美术出版社，亲子共读，9月龄以上

漫画质感，语言文字节奏感和韵律感强，覆盖词汇、发音、生活习惯和常识，让孩子学习地道的美式英语。图文组合的方式制造了丰富的细节。

> 语言发展——阿克塞尔·舍夫勒著，"儿歌小故事系列"，北京联合出版公司，亲子共读，9月龄以上

相比于美式幽默的直白，英式幽默是含蓄的，需要孩子带入更多生活经验和思考。这套看着有些丑的书浓墨重彩，与桑德拉·博因顿线稿式的画面截然不同，细节更多在图画中。书中的语言文字就像儿歌，适合大声念出来。

> 生活习惯——莱斯莉·帕特里切利著，《一根毛系列·婴儿好习惯养成图画书（全12册）》，接力出版社，可自主阅读、可亲子共读，9月龄以上

可爱的婴儿造型、丰富的人物表情和动作，展现"叛逆期"的婴儿行为。婴幼儿一开始探索，旁人就觉得孩子调皮捣蛋。相比于不停地和他们说"不"，把他们的不当行为画出来，让他们从小毛孩的故事里看到自己，是更好的法子。这系列书中的词汇重复度高，图画的部分没有多余的背景，重点反映人物行为，使孩子能够集中关注人物行为和语言表达。

> 认知和身体发展——艾瑞·卡尔著,《从头动到脚》《袋鼠也有妈妈吗?》《好忙的蜘蛛》比尔·马丁、艾瑞·卡尔著《棕色的熊,棕色的熊,你在看什么?》,明天出版社,12月龄以上;*My First Little Library*, Philomel, 12月龄以上;*Today Is Monday*、*1,2,3,To The Zoo*、*Do You Want to Be My Friend*、*The Secret Birthday Message*、*Polar Bear, What Do You Hear?*, Haper Collins, 12月龄以上

以上这些是艾瑞·卡尔作品中比较适合幼龄儿童阅读的。同样是认知启蒙,艾瑞·卡尔的作品为什么广受认可呢?

艾瑞·卡尔的作品充分体现了"寓教于乐"这一理念,将知识性融入故事,将对于生命的关怀融入创作,文字朗朗上口,拼贴画画面具有艺术感。他创作的纸板书绘本能真正把图画和文字联系起来,让图画和文字起到相互促进的作用。

共读《从头动到脚》,父母得放下成年人的架子,像小动物们一样扭动脖子,像猫一样弓起身子,像猴子一样摆动手臂;共读《好忙的蜘蛛》时,得学绵羊咩咩叫,小猪呼呼呼,公鸡喔喔喔。这些书的意义和价值要通过亲子互动表现出来,如果只是照着书念一遍,就略显无聊了。

> 情感表达和语言发展——卡罗林·杰恩·丘奇著,《宝贝,我永远爱你》《十个小脚趾》《晚安,我的宝贝》等,北京联合出版公司,6月龄以上,亲子共读

从书名看,这几本书的内容应该差不多,但实际各有不同。《宝贝,我永远爱你》讲的是无论天涯海角,妈妈都会爱你;《十个小脚趾》则是数着宝宝的小脚趾,从头爱到脚,在表达爱意的同时,让孩子学会掰手指和脚趾数1~10的数字。

> 通识教育——露丝·斯皮罗著,《萌萌的科学:宝宝启智纸板书》,北京联合出版公司,21月龄以上

这套书看上去讲了很高深的内容,实际上是用堆积木讲夸克和分子结构,抓住了从个体到整体的规律;用鸟儿飞翔讲航天工程,引入了仿生学的思维模式。这种知识呈现的方式为孩子的探索提供了可以学习的范本，也提示我们，当孩子提出“为什么”时，我们可以用比较和比喻的方式回应孩子。

> 通识教育——吉尔·麦克唐纳著绘，《你好，世界！幼儿科普小百科》，中信出版社，18月龄以上

该系列注重唤醒孩子的身体感知，不断用问句来询问孩子“你能看到、听到什么，你看到、听到之后是什么感受呢？”提醒孩子通过自己的感知觉去感受世间万物。这种推进式的提问，也为父母和孩子沟通知识性内容提供了对话的模板。

> 通识教育——玛丽·黛罗斯特文，朱莉·诗赫载德图，《来闻闻大自然的味道》《来闻闻水果的味道》，陕西人民教育出版社，24月龄以上

阅读这两套书时真的能闻到气味。为什么选植物的气味呢？天然的香料大部分来自植物，气味对于植物来说有着重要的意义。这样，关于香味的知识拓展也变得有意义。

婴幼儿有着无穷尽的探索的欲望，给他们观察的自由，他们就能像科学家一样理性地观察这个世界。由于缺乏经验，他们需要引导，形成探索世界的一套方法。

2岁以后，孩子们展现出对各种现象的浓厚兴趣，不断地提出“为什么”。我们可以根据孩子的发问，陆续引入学科知识类的图书。

这些书并不一定教给孩子科学知识，但要启发孩子探索世界的方法，激发他们探索的热情，教给他们严谨的治学态度。

婴幼儿期的知识书，从孩子日常生活的疑问出发，从细节和表象入手，用打比方的方式让孩子理解。要注意的是，不要觉得孩子听不懂专有名词，就用各种奇怪的词汇去代替。

10. 帮助审美和语言发展——婴幼图画书（Picture books for infants）

专门为婴幼儿创作的绘本和其他绘本的不同之处：

（1）注重孩子的日常生活体验，符合幼儿语言发展特点，语句极其简单，频繁重复。

（2）图画的线条和形状清晰，经常使用大面积的色块。

（3）角色塑造鲜明，非黑即白，没有多重性和复杂情绪。

图3-11 典型的婴幼儿的图画书

婴幼图画书有的擅长表现动作，动作发展在孩子前三年的发展中占据主要地位，动词作为重点词汇的图画书值得父母注意。

婴幼图画书有的擅长表现情绪，也有的擅长描述，语气词和拟声词是最基础的图画书词汇，也有一些图画书的重点词汇是形容词和副词。18月龄至36月龄的语言发展，词汇库的拓展是非常重要的。掌握大量的形容词和副词可以帮助孩子解决无法描述他所思所想的问题。在生活和阅读中，父母不要猜测孩子说了什么，而是鼓励他们去准确地形容自己想要的。

选购建议

> 不要觉得婴幼儿的图画书幼稚。父母和孩子都要从最简单的字词开始，选择那些画面最简单、文字最简洁的书。父母要接受这个事实——孩子的早期学习需要不断反复。他们会不加选择地吸收全部信息，直至他们有一定的知识储备，才懂得做筛选。

> 避免让幼儿阅读童话和神话内容的图画书。

图书推荐：

> 佐佐木洋子作品——《小熊宝宝》《噼里啪啦》，新世纪出版社&二十一世纪出版社，12月龄~24月龄

图3-12 佐佐木洋子作品

《小熊宝宝》系列绘本是被盗版得最多的低幼绘本之一，劣质的仿品层出不穷。这也从另一个角度说明了这套书十分经典。这套书共有15册，涉及婴幼儿生活的方方面面，每本书看上去都是翻来覆去讲差不多的内容，实际也是如此，通过反复帮助孩子掌握词汇，通过重复让孩子纠正生活习惯。图画里的小熊和小熊的朋友们都是头大身体小，圆滚滚的，就像婴儿期的孩子，给孩子带来亲近感。

这套书的故事叙述节奏平稳，没有特别大的起伏，有的幼儿会觉得过于平淡而不喜欢。这是正常的，婴幼儿习惯培养的图画书内容大同小异，选择的时候父母可以多考虑孩子喜欢什么形象，喜欢哪种风格。

> 和歌山静子作品——《喂—哎—》（新世界出版社）、《尿哗哗》（广西师范大学出版社），6月龄~21月龄；中川宏贵作品，《哭了》（二十一世纪出版社）、《和爸爸一起玩！》（广西师范大学出版社），9月龄~24月龄

图3-13 和歌山静子和中川宏贵的作品

这两位作者都是幼儿绘本创作的大师，他们的作品情感细腻，抓住了婴幼儿认知发展的规律。

这些作品大人看也有意义，阅读这些图画书，感受孩子的发展节奏，以及他们的小情绪，能指导父母更好地理解孩子，与孩子好好相处。建议在孩子进入“糟糕的两岁（terrible two）”之前阅读这些书。

> 信谊宝宝起步走系列——《火车快跑》《猫头鹰 蝙蝠》《动物量身高》《动物量体重》《你看到我的小鸭了吗》《好忙的鸟儿》《谁的家到了》《嗷呜嗷呜》《牛来了》等，明天出版社。

图3-14 信谊宝宝起步走系列图书

信谊图画书推广绘本阅读多年，在幼儿阅读领域，学习了国外的“Bookstart”概念，出版了“信谊宝宝起步走”系列图书，不仅精选了国外最经典的幼儿绘本作品，也鼓励国内的创作者创作在语言和内容上更具贴近性的作品。

> 五味太郎作品——《鳄鱼怕怕，牙医怕怕》《数字在哪里》《三顶帽子几个人》，明天出版社；《小金鱼逃走了》，新星出版社；《小牛的春天》《袜子藏哪儿了》《冰激凌是谁吃的》《藏猫猫藏猫猫》《看，脱光光了！》《黄色的……是蝴蝶》《从窗外送来的礼物》，北京联合出版有限公司；《呆着呆着》《愣着愣着》，河北教育出版社

图3-15 五味太郎的低幼作品

五味太郎大概是绘本大师中最会做游戏设计的，他善于将知识点放入故事和游戏中。与艾瑞·卡尔的故事相比，五味太郎的绘本故事冲突性更强，表情和动作更加夸张。

他曾经说过“那些对孩子的担心、不安和不自信，根本就是大人对自己的担心、不安和不自信”。五味太郎的画有一种童真的稚拙感，简洁到极致又有很多很尖锐的地方，一下子戳中人心。

> 凯文·汉克斯作品——《蛋》《大象排队走》，南京大学出版社；《小猫咪追月亮》，明天出版社

图3-16 凯文·汉克斯的低幼作品

凯文·汉克斯关注孩子的情绪发展，孩子的分离焦虑、等待焦虑，被人笑话之后的尴尬，他都能了解。他的低幼作品语言简单，文字通常只有几个单词，但和图画搭配后，具有节奏感，并在故事最后留有孩子自己想象的空间。

> 大卫·香农作品——《大卫，不可以》《大卫，上学去》《大卫惹麻烦》《小仙女艾丽斯》，河北教育出版社，24月龄以上；《大卫，快长大吧！》《大雨哗啦啦下》，北京联合出版社有限公司；《鸭子骑车记》《玩具太多了！》《海盗从不换尿布》《千万别去当海盗》，新星出版社，30月龄以上

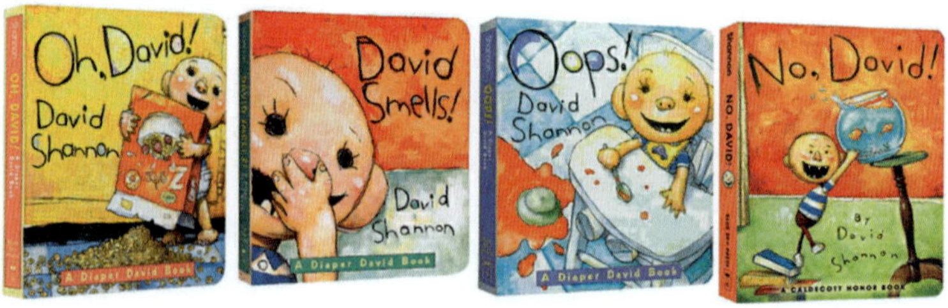

图3-17 大卫·香农的低幼作品

大卫·香农的故事荒诞搞怪，色彩浓郁，他塑造的人物性格鲜明，几乎都是调皮捣蛋鬼。这些妙趣横生的故事带给孩子愉悦的情绪，并让他们在书中人物身上看到自己的缺点，潜移默化中修正自己的行为。

大卫·香农的书也充满了爱的情绪，这种无条件的爱能够鼓舞父母，让他们在面对调皮小孩时拥有更多正面能量。

11. 提供互动的方法——手偶书（Finger-puppet Book）

手偶书指的是在书的中间位置有一个小动物的玩偶，父母和孩子可以在阅读时把手指（或手掌）伸到这个突出的小玩偶里面，达到一边讲故事一边演绎的效果。

这类书可以增进亲子互动，调节氛围。孩子4月龄时，父母就可以开始使用手偶书，不仅可以让孩子来抓我们伸进手偶里的手指，也可以鼓励他们自己做手偶游戏。

图3-18 典型的手偶书

手偶书有三种，一种是可以伸进去单个手指的，一种是可以伸进去多个手指的，还有一种是可以将整个手掌伸进去的。

图书推荐：

> **Finger Puppet Book for Toddlers and Babies 系列，包括*Baby Penguin*、*Baby Giraffe*、*Little Cat* 等几十种，由Chronicle出版**

这是一个非常庞大的系列，天上飞的、水里游的、陆地上走的爬的，甚至神话中的独角兽，通通都有。每一本讲一个相应动物的故事。挑选时，选孩子喜欢的动物造型。阅读时，我们将手指放进手偶里，随着故事变化做动作，比如抬头、弯腰等。

> **Finger Puppet Board Book 系列，包括*Twinkle, Twinkle, Little Star*、*Itsy Bitsy Spider*、*Daddy and Me*，Cottage Door Press**

怀抱婴儿，将手伸入手偶中轻轻晃动，嘴里念出或者唱出这些童谣，能让孩子进入放松的状态，对婴幼儿有极好的哄睡效果。

> ***Old Macdonald: A Hand-Puppet Board Book*** **, Cartwheel Books**

这系列的手偶书有五个手指偶，角色更多，趣味性也更强。孩子也可以参与到角色扮演中，不妨鼓励孩子试一试用这个手偶书讲故事。

12. 躲猫猫和表演——面具书（Mask Book）

面具书指的是中部挖空，可以用孩子的脸来补充书里缺少的面部部分的一类书。有的是可以拿下来使用的面具。

阅读面具书是一个角色扮演的过程，书提供了表演的台词和道具，让孩子能够更好地认识自我，展现自我。

在婴儿12月龄前，父母可以使用面具书和孩子玩游戏，等到孩子可以进行基本的口语表达，就可以让孩子自己来做扮演者。

图3-19 典型的面具书

选购建议

> 成人和孩童的脸部大小有差别，如果想在比较小月龄就引入面具书，建议选择只有眼部或者某个部位挖孔的，一方面让孩子关注眼睛等器官的细节，一方面也避免脸型不匹配的问题。

> 最好在监护下使用，有的书挖孔较小，避免婴幼儿手指卡在孔中。

图书推荐：

> Look At Me Mask Book系列，*I'm A Monster!*、*I'm a robot!*、*I'm a clown!*、*I'm an Alien!*，Scholastic，12月龄以上亲子共读/24月龄以上自主阅读

阅读面具书的诀窍在于演，不仅要挤眉弄眼，还要声情并茂。这一套书选取了奇奇怪怪的角色，增进孩子对这些人物的理解和表达。

> 《丛林动物面具书》《可爱宠物面具书》，浙江工商大学出版社，12月龄以上

这两种书都有5张可以揭下使用的动物面具，搭配了绳子，可以穿进面具，戴在脸上。书中讲到每种动物时，都会提出一个问题，比如"你能像兔子那样跳吗""你可以像仓鼠那样吃东西吗"，这些问题为孩子的表演做了提示，不需要父母再绞尽脑汁去想孩子该怎么演。

13. 锻炼手眼协调——穿线书（Lacing Cards）

穿线书由两个部分构成：一是书本的主体部分（有可能是单独的卡片），一是粗绳。书页有镂空圆点，可将粗绳从小洞穿过。主要锻炼婴幼儿的手眼协调性、从点到线的平面思维和拓展思维。

图3-20 典型的穿线书

图书推荐：

> ***Eric Carle Animal Lacing Cards: 10 Cards & Laces、Lacing Cards: Curious George、Lacing Cards Animals in the Stars、Goodsnight, Goodnight, Construction Site Lacing Cards、Olivia Lacing Cards*，Chronicle，30月龄以上**

这系列图书使用了知名的绘本IP形象作为图画内容，父母可以根据孩子喜爱的形象进行选择。

> ***Moma Modern Kids MoMA Modern Shapes Lacing Cards*，Hachette US，30月龄以上**

这本书是美国现代艺术学博物馆的联名书，书中使用了不少现代艺术的作品元素。该书不仅可以作为穿线书使用，也可以用来培养孩子的艺术审美。

14. 提升逻辑思维能力——游戏活动书（Activity Book）

游戏活动书包括：看看找找游戏书（Look and Find）、拼图书（Jigsaw Puzzles）、配对书（Mix and Macth、Bingo）、磁铁书粘贴书（Magnet Book）等种类。

看看找找游戏书提升孩子的专注力和观察力；拼图书让他们观察局部和整体；配对书让他们注意事物的相似点和不同点，为以后总结规律打下基础。

（1）看看找找游戏书（Look and Find）

这类书可以分为两类：一类是在一堆东西里发现一个特定目标，另一类是在两张类似的图画里找不同。寻找特定目标的这一类更适合3岁以下的孩子。

《威利在哪里？》（南海出版社）、《就是找不到》（河北科学技术出版社）和《挑战 I SPY 视觉大发现》（接力出版社）都是培养孩子专注力和观察力的经典图书。这些游戏非常受孩子们欢迎，不少绘本和知识书也引入了这种创作模式，例如《老鼠邮差转一圈》和《清明上河图童话版回娘家》。

图3-21 典型的视觉发现书

最基础的看看找找游戏书是没有情节的，一堆东西放在一起配合某个主题。高阶的游戏会设定故事和故事背景，页面之间会有前后事件的关联。

我们选择这类书时，要从简入繁，逐步加大难度。

（2）拼图书（Jigsaw Puzzles）

拼图书就是拼图，但拼图书一般会设计故事情节，在整个画面的布局和内容上比玩具类别里的拼图更胜一筹。拼图书最简单的是1块拼图，以一页8片到一页16片为主。适合18月龄至30月龄的孩子。

迪士尼衍生书中有大量的拼图书，Mudpuppy旗下也有非常多的婴幼儿拼图。这些拼图的画面经过精心设计，有明显的局部特征和整体特征，孩子可以通过观察，判别每一块拼图所处的位置。

图3-22 典型的拼图书

（3）配对书（Mix and Match、Bing）

配对书分为两种：一种是卡片配对，英文书中称之为Bingo；另一种是一本完整的书，通过页面分割，进行配对，英文书中称之为Mix and Match。

图3-23 卡片配对的图书

图3-24 通过页面分割进行配对的图书

图书推荐：

> ***Mix and Match: Farm Animals*，Rachael Saunders, Walker, 12月龄以上**

这本书的玩法就是根据文字的提示，将对应的页面配对起来。

> ***Flip Flap Frozen*、*Flip Flap Dinosaurs*、*Flip Flap Pets*，Axel Scheffler，Nosy Crow, 24月龄以上**

这套书属于Mix and Match的配对类型，每一本都提供了121种搭配，孩子在制造新生物、寻找正常生物的过程中，学会观察不同物种的特点。

>《BINGO! 鸟儿游戏》《BINGO! 狗狗游戏》，北京联合出版公司，3岁以上

这系列书是典型的Bingo游戏书。也可以用这些卡片做动物的认知。

（4）磁铁书/粘贴书（Magnet Book）

这类幼儿书可以作为过家家玩具，孩子可以使用磁铁或者毛毡布做图案匹配或者场景创意。书中的毛毡布和磁铁可以反复多次使用，使用过程中锻炼孩子的手眼协调能力。

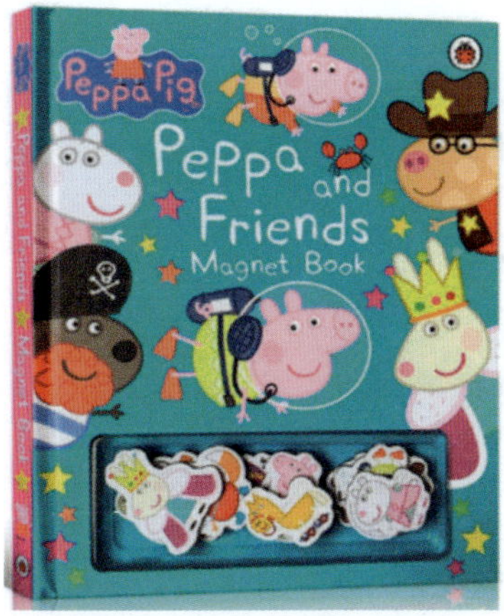

图3-25 典型的磁铁书

选购建议

> 注意孩子的思维发展阶段，不要好高骛远，孩子的每一次失败，都会降低他们的阅读兴趣。

> 想要孩子获得专注力，就不要打断孩子的游戏过程，也不要在一旁指手画脚。父母可以和孩子一起玩，每人轮流挑战一个关卡，但最好不要同时玩一个关卡。

图书推荐：

>《神奇触摸粘粘书 建筑工地》《神奇触摸粘贴书 海洋动物》《神奇触摸粘贴书 野生动物》《神奇触摸粘贴书 农场动物》，中信出版社，24月龄以上

这套书使用毛毡布做成的动物、建筑工地、车辆等图案，孩子将这些图案安排在书右页的背景图里，锻炼孩子安排事物在正确空间位置的能力。比如水生动物要安排在水里，陆生动物要安排在陆地上。

> *Ocean*、*Baby Animals* 等，Twirl

磁铁书里使用的磁铁其实是有磁性的厚纸片，在Twirl的这套书里，每一个跨页上面是环境的介绍，下面是展开的环境图，孩子游戏的过程就是将动植物放进它们适合的生存环境里。这套书里有人类活动，孩子们也可以了解人与这些动植物的生存关系。

15. 阅读起步阶段的注意事项

“阅读起步阶段”是培养独立阅读习惯的关键阶段。通过对婴幼儿书的介绍，大家已经知道其实大部分的婴幼书都可以由孩子独立阅读。

给孩子创造安静的，没有音频、视频和其他噪音干扰的环境，让孩子可以专心阅读跟陪伴阅读一样重要。想培养孩子的专注力，就尽量不要去干涉他们自主的阅读过程。

宝宝独立阅读的过程不等于父母完全离场。父母需要做好监护人的角色，有必要时可以示范，孩子提出需求时要及时回应、给予帮助。阅读时，父母和孩子待在一个共用的空间，孩子看书，父母可以做自己的事情。这个过程让孩子知道每个人都有各自要忙的“工作”，阅读是孩子们自己要去完成的“工作”之一。当孩子具备交流的能力时，父母应当多和孩子交流各自的“工作”情况，互诉烦恼、分享收获。这种良好的沟通习惯一旦形成，父母也就无须担心将来“亲子共读绘本”会变成父母给孩子讲故事，而孩子读了很多书却无法自己阅读。

在婴幼儿的阅读中，我们还要注意这些事项：

（1）质量优先于数量

每种类型的婴幼儿图书都可以选择几种，用于发展孩子的不同兴趣和能力，但大部分的婴幼儿图书类型都不需要一类购买几十种甚至上百种。所选图书质量优良，孩子能进行充分地探索，这样的阅读就是高效的。

（2）合理使用阅读相关的早教设备

故事机、熏听机和点读笔这几种早教产品，大部分家庭都会入手其中一样。语言是阅读能力的基石，婴幼儿的语言发展离不开通过听觉输入语言材料，这些早教设备正好可以通过大量输入，激发婴幼儿自主进行阅读探索，满足音准和知识讲解的各类诉求。但发挥设备价值，离不开父母的陪伴和引导。语言的习得包含了音准、语调、语法、语境等，人机互动和亲子人际互动各有作用。另外，合理使用设备也包含引导婴幼儿注意声音和图文的交互，为后续更好地读做准备。

（3）让孩子自己选择

在约18月龄时，孩子就可以正式参与到为自己选书的过程中了。最好的办法是带孩子去书店，孩子会挑选自己喜欢的、能看懂的。父母要做的就是划定一个安全的范围，预估下一阶段孩子的兴趣和能力发展需求。

（4）宁早勿晚

适当前置需求，少量囤书，可以更及时地满足孩子发展中的阅读需求。这里说的适当是指，以孩子的发育评估为指标。1岁以前的孩子以月（或双月）来评估，1~2岁以季度，2~3岁以半年来考量孩子的新需求。

如果孩子的某项发育明显滞后，阅读通常已经不能解决问题，请求助于专业的医生。

另外，材质复杂的婴幼儿书因为塑封，拆开时会有气味，介意的父母也可以选择早一些购买，先通风散气味。

（5）尝试接纳英文原版

国内婴幼儿图书大量依赖进口，但翻译的过程，或多或少地失去原版的韵味。而且，婴幼儿的阅读，语言也只是很小的部分，互动操作、图画理解比重更大。

无须把语言看作阅读的障碍，让孩子阅读不同国家的创作，在婴幼儿还没有形成思维定式时多感受差异，能提高孩子的包容性和接纳力。

第二节　以亲子共读为主的“读图”阶段（3~6岁）

随着孩子综合能力的提升，阅读慢慢回归“文字”和“图画”本身，“玩”书发展为真正的“看”书。阅读的意义也发生了明显的转变，从孩子的身体和多元智能发展需求，变为以语言、情感和社交发展为主。

3~6岁的孩子开始尝试并能够逐渐控制自己的情绪和行为，阅读和他们生活里的其他事情一样，变得可控起来。孩子们充满了探索的欲望，但他们更加喜欢父母与家人的陪伴。

渡过这一阶段，孩子们就不那么依赖父母了，他们会更喜欢和朋友待在一起。在孩子需要的年纪嫌弃孩子黏着赖着，等孩子长大了又难以割舍，是亲子相处中的通病。在3~6岁充分亲子共读，做好自主阅读的准备，对于培养良好的亲子关系，对于现在和今后都很重要。

总而言之，3~6岁亲子共读的首要目的就是“感受彼此的爱”。把“亲子共读”换成“亲子游戏”或者“亲子出游”都成立，因为重要的不是“共读”“游戏”或者“出游”，而是“亲子”互动的过程。

一、3~6岁的阅读计划

在3~6岁，亲子共读是最重要的阅读形式，但并不是唯一的形式；绘本是最重要的阅读内容，但并非唯一的阅读内容。在这一阶段，全能力发展依然是父母需要关注的。

父母的参与程度，也就是外部的支持和引导将对孩子的阅读进度和阅读量起决定作用。因此，在给孩子做阅读计划时，父母们除了考虑孩子的能力和需求，也要充分考虑自己的时间和精力。在选书时，由于亲子共读需要双方参与，为了提高自己参与其中的兴趣，父母也应该考虑双方的爱好，而不是一味地考虑孩子的爱好。

表3-3 3~6岁的阅读计划表

细分年龄	阅读目标	图书类型	计划阅读种数	阅读方式
3岁以上	综合阅读能力	绘本	不限	亲子共读
3岁以上	思维与逻辑提升	绘本 游戏书	不限	亲子共读 自主阅读
3岁以上	入园准备	绘本	2~3种	引导下的自主阅读
4岁以上	哲学	绘本 漫画书	4~5种	亲子共读
4岁以上	艺术审美	绘本 艺术书	不限	亲子共读
5岁以上	幼小衔接准备	知识书	4~8种	引导下的 自主阅读
5岁以上	常识	知识书	5~30种	引导下的 自主阅读

以上内容仅供参考，使用时需根据孩子的实际情况进行调整。

二、认识绘本

“亲子共读”有固定的对象指向，即“绘本”，也就是狭义的图画书[1]。

图画书诞生于17世纪的欧洲，历经几个世纪的发展，已经达到比较成熟的发展状态。国内的图画书发展不过短短十几年，才刚刚步入正轨。

目前的图画书市场可以用鱼龙混杂来形容，各式各样的作品、各种各样的绘本阅读方法层出不穷。但无论外界的观念和市场如何变化，父母只要认清目标并坚定不移地践行，就会看到孩子、家庭氛围和自己的改变。

[1] 广义的图画书还包括漫画、卡通等以图画为主要元素的图书。

什么是绘本？绘本=图画＋文字（无字绘本除外）

绘本是一种开本不定，图画和文字相互促进，不能相互替代的图书类型。绘本的画面具有艺术性，像演电影一样，展示出宽广的视野，又有细节的特写；绘本的故事情节有趣，暗藏着起、承、转、合的节奏设计。

和卡通、漫画书相比，绘本给孩子的阅读感受完全不一样。卡通书，通常是动画片和动画电影的衍生品，是活动影像的单帧固定，画面和情节被“肢解”，故事性被削弱，失去了影片里的鲜活和灵动。在孩子没有接触过足够的审美材料前，阅读卡通书和漫画书会影响孩子的审美，而已经形成审美观的孩子，不会因为看了奥特曼和蜘蛛侠而发生审美偏离。

三、好绘本的要素及选购建议

一本绘本就像一串珍珠项链，要有一根线把珠子串起来。否则大珠小珠散落四处，连不成串。

——芭芭拉·库尼

我们可以从以下几个方面，辨别绘本的好坏。

1. 文字水平

绘本的文字简洁、准确，字词句富有韵律和节奏，符合适读年龄孩子的语言表达习惯，诘屈聱牙的文字和华丽的辞藻也不适合儿童。绘本的文字适合“说”出来，越是低龄的绘本，越偏向于口语而不是书面语言。

2.图画水平

图画的创作离不开点、线、面和色彩这些基本要素，绘本创作使用的创作手法，经常会体现特定艺术流派特点，具有可欣赏性。

同时，绘本的图画也要具备动作性和叙事节奏。图画内容能够表达足够的信息，单看图画也可以看懂60%以上的内容，理解角色的行为。

3.故事内容和故事叙述

大多数绘本都在讲故事。能不能讲好一个故事，是评判绘本好坏的重要因素。

故事的创作包含故事背景设定、角色塑造、情节起承转合等。谋篇布局和细节都很重要，也都同时体现在文字和图画内容上。

①背景设定要符合事实，是孩子能理解的。

②角色塑造鲜明。

③ 情节有张力，矛盾集中。[1]

④ 故事具有“可重复性”，会在日常生活里频繁发生，并不罕见。

那父母怎样从万千绘本中将这些好的绘本挑选出来呢？

绘本按照阅读年龄、文字难易程度、绘本的内容主题以及孩子的能力培养等，可以进行更为细致地分类。父母只要考虑目的指向性就可以了。为了方便非专业人士，线上购物的图书链接（简介）通常都有奖项、推荐者、作者、具体功能几个关键字段。

需要指出的是，绘本相比于其他适合3~6岁儿童阅读的图书，例如卡通漫画、幼儿科普等，具有更强的个人创作属性，想要了解更多作者讯息，可参考附录2的重要作者一览表。

选购建议

> 注意孩子的兴趣和需求，尊重孩子自己的选择
> 尊重孩子的前提下，优先共读的双方都感兴趣的主题
> 拓展内容的多样性，先广度再深度，尽可能涉猎不同的领域
> 选择不同绘画风格和语言表达风格的绘本，提升美的感受力
> 优先选择故事性强的绘本
> 选择内容与孩子日常生活有关联的绘本
> 不选中英文在同一页面的双语绘本

---

[1] 孩子缺乏对于平淡的感受力，不痛不痒的故事发展不能吸引孩子的注意力，因此故事需要有冲突，但这并不意味着过度夸张和脱离事实。这里的矛盾集中指的是角色与角色之间的矛盾，角色和社会之间的矛盾要清晰可见。

四、各种各样的绘本

绘本的种类非常多，从主题和功能来看，一般分为情感、生活、审美、知识和“无意义”绘本五个大类别。

下文将会为大家介绍这五个类别以及推荐相应的优秀作品。由于华文原创作品一直被低估，为了避免这些作品被忽视，在按类别介绍以后，会单独介绍这些作品。

1.情感主题绘本

亲密、安全的家庭关系是孩子自我认知和肯定的先决条件，因而情感交流是亲子共读绘本的首要议题。

绘本的故事特征和视觉表现具有疗愈作用，再加上亲子陪伴，孩子能从阅读中获得放松、安定而愉悦的情绪。这类绘本也是阅读门槛最低的一类，不需要知识背景，只要带入情感和生活体验就能很好地完成阅读。

在阅读时，父母的音调、节奏和情绪比表达的内容更具有意义。为什么呢？因为亲子共读过程是彼此内心的“反射”，孩子通过聆听父母的表达，能获得对于情感和人际交流的最初认知。父母无须因为普通话不标准、演绎能力弱而畏缩。没有信心的父母可以使用自己擅长的方言（如果说方言时自己更加放松）来和孩子一起阅读。

无论亲情、友情，还是其他感情，孩子阅读这些绘本的过程都是审视自己心意的过程。将感情外放，而不是隐藏在心里，才能解决问题。这类绘本也能启发作为父母的我们，理解孩子表面上的无理取闹和不懂事，以免破坏他们心理的健康发展。

亲情	人际交往	自我认同	榜样的力量
⋆ 父母 ⋆ 祖孙 ⋆ 兄弟姐妹	⋆ 怎样交朋友 ⋆ 学会分工合作 ⋆ 学会宽容 ⋆ 友谊的意义	⋆ 发现自己的优势 ⋆ 接纳自己的与众不同	⋆ 怎样从平凡到伟大 ⋆ 了解什么是真正的成功 ⋆ 追求梦想不分性别

图3-26 情感和自我主题的绘本主题

（1）亲情主题绘本

① 父母

父母与孩子的关系是人类所有情感里最根本的情感关系。这两者的关系如若不和谐，将会给孩子带来永久的无法愈合的伤害。而绘本总能激发亲子间的互诉衷肠，让彼此的情感找到出口。

图3–27 父爱、母爱主题的绘本

图书推荐：

A. 互诉情感

> **《暖房子经典系列绘本·第一辑·亲情篇》，云南出版集团公司晨光出版社，2~4岁**

这套书每一册都以动物为主角。小动物们毛茸茸的非常可爱，水彩水粉画风格温馨。文字的难度较低，且重复、口语化，不用再做加工，照着书读出来即可。

B. 感受爱的力量

> **戴安娜·亨德利文，简·查普曼图，《小老鼠的漫长一夜》，二十一世纪出版社，3~6岁**

这本书看似讲的是小老鼠如何克服恐惧进入梦乡的故事，实际是一个关于陪伴的故事。孩子有各种各样的睡前问题，本质都可归结为内心的不安定，而父母的柔软细语就是让他们安定下来的力量。看这本书，不仅孩子受益，父母也会受到触动——原来孩子只是想让我们多陪伴一会儿啊。

C. 让孩子了解和父母相处的边界

> 吉尔·墨菲著，《让我安静五分钟》《今晚不想被打扰》《我来搞定一切》《终于完美脱身啦》，河北教育出版社，2~4岁

什么样的亲子关系是良性的亲子关系？这系列书可以给我们一些提示。好的亲子关系应该是彼此信任、相互支持，给彼此留有空间，而不是整天黏在一起，内心却烦躁得很。

“让我安静五分钟”“今晚不想被打扰”是妈妈们的内心呼喊，那为什么不和孩子好好说说——妈妈好忙好累，妈妈想休息哪怕只有五分钟。这种沟通不仅要进行，还要尽早进行。孩子从小知道不应该由妈妈来搞定一切，能够感知亲子相处的边界，进而就能把握人际交往中的亲密度边界。

D. 体会一家人在一起的快乐

> 海伦·奥克森伯里图，迈克尔·罗森文，《我们要去捉狗熊》，河北教育出版社，2~4岁

一家子去捉熊，一路上状况百出，其乐融融。现实中，捉熊不可行，但父母可以带孩子来一场奇妙的公园冒险或者沙滩冒险。哪怕是在小区的花园，只要一家人一起，就能获得快乐。书中动词和拟声词频繁出现，让孩子身临其境，感受一家人在一起探险的美妙。

E. 父母的控制欲强，想要表达却不会表达

> 玛格丽特·怀兹·布朗著，《逃家小兔》，明天出版社，2~4岁

小兔子就像孩子一样，有时想要逃离唠唠叨叨的妈妈，有时想要离家出走来验证妈妈的爱。当孩子逐渐出现独立的意识，亲子冲突越来越多。这本书里，兔子妈妈很巧妙的回答，让小兔子感受到爱一直伴随左右。爱不是控制不是干涉，而是漫长温暖的

陪伴，是孩子需要时，父母的陪伴和鼓励。父母很容易变成亲子关系的控制者，这本书里的内容如果文字微调一下很可能会让人觉得——太可怕了，我到哪里，妈妈就要跟到哪里。“度”的把控很难，但不应该被忽视。

F. 孩子慢半拍也别太担心，每个孩子都有自己的生长节奏

> **荷西·阿鲁哥图、罗勒·卡鲁斯文，《阿虎开窍了》，明天出版社，3~6岁**

有些孩子总是慢半拍，总让人担心。阿虎就是那个慢半拍的孩子，在父母的鼓励和帮助下，他最终解决了成长的难题。父母的自信也会让孩子自信满满，但父母的焦虑比自信更容易传递给孩子。不要过多地和别人家孩子作比较，孩子总会有“开窍”的那一天。

② 祖孙

在中国，隔代养育非常常见。祖父母不仅照顾孩子的饮食起居，也越来越多地参与到孩子的阅读中来。祖父母和孩子的相处模式对孩子的影响有时甚至比父母的影响更大。

图3–28 表现祖孙感情的绘本

图书推荐：

A. 跟大人一样感受生命的安静、祥和

> 汤米·狄波拉著，《楼上的外婆和楼下的外婆》《先左脚，再右脚》，河北教育出版社，3~6岁

父母跟孩子讲自己会变老的时候，有的孩子会哭着说“我不要妈妈变老”，孩子跟大人一样也会有对衰老的恐惧。

狄波拉曾经说“大人往往以为孩子脆弱得像花一样，其实3~7岁的孩子有一种自然生成的勇气，是值得培养和鼓励的”，他善于表现生离死别，也善于表现生命尽头的安静与祥和。在这样的故事里，孩子不害怕变老，也不那么害怕死亡。亲子共读的双方都能意识到要享受在一起的每一天。

B. 为孩子排解失去亲人的忧伤

> 金·弗珀兹·艾克松著，《爷爷变成了幽灵》，长江少年儿童出版社，4~6岁

在丧礼的现场，常见到孩子开心地跑来跑去，孩子们真的没感觉吗？如果是特别亲近的人，孩子可能会哭得稀里哗啦，久久难以平复。“死亡”这件事讳莫如深，大人不愿意讲给孩子听，反而造成孩子对于生命没有敬畏之心，真正遇到生离死别时难以平复自己的情绪。这本书提供了一种方式，细细回顾往昔，完成未完成的事情，缅怀与感念过往，最后生死两安。

这本书的画面黑暗，内容严肃，符合死亡的主题。讲述“死亡”的绘本，切忌选择过于轻描淡写或者用搞笑的方式只追求让孩子不害怕的绘本，因为死亡确实是需要敬畏的事情。

C. 让孩子看见老人的智慧

> 菲比·吉尔曼著，《爷爷一定有办法》，明天出版社，3~6岁

这本书里的图画有很多生活的细节，也有爷爷凭借一双巧手，将毯子改了又改总能满足孩子的成长需求的过程。老年人，尤其是历经了艰苦年代的老人，生活了一辈子也积累了一辈子的

生活智慧。回顾他们的往昔，也能启发孩子关于生活的智慧。

> **凯赛尔曼文、芭芭拉·库尼绘，《艾玛画画》，河北教育出版社，3~6岁**

艾玛已经垂垂老矣，但她并没放弃梦想。画画让她不再孤单，重获自信与友情。即使年老孤单，也有办法让自己充实起来，孩童的人生就有更多可能性。这些书能够给孩子这样的勇气，去探索人生更多的可能性。

D. 害怕长大，来听听岁月的故事

> **西蒙娜·奇劳洛著，《奶奶的皱纹》，长江少年儿童出版社，3~6岁**

成长与变老会带给人什么变化，答案都在老人那一道道的皱纹里。这本书中，女孩和奶奶的一问一答，画面明亮清新，给人一种无惧岁月的勇气。这本书也适合老人和孩子一起共读，在回顾的过程中，老人也会发现自己原来经历了这样平淡却有意思的一生。

E. 理解家的概念

> **莱恩·史密斯著，《格林爷爷的花园》，二十一世纪出版社，3~6岁**

这本书构思奇妙，用园艺雕塑的绿色剪影作为故事中的角色和物品出现的形式，放眼望去皆是绿色，皆是生机。格林爷爷曾是男孩、士兵，也是丈夫、爷爷，时间赋予人不同的角色，从而带来家庭的概念。

F. 理解女性的家庭角色

> **维拉·布罗斯格著，《别烦我》，二十一世纪出版社，3~6岁**

老婆婆为了家庭和孩子忙忙碌碌，孩子们却不停捣乱，以至于她想做的事情总是无法完成。这不就是大多数家庭里祖母们的真实写照吗？她们为家人付出一切，却没有人关切她们的需求。这本绘本适合家庭的每一个角色来阅读，对于祖母们的意义是——无论什么年纪，我们都可以找到自己生活的意义，勇敢做自己想做的事情；对于其他家庭成员的意义是——尊重并感谢家人的付出，赞同和鼓励她们去追寻自己的梦。

③ 兄弟姐妹

有兄弟姐妹既幸福又令人苦恼。作为老大总觉得自己被赋予太多的责任，作为弟弟妹妹又觉得哥哥姐姐总欺负自己，如果再多一个，夹在中间的那个多少觉得自己没有存在感。如果家中有人重男轻女，兄弟姐妹之间的关系就会变得紧张。有兄弟姐妹的父母，回想起自己的童年，是否会觉得父母偏心呢？三胎开放后，有多个子女的家庭越来越多，孩子之间的相处是令人头疼的问题。想从根本上解决问题，还需父母的引导。

图3-29 表现兄弟姐妹感情的绘本

图书推荐：

A. 让每一个孩子都感受到被爱的书

> **山姆·麦克布雷尼文、安妮塔·婕朗绘，《你们都是我的最爱》，明天出版社，3~6岁**

孩子总觉得爸爸妈妈更爱其他的兄弟姐妹，尽管事实并非如此，怎样让孩子在亲子关系里变得有自信呢？说出来！孩子与大人之间的相处模式是双方的，用言语表达出来，让孩子们听到爸妈的爱意。这本书，用来做爱的表白书太合适了——每个孩子都是独一无二的，都是爸爸妈妈的最爱。

B. 让弟弟妹妹更喜欢哥哥姐姐的书

> **安东尼·布朗著，《我哥哥》，北京联合出版公司，3~6岁**

哥哥姐姐总是有苦难言，爱要被分享，有时还要帮忙照顾小屁孩。弟弟妹妹闹事时，哪个哥哥姐姐不想把他们往死里揍呢？

训斥只会让孩子觉得父母偏心。兄弟姐妹的友好相处从哥哥姐姐的价值被肯定，被爱护开始。《我哥哥》一整本都是夸奖哥哥的彩虹屁。父母读给弟弟妹妹听时，也要多让哥哥听到。

C. 给哥哥姐姐看的书

> **简·奥默罗德文、安德鲁·乔伊纳图，《换弟弟》，南京师范大学出版社，3~6岁**

这本书的主角卡特琳娜太嫌弃自己的弟弟了，她想换一个弟弟。换来换去，她还是喜欢自己的弟弟。这也表达出兄弟姐妹那种奇妙的联结，虽然相互讨厌，却又会相互保护。

父母把孩子带到世界上，对孩子负有责任，但兄弟姐妹不应该强加责任。认清楚这一点，在任何一方有所付出的时候，爸妈若能真心地鼓励和赞扬，孩子之间的关系自然会好起来。

（2）友情、人际交往主题绘本

孩子三四岁时，逐渐进入社交敏感期。他们开始渴望交朋友，但到五六岁时孩子才开始理解“分享”是怎么回事。理解友情，学会交朋友、与人相处有一个漫长的过程，每个孩子的节奏各不相同，父母们不用操之过急，过度干预反而会影响孩子的正常社交。

图3-30 友情主题绘本

图书推荐：

A. 怎样交朋友

a. 朋友不是越多越好

> 伊戈尔·欧尼科夫著，《老鼠的房子》，云南科学技术出版社，4~8岁

在这本书里，好心的老鼠收留了无家可归的动物们，那结果如何呢？引狼入室，自己无家可归。为了结交朋友，孩子会做一些迎合朋友但自己本身不喜欢的事情。这个故事告诉孩子，不是所有人都值得成为朋友，好朋友之间应该有一个对于身体和心理都安全的界限。

b. 和自己不一样的人交朋友

> 安东尼·布朗著，《威利和朋友》，二十一世纪出版社，3~6岁

当孩子还小时，大部分孩子之间的争执都不是“霸凌”，但如果孩子们一直不知道如何表现自己，那恃强凌弱慢慢就会变成常态。这本书中的主角就是能力和特点相差较大的两个孩子，强的那个也可能需要帮助，弱的也可以保护别人，它们确实可以友好相处。

c. 朋友相处要有界限感

> 乔里·约翰文、班吉·戴维斯图，《你早就该回家了！》《我本来就很喜欢你》《已经说过晚安了》，北京联合出版公司，3~6岁

这系列故事的主角是鸭子和大熊。鸭子极其聒噪，它太黏人了，而另一位主角大熊喜欢一个人安静地待着，不被任何人打扰。在现实生活中，有的孩子喜欢亲密，有的孩子享受独处，他们需要彼此，但需要磨合才能找到双方都觉得舒服的相处方式。这个系列不仅让孩子开怀大笑，也让孩子意识到也许朋友的想法和我们并不一样。

B. 学会分工和合作

> 海伦·库柏著,《南瓜汤》《胡椒南瓜汤》《最好喝的汤》, 明天出版社, 3~6岁

在这个系列故事里，鸭子、猫和松鼠上演了一场啼笑皆非的闹剧，这三个充满戏剧冲突的故事，让进入集体的孩子了解友谊是怎么回事，明白想和朋友一起做成一件事情时，应当怎么做。

C. 学会宽容，接纳彼此的不完美

> 埃里克·罗曼著,《我的兔子朋友》, 河北教育出版社, 2~4岁

在这本书里，作者惜字如金，只把兔子的麻烦写出来。孩子光看图画就知道这是一只爱惹麻烦的兔子。故事最后“而且他是我的朋友”这一句话，想要告诉孩子，朋友不完美没什么问题，因为他是“我的”朋友。金无足赤，人无完人，学会接纳不完美的朋友，友谊才能长久。

D. 友谊，让孩子成为更好的自己

> 奥尔加·勒卡耶著,《迪迪糖糖和她的朋友们》, 光明日报出版社, 5岁以上

友谊的长久还在于双方能够一起迎难而上，一起成长。这套书讲了五个故事，《圣诞小兔子》教会孩子分享，《小老鼠》教会孩子克制，《狼医生》告诉孩子表面吓人的也许有柔软的内心，《迪迪糖糖》讲了和好朋友一起斗智斗勇的故事，《白雪》告诉孩子接纳不同的人，收获友情，成为更好的自己，是友情的深层意义。

（3）自我认同主题绘本

良好的自我认知是自我发展和人际交往的前提。认识自己的优势，接纳自己的缺点，并不是件容易的事情。“勇气”和“自信”源于自我肯定，那么怎么让孩子看到自己的光芒呢?

图3-31自我认同主题的绘本

图书推荐：

A. 发现自己的优势

> **李欧·李奥尼著，《小黑鱼》《鳄鱼哥尼流》，南海出版公司，3~6岁**

小黑鱼因为与群体里的鱼都不一样，而自卑、逃避。恰恰是这种不一样，让小黑鱼救了大家的命。试试看，让孩子的不同作为优势展现在群体中，孩子说不定会收获满满的成就感。鳄鱼哥尼流的故事异曲同工，教孩子换一种视野看待自己和他人。

B. 接纳自己的与众不同

> **李欧·李奥尼著，《世界上最大的房子》，南海出版公司，3~6岁**

小蜗牛想要一座世界上最大的房子，爸爸告诉他大房子并不适合小小的它，反而会成为负担。爸爸给了它一些建议，但在孩子自己尝试之前，他们并不会接纳父母的建议。只要他们自己经历过一场冒险，就会明白适合自己的才是最好的。

> **琪奇·比格著，《不一样的小波》，天地出版社，3~6岁**

小波因为背后的肿包在学校遭受了冷漠、偏见和欺凌，他选择了离开。当小波被找回时，他意识到只要他自己放开心胸，就不再背负脓包，能够开怀欢笑。绘本的画面随着小波情绪的变化而逐渐变得压抑，最后又变回明亮，给孩子直观的情绪感受。

> 玛丽安娜·科波著,《石头佩特拉》,重庆出版社,3~6岁

佩特拉以为自己是一座大山，后来发现自己只是颗小石子，有时它觉得自己是颗蛋，但它什么都孵不出来，后来它又经历了许多，最终成了孩子创作的石头画。佩特拉一路寻找自己，闹了啼笑皆非的笑话，但他总是信心饱满——哪怕是一块其貌不扬的石头，也有价值。

（4）榜样的力量

没有什么比那些真实发生过的名人故事，更能激起孩子的求知欲和探索欲。因此，人物传记绘本一直备受关注和喜爱。

图3-32 人物传记类绘本

图书推荐：

A. 怎样从平凡到伟大

> 奇想国童眸 I can 人物传记图画书系，海豚出版社，5岁以上

《乘着一束光》告诉孩子要永葆好奇心、敢于发问；《灯光！镜头！爱丽丝！》讲述创新的重要性；《达尔文环游世界》鼓励孩子严谨治学；《深海璀璨：拯救世界珊瑚礁》鼓励孩子找寻自己的方向，不惧孤独与麻烦；《基思·哈林：画个不停的男孩》则告诉孩子们，坚持梦想应该不断练习，而不是一句口号。

> 阿兰·塞尔编著，《格尔尼卡——毕加索对故国之爱》，二十一世纪出版社，4~8岁

《格尔尼卡》是毕加索的代表作之一，这幅作品描绘了1937年德国空军轰炸西班牙小城格尔尼卡的暴行。毕加索用一支画笔进行斗争，揭露战争的残酷。即使平凡如你我，也有办法使用手中的“武器”，用自己微薄的力量捍卫正义。

B. 了解什么是真正的成功

> 威廉·格利尔著，《极地重生》，长江少年儿童出版社，5岁以上

没有什么比沙克尔顿的南极史诗之旅更能鼓舞孩子克服重重困难了。在生存希望几乎为零的情况下，沙克尔顿带领队员全部脱险。这本书将这次探险事无巨细地描绘出来，尽管最后探险失败，但依旧值得敬佩，因为在绝境中“存活”本身就很了不起。这个故事也重新定义了“成功”。

C. 追求梦想不分性别

> 劳雷尔·斯奈德文、茱莉莫斯塔德图，《天鹅》，长江少年儿童出版社，3岁以上

芭蕾舞皇后巴甫洛娃的一生，是为芭蕾舞而不停跳跃的一生。一个瘦弱的女孩在那样的时代里，凭借自己的努力获得成功颇为不易。性别偏见一直存在，孩子们更应该被鼓舞去追逐自己的梦想。这本书为了展现芭蕾舞的美感，绘者使用石墨混合物、彩铅、水粉、油墨以及电脑分层的多种创作手法使得巴甫洛娃的芭蕾跃然纸上，带来极致的艺术享受。

鼓励女孩为梦想而努力的绘本还有：《鲨鱼女士》《谁说女性不能当医生：伊丽莎白·布莱克韦尔的故事》《成为奥黛丽·赫本：心系他人，始终保持善良》《观察者：珍·古道尔和黑猩猩在一起的生活》《小弗里达》等。

2. 生活主题绘本

3~6岁是孩子进行社会化的第一个阶段。3岁多的孩子开始上幼儿园，意味着他们进入集体，进入了一个迷你版的“社会”，他们与人相处，获取信息的模式随之改变。孩子要了解团体、规则和个人角色，并且遵从一定社会文化背景下的礼仪。通过后天的长期培养，孩子们慢慢了解什么是“恰当”和“合适”，这个过程很艰难，因为这不是与生俱来的能力。

3~6岁孩子与家长的主要矛盾集中在生活方式和沟通上，绘本可以帮助父母和孩子沟通，从调控双方的情绪开始，使孩子的行为能更加适应“社会”。

绘本在培养儿童习惯和社会性中，主要体现在两个方面：

> **故事的场景和角色是儿童熟悉的，容易展开联想。绘本里熟悉的内容（儿童意识），比起直接的说教（成人意识），更符合儿童的认知和经验水平。**

> **故事的模式一般包括三个部分：隐喻、情节、解决方案。**

苏珊·佩罗在《故事知道怎么办》中写道：“隐喻以一种充满想象力的方式，帮助儿童与故事建立联系。它既包含负面的失衡状态，也包含正面的再平衡状态。随着故事的发展，情节本身积聚‘张力’，导致情节进入‘失衡’状态，最终又超越了这种行为，给予健康正面（而非引起负罪感）的解决方案。”

值得注意的是，这类绘本并不能直接解决孩子的问题，只能提出话题，引发讨论，提供恰当的行为模板。孩子没有这类问题时，购买阅读可能会出现适得其反的效果。

《羊驼拉玛爱生活》是森林鱼童书品牌策划的一套关于生活规律与习惯的图画书。这套书语言朗朗上口、图画可爱自然，但其英文原版在亚马逊网站上屡获差评。怎么会这样呢？差评里是这样写的：“孩子原本睡觉非常乖巧，但是看了羊驼拉玛的故事之后，跟它一样捣蛋。”由此可见，并非书好就得读。

下图对生活主题绘本的分支做了总结，大致可以分为情绪管理、品德和习惯、解决问题的能力、社会礼仪与规则、自我保护这五个类别。

情绪管理	品德和生活习惯	解决问题的能力	社会礼仪与规则	自我保护
★认识情绪 ★分离焦虑	★睡眠问题 ★卫生问题 ★饮食问题 ★上学问题	★独立自主 ★应对挫折	★了解礼义 ★遵守规则	★身体认知 ★性别意识 ★保护技能

图3-33 生活主题绘本的具体议题

（1）情绪管理主题绘本

随着孩子长大，他们会慢慢发现现实和自己的想法总有差距，不能按照自己的意志行事，但他们对于自己行为的控制力还很弱，因此变得烦躁不安。“糟糕的两岁”正是这样产生的，孩子无法和问题和解，父母不停地责备，于是还会有“糟糕的三岁、四岁、五岁……”

情绪管理是孩子一生的功课，很多人步入老年仍然无法控制好自己的情绪，因此父母不可急于一时。分步骤，慢慢地引导和陪伴，化解孩子心中的压力与疑惑，让孩子最终能达成自控和不影响他人。

图3-34 情绪管理主题的绘本

图书推荐：

A. 认识情绪

情绪管理的第一步是认识情绪。先让孩子知道情绪是怎么一回事，这些情绪会给自己和他人带来什么变化，才有可能进行情绪管理。

a. 了解“情绪”是什么

> **安东尼·布朗著，《你感觉怎么样》，二十一世纪出版社，2~4岁**

情绪是复杂的，情绪该如何定义和形容呢？安东尼·布朗用小猴子的面部表情和动作来表现不同的情绪，给幼儿最直观的情绪感受。

b. 感受情绪带来的心理暗示

> **安娜·耶纳斯著，《我的情绪小怪兽》，明天出版社，3~6岁**

这本书使用颜色的情绪暗示、线条的凌乱与整齐以及人对自然和生活现象的感受，来解释情绪，并引导孩子对情绪进行分类管理。因为色彩和情绪做了很好的对应，容易引发孩子的内心共鸣。

类似的书还有奇想国出品的《小保罗》。

c. 让孩子有同理心的方法

> **利比·沃尔登文、理查德·琼斯绘，《我知道你的感觉》，北京联合出版公司，5~8岁**

这本书以父母的口吻和孩子对话，通过场景呈现和比喻的方式，将抽象的情绪放于自然界和生活场景中，使之具象化。火山喷发前发出的咕噜咕噜声、派对上的欢乐鼓乐声、海面上海鸟唱着舒缓的小夜曲，每一个场景都代表了一种情绪的抒发。本书适合父母慢慢念给孩子听，也适合边听边模仿演绎。

B. 控制情绪

a. 孩子表达情绪的方式

孩子最初只会用哭来表达情绪，尽管他们慢慢学会了更多的表达方式，但遇到挫折和困难、生气不满时，他们还是会选择用大喊大叫和哭闹的方式来自我发泄。孩子大喊大叫、大哭大闹，大多是因为心平气和地说话并不会被家人重视，不得不采取非常手段与父母沟通。

> 瑞贝卡·帕特著，《我的大喊大叫的一天》，新世纪出版社，2~4岁

故事里的贝拉度过了非常糟心的一天，她遇事就大喊大叫，来表达内心的不满。父母应该聆听孩子发出的这些喊叫声，鼓励他们表达出是什么让他们不满和难过。

b. 了解排解负面情绪的方法

> 贝西·艾芙瑞著，《生气汤》，明天出版社，3~6岁

霍斯带着一肚子的怒气回家，妈妈通过观察知道孩子马上就要大爆发了。她没有追问也没有批评，反而架起了锅，准备煮汤。她对着汤锅挤眉弄眼并且吼叫，这时霍斯内心很好奇，“我都要发火了，妈妈怎么还不来安抚我”。于是他自然而然就被吸引了过来。妈妈借机发出邀请，让霍斯也来搅一搅生气汤，吼上几声。接着，孩子便从之前的情绪里脱身，平复了情绪。

“煮汤”这件事想表达的是，妈妈如何通过一连串的行为，一步步引导孩子释放情绪的。父母们在陪伴孩子阅读时，不应该把重点放在煮汤上，煮汤只是一种方式，父母可以找到更多适合自己孩子的方式。

类似的书还有朱迪思·维奥斯特创作的《亚历山大和倒霉、烦人、一点都不好、糟糕透顶的一天》。

c. 教孩子表达委屈与不满的方法

> 后藤龙二文、武田美穗图，《妈妈，你好吗？》，二十一世纪出版社，4~8岁

这本书的图画就像孩子在愤怒时涂鸦出的画面。故事讲的是男孩写了一封信给妈妈，在信里表达了对妈妈的“控诉”。妈妈和孩子一起读的时候，也许会觉得难受，但爱的不当表达确实会对孩子造成负担。读完，不妨让孩子模仿写（画）一封类似的信，既鼓励孩子表达，也能发现亲子间的问题。

d. 让孩子从害怕的情绪中平复

> 阿斯特丽德·戴斯博尔德著，《爸爸妈妈，这就是我自己喜欢的！》《妈妈，你会永远爱我吗？》《爸爸，我害怕了怎么办？》，中信出版社，3~6岁

这三本书都是用孩子和父母对话的方式呈现，讲孩子最忧虑的三件事——“爸妈不再爱我”“摔跤、黑暗，大家都怕的东西”“没有自己的权利”。对话一来一往，父母柔软而坚定的回答能给孩子勇气。

当孩子害怕时，最需要的就是父母的支持和安抚，不要吝啬多给孩子一些抱抱吧。

C. 分离焦虑

分离焦虑在儿童中普遍存在，主要表现在假期结束妈妈返回工作岗位，第一次长期离家，儿童第一次上幼儿园或者放假返园时。这种焦虑源于亲子之间的信任感不够，以及孩子对于未知世界的恐惧。

分离焦虑不仅表现在“人”身上，还表现在与“物”的分离上。

> 凯文·亨克斯著，《阿文的小毯子》《我好担心》，河北教育出版社，3~6岁

凯文·汉克斯是最擅长描写分离的不安的创作者之一。他创作的《阿文的小毯子》和《我好担心》表现出孩子对于依恋物的依依不舍和对于各种小事的担忧。孩子一上幼儿园就要和所有的依恋物切断联系吗？并不是，在《阿文的小毯子》里，我们看到妈妈帮阿文把毯子裁成了小手绢，带到幼儿园使用。实际上，一些幼儿园的确允许孩子带上自己的依恋物去幼儿园睡觉，直到适应新的生活。

这两本绘本的出色之处在于，书中的父母能正视孩子的内心需求，不哄骗、不操控孩子，遵循他们的发展规律，及时为孩子们提供他们所需的帮助。

类似的图书还有奥黛莉·潘恩创作的《魔法亲亲》。

当然，也有孩子上幼儿园从来不哭闹，不表现出对父母和依恋物分离的小情绪。但三四岁的孩子一般不具备这种坚强和独立性，父母不妨仔细观察，孩子是真的具有这样的勇气，还是因为他们从父母那里没有得到足够的爱和支持，他们已经放弃父母，转而奔向新的世界了？

（2）品德与生活习惯主题绘本

书读得再多，都不能马上解决孩子的品德和习惯培养问题，因为品德和习惯的形成并非一朝一夕。但绘本用故事为孩子们讲述恰当和不恰当的行为，从思想上扭转错误认知，固化正确行为的认知，也给父母与孩子就问题展开讨论提供了一个个切入点。

图3-35 品德与生活习惯主题的绘本

图书推荐：

A. 睡觉问题

a. 如果孩子每次睡觉前都闹得不可收拾

> **马里奥·拉莫著，《睡觉去，小怪物！》，北京联合出版公司，2~4岁**

睡眠习惯不好的孩子，总会让父母操碎心。本来只是孩子不睡觉，爸妈的烦躁却让场面升级成了大哭大闹，最后双方筋疲力尽。这个故事想要告诉父母，自己的温和和坚定才能让孩子安静下来，安然入睡。

b. 哄睡绘本

> **佩吉·拉特曼著，《再过10分钟就睡觉》，二十一世纪出版社，3~6岁**

这是一本看似非常简单的绘本，文字内容很少，但有很多可以观察的细节。小男孩在父亲的10分钟倒数过程中，和仓鼠朋友们一起游戏。“ten minutes to bed”其实是十分常见的睡前约定，英国的小瓢虫出版社也有相应的系列绘本。与这本不一样的是，小瓢虫系列绘本结合了孩子感兴趣的独角兽、恐龙等元素，让孩子的想象力得到更大的释放，也适合年龄稍大一点的孩子。

> 卡尔–约翰·福森·埃林著，《小兔子睡不着》，中信出版社，3~6岁

失眠可不是成年人才有的困扰，玩得太兴奋、作息颠倒都会造成孩子入睡困难。《小兔子睡不着》由心理学家撰写，帮助精力过剩的孩子们进行放松，获得睡眠时所需要的安全感。

> 西恩·泰勒著，《不睡觉世界冠军》，新星出版社，4~8岁

争强好胜是孩子的天性，这个书名和故事的发展逻辑正好迎合了这种天性。哄孩子哄得精疲力竭时，释放孩子的天性，和孩子慢慢玩一场这样的游戏，也是一种让孩子心满意足地入睡的方式。

c. 孩子怕黑而不睡觉

> 乔伊斯·邓巴著，《吃掉黑暗的怪兽》，新星出版社，3~6岁

孩子睡不着，有可能是因为害怕黑暗。这本书描绘了一个可爱的怪兽，它一口一口吞掉黑暗。可是，没有了黑暗，好像更睡不着，于是怪兽抱着男孩，吐出“黑暗”变回小小的模样，和孩子一起安然入睡。

同样内容的还有杨斯·梅格伦创作的《艾莎睡着了》。

d. 尝试独立睡觉

> 塞斯利·乔斯林著，《勇敢的小象》，浙江少年儿童出版社，4~8岁

故事的开篇，小象准备好食物，穿戴隆重，像是要去一趟伟大的冒险。读到最后，读者会发现原来它只是要一个人睡觉。仪式感对于孩子第一次独立睡觉有着重要的意义，首先，孩子能感受到父母的支持和关爱；其次，孩子给自己足够的心理暗示——自己能完成这件重要的、了不起的事。

B. 卫生习惯

养成良好的卫生习惯，是幼童重要的生活议题。养成卫生习惯的过程漫长，关键在于坚持。

图3–36 卫生习惯相关的绘本

a. 让孩子发现“脏”是个问题，孩子才会重视个人卫生

> 吉恩·蔡恩著、玛格丽特·布罗伊·格雷厄姆绘，《好脏的哈利》，读者出版社，2~4岁

哈利不喜欢洗澡，叼着刷子就跑了，一路它玩耍撒野，弄得一身脏，结果家人都认不出它来了。哈利为了重新回到家人身边，把自己彻彻底底洗得干干净净。孩子看过绘本就知道，浑身脏兮兮原来会有大麻烦，自然就会学着哈利好好配合父母把自己洗得干干净净。

b. 引导孩子保护牙齿

> 丝特法妮·布莱克著，“超人兔系列第二辑”《我不要去看牙！》，二十一世纪出版社，3~6岁

保护牙齿，这是卫生习惯的大难题。孩子割舍不了糖果，也很难在幼龄时掌握刷牙的正确方法，涂氟、洗牙和补牙也不是让人舒服的事情。但不好好保护，黑牙、虫牙就要出现了。

超人兔也面临了这样的难题，它的好朋友费南迪可劲吓唬他，说医生会采用可怕的手段对付它的牙齿。超人兔害怕极了，看完牙才发现没那么可怕嘛。父母可不要像费南迪一样，给孩子制造不必要的恐慌情绪。现在的牙科医生懂得安抚孩子的情绪，动画片和贴纸奖励齐上阵，为的就是孩子不害怕。

C. 饮食习惯

a. 换个角度看孩子的挑食

大人之所以觉得孩子挑食，大概是因为孩子得遵从大人的喜好，如果有的选，他们会像大人一样避开他们不喜欢的食物。

> 凯斯·格雷文、尼克·沙拉特绘，《吃掉你的豌豆》，二十一世纪出版社，2~4岁

黛茜不想吃豌豆，满脸都是委屈。她的妈妈和天底下所有的妈妈一样，用各种好吃的、好玩的诱导她吃下豌豆。黛茜可不会随意妥协。她提出，只要妈妈吃了圆白菜她就吃豌豆。可是，妈妈不爱吃圆白菜呀。父母看到这里应当就明白了，自己也有不爱吃的东西，设身处地就能明白孩子的心理。豌豆的营养难道其他的菜里就没有吗？饮食均衡，不等同于每一种菜都要吃。这个故事的结尾，妈妈和黛茜一起开心地吃着冰淇淋，尽管各自有不喜欢的，但也有共同喜欢的，冰淇淋化解了母女之间的尴尬。

类似的书还有《我绝对不吃番茄》《汉堡男孩》等。

b. 理解消化吸收过程

> 玛利亚·巴赛勒、安娜玛丽·范登布林克著，《便便工厂》，电子工业出版社，4~6岁

屎尿屁是孩子最感兴趣的话题之一，这本书从便便的来历，反向推导，让孩子知道消化的过程。这样孩子会更清楚不健康的饮食是怎么回事，应该注意什么让消化系统能健康地运作。

D. 上学问题

孩子刚入园时，主要是因为分离焦虑不想去上学，等到熟悉之后，孩子依然会有各种各样的理由不去学校。必须守规矩、害怕被责罚、同学相处不愉快、课业太难、幼儿园没有足够的玩具等，都有可能成为孩子不想去学校的原因。

父母首先弄清楚，孩子不想去学校的真正原因是什么：如果发生霸凌[1]，就要和老师沟通学校里的情况，如果是其他原因，家庭内的沟通都能解决。

图3–37 上学主题的绘本

a. 如果孩子总是迟到、不完成作业

> 托尼·罗斯著，《小羊迟到了》，上海社会科学院出版社，3~6岁

小羊又迟到了，他给老师讲了一个很长的故事进行辩解，外星人、恐龙和海盗都在他的故事里登场。老师当然不会相信，直到外星人拿着小羊的校服和书包来到了教室。现实生活中，孩子不会碰上外星人、恐龙和海盗，但不听辩解会让孩子丧失对于大人的信任，变得更加不愿意沟通。不妨多聆听孩子们的辩解，找到迟到的真正原因。

类似的书还有《我没有做作业是因为……》,这本书的主人公也给自己找了各种各样的理由，比如去参加猫的葬礼、家里的植物变成了食人花、失控的机器人摧毁了他的家等。孩子一边跟着作者进行丰富的想象，同时也心领神会这些理由不可信。如果

[1] 实际上，幼儿园和小学都很少有真正的霸凌，肢体的冲突大多因为孩子对于身体力量的控制还不够好，理解能力也不够强。孩子还不懂得如何正确地表达生气和亲近。

你问孩子们是不是也要用这些理由搪塞老师，他们会告诉你，这都是假的，傻子才这么干。

b. 用假装游戏的方法让孩子喜欢去幼儿园

> 袁晓峰文、沈苑苑图，《今天我可以不上学吗？》，新世纪出版社，3~6岁

假装游戏是儿童时期最重要的一种游戏类型。让孩子去上学，费尽口舌、承诺零食和玩具都不一定奏效。同时，孩子对于幼儿园的感情是复杂的，他们不喜欢幼儿园的一些东西，但又喜欢幼儿园的朋友，喜欢被表扬，喜欢学到新知识的成就感。孩子不愿意上学的情绪是不坚定的，但他们跟父母对着干的情绪是坚定的。

这个故事里，小女孩和妈妈玩着游戏，讨论今天不去上学，要去哪玩，不知不觉中，就欢快地准备好，背上书包去上学了。

这是一个可以在家里模仿的案例。孩子有起床气、出门慢腾腾的，都可以用跟他们聊一聊有趣的事，可以一起去探索的事，来代替“快一点，要迟到了”。

E. 惹麻烦的孩子

绘本里的小孩大多调皮捣蛋，他们的行为是怎么被修正的呢？

图3-38 绘本里的调皮捣蛋鬼

a. 孩子的破坏性行为原来是因为内心没有被满足

> 凯莉·迪普基奥著，《捣蛋鬼喷火龙》，北京联合出版公司，3~6岁

喷火龙是一个捣蛋鬼，它想融入新的环境，于是它打算用一个个恶作剧引起大家的注意。果真，所有人都注意到它，并且想要驯服这个大麻烦。每个孩子心里都有只喷火龙，也都可以战胜它。

究其原因，还是因为孩子没有受到足够的关注和关怀，才会像喷火龙一样，想要通过制造麻烦获得父母、老师和同学的关注。

b. 承认并接受孩子是个捣蛋鬼

> 海文·欧瑞著、托尼·罗斯绘，《珍妮和麻烦制造者》，重庆出版社，3~6岁

调皮鬼珍妮觉得自己的麻烦都太麻烦了，于是她找上麻烦制造者，想要换一个自己能搞定的麻烦。兜兜转转，珍妮选回了原本就属于自己的麻烦。这个啼笑皆非的故事告诉孩子们，要勇于面对困难；也告诉父母，世界上的孩子各有各的麻烦，你的孩子一点也不比其他的孩子麻烦，他只是你的专属麻烦。

c. 换位思考，有助于孩子修正行为

> 芭贝·柯尔著，《臭毛病》，北京联合出版公司，3~6岁

露喳喳是熊孩子中的熊孩子，她竭尽所能地捣蛋，以至于别人家的爸爸妈妈都来要求她的爸爸妈妈好好管教她。爸爸妈妈没有法子，只好用创造发明来限制她的行为。直到露喳喳的生日那天，比她更恶魔的恶魔出现了。这些恶魔表现出惊人的破坏力，露喳喳成了受害者。

这样的过程把原本施暴的孩子换到了受霸凌的位置，体会到对方的真实感受，孩子会发现他们认为有趣的事情并没有那么有趣。但这并不是教大家以暴制暴，而是要教孩子多换位思考。

d. 坏习惯的自我纠正

> 玛丁妮·阿加西、伊丽莎白·弗迪克著、玛丽卡·海因莱因绘，《手不是用来打人的》《尾巴不是用来扯的》《细菌不是用来分享的》《嗓门不是

用来嚷嚷的》《语言不是用来伤人的》，贵州教育出版社，3~6岁

这套书中的事件都发生在校园里，告诉孩子如何与同龄人相处。每本书后都有给大人的建议，界定怎样的行为是适度的，为父母提供切实可行的纠正方案。

（3）问题解决力和其他的儿童成长主题绘本

图3–39 绘本是儿童成长的更多主题

图书推荐：

A. 独立自主

> 安妮·古特曼著、乔治·哈朗斯勒本绘，《考拉贝贝自己来》，河南文艺出版社，2~4岁

孩子要从父母那里穿上“盔甲”，然后他们就能一往无前、独立地完成人生的历险。贝贝想独立，于是她的爸爸妈妈给了她保暖的衣服、学习的工具和适合的生活环境，剩下的就等她自己去探索了。慢慢地，她学会了穿衣，学会了找妈妈、当姐姐，学会了安排自己一天的活动。

B. 应对挫折

a. 不畏挫折，坚持梦想

> 埃米·杨著，《大脚丫学芭蕾》《大脚丫跳芭蕾》《大脚丫和玻璃鞋》《

大脚丫游巴黎》，河北教育出版社，3~6岁

在这套系列绘本中，贝琳达有一双超级大脚，她从小梦想跳芭蕾，但评委们觉得她的脚太大而不想看她的表演。贝琳达始终无法说服自己放弃梦想，即使先天条件不足，她仍旧在坚持，才能在后面的选拔中脱颖而出。人为的障碍，她也都一一克服。在玻璃鞋的故事里，罗拉是贝琳达的死对头，作者给罗拉也安排了一项适合的事业，突出每个人都有自己擅长的领域，只要努力就有可能获取成功。

b. 不忘初心，教孩子做最适合自己的选择

> 大卫·利奇菲尔德著，《大熊和钢琴》，郑州大学出版社，3~6岁

大熊在还是小熊时，就学会了弹钢琴，它弹奏得很棒，森林里的熊都是它的观众。后来它离开森林，去大城市实现自己的钢琴梦。就在它功成名就的时候，大熊选择了对它真正重要的东西，它回到了生长的森林。孩子在成长的过程中，会遇到很多事，可能会有很多梦想，有的可以实现，有的不能，有的梦想实现了对人生的漫漫旅途并没有长远意义，有的哪怕只实现一点点就让人生旅途满是鲜花。父母得引导孩子，让他们发现自己想要什么，自己的根植在什么地方。

c. 让孩子擅长做自己

> 伊恩·福尔克纳著，《奥莉薇》，河北教育出版社，3~6岁

奥莉薇是一个不寻常的女孩，她不想当公主，她觉得她会跳芭蕾，会画画，会做间谍，会拯救马戏团。当然只是她自己这样认为。父母眼里，她最擅长的事情是把别人累昏，而且不时还把自己累昏。奥莉薇就是独特的奥莉薇，包容的家庭环境给了她成长的空间，让她能一直做独一无二的自己。

d. 不放弃微小的想法

> 托本·库曼著，《飞鼠传奇》《登月传奇》《鼹鼠小镇》，新蕾出版社，4~8岁

一只小老鼠，那么渺小，但它脑子里想的都是和别的老鼠不一样的东西。它喜欢读书，喜欢观察，最终运用知识，将梦想变为现实。创作者写的虽然是小老鼠的故事，实际上却是阿姆斯特朗等科学家的故事。一点天分、一点梦想再加上知识的力量，渺小的梦也有机会变得伟大。

e. 学会乐观

> 薇拉·威廉斯著，《妈妈的红沙发》，河北教育出版社，4~8岁

孩子在成长的过程中会遭遇各种各样的事情，如若遭遇不幸，该如何走出阴霾呢？

《妈妈的红沙发》中的小女孩家里发生了火灾，但年事已高的外婆居然说“幸好我们还年轻，可以从头开始”。这种乐观感染了全家人，一家人通过努力买了一个红沙发。这个红沙发是一个缩影，内心坚强、能够面对困境、走出困境的孩子，等到他们长大，依然能够用乐观和勇气照料好自己的人生。

f. 团结合作

> 中川千寻文、古寄纯嗣图，《小人儿帮手》《小人儿帮手圣诞节》《小人儿帮手搜索队》《小人儿帮手仓鼠》，二十一世纪出版社，3~6岁

小人儿在每本故事里都会接到一个任务，但这些任务单凭个人力量都无法完成。人儿小，因此更需要互相帮助。学会团结合作，小小的人也能有大贡献。

（4）社会礼仪与规则主题绘本

图3-40　礼仪和规则主题的绘本

图书推荐：

A. 了解礼仪

> **史蒂夫·安东尼著，《熊猫先生礼仪课堂》，中信出版社，2~4岁**

这套内容极为简单的绘本给孩子们讲礼仪的重要性，并给出示范，让孩子可以模仿。

B. 遵守规则

> **艾伦·贾维尼克文、科琳·M.马登图，《假如人人都这样》，黑龙江美术出版社，3~6岁**

这本书涵盖了良好习惯、社交礼仪、公共秩序和交通规则等，全部用反面教材展示给孩子看。当一个人这样做的时候，也许没什么，但人人都这样做，社会就会乱了套。令人忍俊不禁的表达方式，让孩子了解规则和礼仪是普遍适用的原则。

> **麦克·巴内特著，《规则是用来遵守的》，花山文艺出版社，3~6岁**

不遵守规则的姐姐珍妮和遵守规则的弟弟伊恩住进了一所必须要遵守规则的大房子里。姐姐的不守规则带来了大麻烦，为了解决问题，姐姐和弟弟不得不打破规则。规则普遍适用，但并非一成不变，死守规则也会出现麻烦。

（5）防伤害和自我保护主题绘本

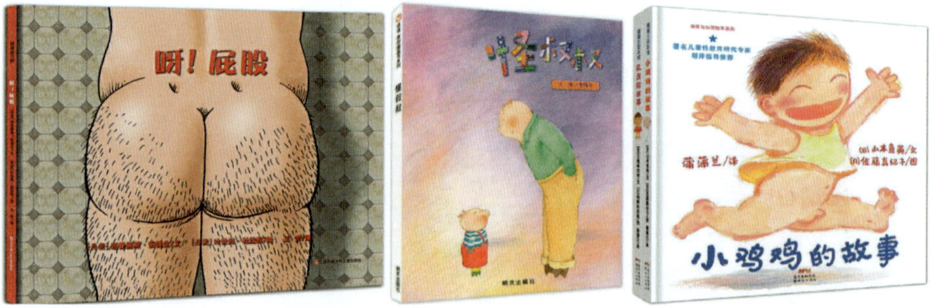

图3-41 自我保护主题的绘本

图书推荐：

A. 身体认知 / 性别意识

了解性别知识是自我保护的前提。这几本书将身体的关键部分一一讲清，让孩子意识到哪些部分是不可以被触碰的。

> 迈普里斯·安徒生文、叶世邦·杜拉航图，《呀！屁股》，江苏凤凰少年儿童出版社，3~6岁

这本书适合处于“屎尿屁”敏感期的孩子阅读。内容上涉及关于屁股方方面面的趣事，既有关于一个屁股是怎样的具体描绘，又拓展到人种等知识。

> 土屋麻由美文、相野谷由起图，《乳房的故事》；山本直英文、佐藤真纪子绘，《小鸡鸡的故事》，新世纪出版社，3~6岁

这两本书一本讲乳房，一本讲小鸡鸡，这并不意味着一本只给男孩读，一本只给女孩读。孩子到了三四岁都会好奇为什么男孩/女孩跟自己不一样。这种困惑正是性教育的难点，所以这两本书建议一起阅读。

B. 掌握自我保护的技能

> 李瑾伦著，《怪叔叔》，明天出版社，3岁以上

坏人是什么样子的？坏人没有固定脸谱，防不胜防。创作者用水性颜料和彩色铅笔，渲染出一个孩子跟怪叔叔打交道的场景，模拟被拐的情形。书里的怪叔叔外表看起来一点都不怪，但行为却很古怪。这样的设定能帮助孩子提高戒备心。

> 迪帕·库玛著，《美国儿童自我保护技能训练》，北京科学技术出版社，4~8岁

这是一套非常实用的、理论配套练习的自我保护图画书。书里包含了：如何识别坏人，什么是隐私部位，可能受到侵害的五种警报，可以触碰隐私部位的看护人名单，可以触碰隐私部位的爱心圈名单，自我保护知识检验小测试这6个方面的内容。

让孩子学会自我保护，远远不够，因为再聪明的孩子也无法在力量和智力上和成年人对抗。为了孩子的安全，父母需要担负起监护的责任，减少孩子接触到这些危险的机会。

3. 绘本中的审美教育

在儿童的早期发展中，美育与智育是相辅相成的，审美教育有助于提升创造力和心理调适能力，塑造人格与社会适应力。

美是一种心理状态，审美是对美的认识、评价和欣赏。美包含了艺术作品的美、人性的美、生活的美和科技的美，是一个内容丰富的概念。美存在于生活的方方面面，孩子不一定成为艺术家，但一定要有审美的能力。

审美的发展需要通过不断地欣赏，来获得审美感受，并以认识、评价和再创造的过程，获得审美能力的提升。审美过程是理性与感性并用的，美的鉴赏力的提高，有助于孩子们用美的规律和美的理想去理解世界、改变世界，获得更好的生活方式。

绘本展现了丰富的艺术美感，儿童通过阅读这些艺术形式各不相同的作品，可以形成对于空间和色彩的基本感知，获得愉悦的心理感受。

（1）绘本里的艺术创作

绘本的创作者会使用不同的绘画材料和技法表达不同的主题。点、线和面的运用都有特定的目的。

用直线传递平静或安定的氛围，用柔和平滑的曲线展现温暖与温馨的场面，用尖锐或不完整的线条展现不安、紧张的心理暗示，用不规则的、流动的线条来体现自由与轻松（昆汀·布莱克最喜欢运用这种线条表现灵动与不羁），是绘本创作中常用的表现方法。

在角色的塑造上，用线条的密集和刚硬程度，圆形和具有棱角的图形的差别，反映人物的不同性格。

绘本创作中，有一个拉片的过程，就是把所有的画面集合在一起，看每一页的发展变化是否流畅自然，这个过程可以看出整本书的框架。

在阅读时，连续地翻页，便于孩子探索人物与环境的关系、故事的发展节奏和走向。例如中心位置表现的是主题和重点，画面的偏离表现的是不稳定和不安情绪。当画面里的多个角色或物件被安排到不同的位置时，表示人物关系也会发生变化，例如，当角色都朝向同一方位，那么大家都关心的新事物就要出现了；而面对面出现的角色很大可能是要进行对话，背对背的角色通常是对立的关系。

翻一遍绘本，还可以看出视角的变化。视角的变化通常意味着故事、人物情绪的变化和转折。例如在《鸭子骑车记》，当鸭子遇到不同的动物时，每一页就会运用新的视角，展现出不同动物对鸭子骑车这件事的态度，狗狗出现时在鸭子下方，表现的是狗狗对鸭子的佩服；而马儿高高在上，表现的是不屑。

运镜的变化也反映出故事焦点的变化，通常远景用于营造氛围，强调角色与环境的关系，展现客观内容；中景用于交代角色，体现互动；近景展现人物对话；特写则用于强调，突出表现人物的情绪变化。例如《菲菲生气了》这本书，运镜就直接怼上脸，将愤怒的情绪最大化地呈现在画面里。

此外，利用比例表达主配角、角色与环境、地位差异、情势强弱；利用颜色的色相、明度和彩度触发感受、感知意境也都是常用的创作手法。

同时，创作者也会使用适当的创作方法，展现隐喻、情节和解决方案。

绘本的艺术风格非常多元，剪贴画、拼贴画、版画、水彩、水粉、油画等绘画形式，超现实主义、野兽派、立体主义等艺术流派都能在绘本画面中有所体现。

孩子在欣赏的过程中，他们不明白专业术语的表达，但是能通过画面感受到图画传递的内容，获得审美的体验。久而久之，形成自己的审美偏好和判断标准。

那么，孩子可以从绘本中获得哪些审美感受呢？

> 从容与安定之美

例如《赶牛车的人》用协调的刮版画画面展现出一种乡村生活的诗意；《阿莫爷爷的生病日》通过舒缓的笔调和淡雅的水彩，表现出阿莫爷爷与动物们的真挚情感。

> 壮丽与惊奇之美

例如《山》（阿尔贝托·孔福尔蒂）通过具象的、宏大的绘本，展现山峰的壮丽；《回家》（桑德拉·狄克曼）用带有复杂渲染的手绘线条和图案以及高饱和度的色彩，凸显出自然界的鬼斧神工，引起小读者对自然界的关注。

> **热烈奔放的美感**

例如《蜘蛛阿南希》以浓墨重彩表现非洲文化的热烈；《大海遇见天空》和《午夜园丁》以高饱和度的色彩和烫金烫银工艺，展现具有想象力的图画内容，表现出海洋与星空的璀璨。

> **"丑"的美感——缺憾美**

例如《五个丑家伙》以丑陋的视觉形象，反映出内在的善，强烈的对比，代入感更强；《你千万别上当啊》以一种孩子气的极简画风，表现故事的无厘头，突出故事节奏的美感。

> **凌乱的美感**

例如《爱打岔的小鸡》以凌乱的线条和色块，表现了小鸡天马行空的想象，并结合干净的色彩画面，营造出达到和解的亲子状态。

> **秩序的美感**

例如《一模一样的在哪里？》和《与众不同的站出来》以造型、颜色，细微的搭配，以及图案的密集程度，表现一个物种内的细节差异，展现出生物规律中的变化和均衡的美感。每一页之间展现出一种自然的稳定秩序。

（2）艺术主题的绘本

艺术主题的绘本最重要的作用是用艺术感染孩子，让他们产生欣赏美的追求，并感受到艺术带来的疗愈和放松。

艺术主题的绘本很多，有讲艺术家的，有讲艺术作品的（偏向于知识内容）。

图3–42 艺术类绘本

图书推荐：

A. 教孩子看懂一幅画

> 吉莉恩·沃尔夫著，《看！各种角度看名画》《看！身体怎么说话》《看！观察画里的光》《看！线条怎么说话》《看！画家也会捉弄你》，河北教育出版社，3~6岁

这一套书用世界名画，带孩子理解视角、光线、线条和视觉错觉，书中有很多隐藏的小细节等孩子去发现。

B. 让孩子的艺术思维尽情释放

> 大卫·威斯纳著，《艺术大魔法》，河北教育出版社，3~6岁

> 劳尔·科隆著，《画纸奇遇》，长江少年儿童出版社，3~6岁

艺术没有极限，在这两本书中，无论是达文蜥还是小男孩，不断地创作带来的是对于艺术的更深理解。感受艺术的狂热，为的是引导孩子多发挥自己的创意。

C. 了解大自然的天然艺术

> 布朗温·班克罗夫特著，“澳大利亚艺术启蒙绘本”《奇幻的色彩》《隐秘的图案》《变化的形状》《美丽的世界》，北京联合出版公

司，3~6岁

这套书将河流、草原、大海、雨林、雪山、峡谷等自然景观对应红、橙、黄、绿、蓝、靛、紫、黑、白，用线条和形状展现自然风光的特色，让孩子感受到自然的奇妙魅力。

D. 怎么和大自然亲近

> 约翰·凯奇著、洛伊丝·隆恩绘，《泥巴书》，天津人民出版社，3~6岁

图画内容展现泥巴的不同玩法。玩泥巴让孩子亲近大地，有助于拯救孩子的自然缺失症。

E. 用艺术疗愈悲伤的心

> 马里恩·杜查斯著，《鲍勃是个艺术家》《鲍勃的蓝色忧郁期》，北京联合出版公司，3~6岁

水墨和纸印画的创作方式，搭配孩子的手写体文字，让孩子更容易产生共鸣。艺术作为情绪的出口，让孩子们找到自信和自己的天赋。

F. 了解艺术中的色彩学和性格

> 爱娃·海勒著，《颜色的战争》，北京科学技术出版社，3~6岁

作者曾经出版过《色彩的性格》这样的专业书籍。在《颜色的战争》中，作者考虑到孩子的心理，别出心裁地塑造了色彩相互打闹的故事。具有不同性格的“色彩”相互挑衅，像极了幼儿园里孩子的拌嘴吵闹。在这个过程中，孩子可以了解混色。

这些艺术童书，带给孩子丰富的艺术感受，帮助孩子形成良好的艺术辨别力。如果经济条件允许，不妨多给孩子看不同艺术形式的绘本。

4. 拓宽视野的绘本

图画书的内容包罗万象，包含天文、地理、历史、人文、社会、动植物、科技等种种常识，对阅历不多、经验有限的孩子而言，它好比百科全书，提供具有可观察、可思考和可感受的认知学习经验。

（1）绘本里的趣味知识

图书推荐：

A. 自然科学

图3-43　自然科学绘本

a. 告诉孩子用不同的视角，就会有不同的结果

> 布兰登·文策尔著，《他们都看见了一只猫》，南京大学出版社，4岁以上

蛇用红外感应，蜜蜂用复眼，蝙蝠用声波“看”世界，它们眼里的猫各不相同。同样的一只猫，因为观察者不同，得出完全不同的图像。

b. 激发孩子的科学阅读兴趣

> 沼笠航著，《奇怪的生物图鉴》，湖南科学技术出版社，5岁以上

这是一本集合冷门知识的图画书，里面有各种动物的奇葩行为大赏，是让孩子乐此不疲的趣味知识书。

c. 了解生活中的科学

> 权德伦著，《了不起的工具》，二十一世纪出版社，4岁以上

用讲故事的方式讲日常生活中常见的工具，便于孩子理解。

d. 解答孩子关于夜空的疑问

> 关口修著，《星空》，北京科学技术出版社，4~8岁

适合作为孩子了解星空的第一本书。书中，男孩和爷爷一起去野外观测星空，他们看到夜空的繁星，探索星空的构成，讲星座神话和星座占卜。祖孙之间其乐融融的探索过程，也为亲子户外探索提供了一个范本。

B. 社会科学

图3-44 社会科学内容的绘本

a. 让孩子理解社会变迁

> 维吉尼亚·李·伯顿著，《缆车梅波儿》，新星出版社，3~6岁

> 维吉尼亚·李·伯顿著，《凯迪和一场很大的雪》《迈克·马力甘和他的蒸汽挖土机》《逃跑的小火车头》，二十一世纪出版社，3~6岁

维吉尼亚·李·伯顿这三本书都以“车”为主角，描述了美国机械发展的时代，机械帮助人类生活的故事。她的创作总有一种对于旧时代的不舍，但也不全然是对新事物的抵触。书里的时代已经过去，现在的时代是数字时代，是不断挑战和替换旧有事物的时代。儿童的情绪会随着情节转换，父母可以在阅读后拓展，和孩子好好聊一聊过去、现在和未来。

b. 理解城市化

> 维吉尼亚·李·伯顿著，《小房子》，南海出版公司，3~6岁

小房子看着乡村变城市，看日升月落、四季流转，人来人往。小房子的故事反映了维吉尼亚·李·伯顿身处的那个时代的美国思潮，整个社会对于工业化的反思。父母可以和孩子讨论，如果他们是小房子，他们会怎样做选择。父母们也许会发现，即使书中城市的面貌看着密密麻麻没有生气，不少孩子还是喜欢待在城市里。此时，不需要把作者的想法强加在孩子们身上，不如和孩子聊一聊是什么影响了他们的选择。

c. 孩子理解世界

> 汤姆·斯汉普著，《给孩子的世界说明书》，中信出版社，4~8岁

用游戏的方式，带孩子领略27个生活场景，利用事物之间的相互关系把生活中的“人”“事”“物”放进一个页面，让孩子专心去探究这些图画里的奥秘。

C. 观察力和专注力

锻炼3~6岁孩子的观察力和专注力，依靠单幅的画面已经不够了。

> 玛丽安娜·迪比克著，《老鼠邮差转一圈》《老鼠邮差去度假》《老鼠邮差去太空》，花山文艺出版社，2.5~5岁

这是一套典型的观察绘本，孩子通过情节的加持，把观察力游戏玩得更好。

书中，老鼠邮差到处送邮件，孩子跟随老鼠邮差探寻一路上的所见所闻。每一栋房子里都有单独的故事，孩子需要经常前后翻页，比较每个页面的变化；也需要数清楚每个事件里的人物与事物数量；还要进行问答，了解故事为什么会这样发展，主角和配角身上发生了什么不同的事件。

D. 逻辑与思考世界的方式

图3-45 思维方式有关的绘本

a. 学知识的另类思维

> 长谷川义史著,《山田家的气象报告》,河北教育出版社,3~6岁

宝宝尿床是“淹大水”,妈妈生气时就“打雷”,看了言情剧就会“下雨”,爸爸被训话时仿佛风速有60米,洗澡时起雾了,送米的大叔制造了“地震”。这本绘本用天气预报的方式写一家人的生活,打开孩子对于天气常识的新认知视角。这也是一本关于情绪和家人相处的书。

b. 了解生物的不同角度

> 岩井俊雄著,《100层的房子》(全4册),北京科学技术出版社,3~6岁

《100层的房子》(全4册)是对孩子大脑的挑战,将天上、地下、水里的动物都放进“房子”里,给它们造一个家,让孩子理解不同生物之间的生存关系,尤其是空间上的关系,孩子一看就知道。

c. 让孩子思考“自由”和文化差距

> 马特·德拉培尼亚著,《市场街最后一站》,中信出版社,3~6岁

小杰和奶奶一起坐公交车去市场街的最后一站,一路上他们不停地对话,看各色人物。这个简单的故事讲了很多不简单的道理,奶奶以一个智者的形象出现,小杰则以天真孩童的视角和奶奶对话,两个人的对话里讨论了很多近似哲学的问题。比如孩子该怎么面对不同的“人”,面对生活中的失意,如何理解和学会帮助他人。

(2)图册式绘本

图册式的绘本,因为没有故事情节,文字和图画的联结较弱,与故事类的绘本在创作手法上有很大的不同。

让·卢梭的《飞鸟集》,维尔日妮·莫尔冈的作品《大人每天都在做什么?》,温迪·亨特的作品《动物每天都在做什么?》,盛口满作品《生命的力量:神奇的种子图鉴》《生命的力量:神秘的蟑螂图鉴》等都是典型的图册式绘本。这类绘本因为没有文字干扰,能让孩子更好地观察图画,也适合喜欢画画的孩子用来临摹。

图3-46 典型的图册式绘本

5. “无意义”的绘本

能够说清楚作用的绘本备受父母欢迎，但大部分孩子喜欢的绘本都很难说清楚用处。

孩子们在绘本里获得的东西，不能以传统教育的模式去解读，看似没有意义、没有用的绘本对孩子的成长反而更有意义。这种意义在于，让孩子获得快乐的情绪，让想象肆意奔腾，促进自我意识的发展。

（1）冒险的主题

冒险故事在绘本中很常见，与儿童文学中的“在家—离家—回家”模式的冒险不一样，幼儿的冒险不需要真正离开家，只要在头脑里想象，进行一个假装游戏就可以了。

等书中的角色年纪再大一些，他们才开始离开家，走到大自然中或者不熟悉的环境中。

图3-47 冒险主题的绘本

图书推荐：

> 昆廷·布莱克著，《绿色的船》，北京联合出版公司，3~6岁

这是一本在自己头脑里展开冒险的绘本。两个孩子结伴冒险，实际上他们一直待在原地，天气的变化为他们制造了冒险的感受。昆廷·布莱克用大幅的跨页，色彩缤纷的水彩画，带给读者视觉冲击。天空中乌云密布、风雨交加，但有光芒穿越厚重的灰暗，这样的画面带给人希望。

> 皮宁·卡尔皮著，《秘密小路》，新星出版社，5岁以上

这本书表现的是世界之大，如此不可思议。书里讲了两代人的故事，父母有他们的吟游生活，他们的孩子“星星”则循着一条秘密的小路，去到各式各样的新世界。书的开头和结尾文字很多，书的中间却用整幅的画面（没有一个字）展现经由秘密小路通向光怪陆离的世界的过程。阅读者既可以在父母的唱词里冒险，也可以在“星星”的图画旅程里冒险。人生的旅途有很多种可能性，每个人想要的都不一样，重要的是为这段旅程的目的地付出了什么。

> 贝娅特丽丝·阿勒玛尼娅著，《无所事事的好棒的一天》，陕西人民教育出版社，3~6岁

这本书讲的也是孩子的一段旅程。故事用一个冲突开场，妈妈指责孩子玩游戏，孩子不高兴了就偷偷溜出家门，进行了一场森林大冒险。在这样一场大冒险里，孩子发现了大自然的奇妙。图画部分把大自然表现得非常有震撼力，尤其是下雨前乌云密布和冒出一堆蘑菇的画面。

> Rob Biddulph, *Kevin: the make-believe friend you can really believe in*, HaperCollins Children' s Books, 4~8岁

这本书很特别，讲的是一个叫Sid的男孩和他假想的朋友的故事。Sid每次捣乱都会把责任推到Kevin身上，妈妈当然不信。有一天，Sid循着阁楼顶上的光到了一个新的世界。在这里，他真的遇见了Kevin。绘者用黑白和彩色的两种画面分别描绘Sid

的现实世界和他来到的怪兽世界。在怪兽的世界里，Sid胡作非为，害Kevin被爸爸骂。后来，Sid纠正了他的行为，和Kevin成了朋友，Sid回家时带了一束花给妈妈，亲子之间的矛盾烟消云散。最后一个画面，在游乐场里，每个小朋友的身边都有一个匹配的专属怪兽。这个画面寓意深长。

父母会觉得这个故事简直瞎扯，但孩子不会。绘本最后没有写Sid变成了一个怎样的乖孩子，但孩子能感受到，在外出探索怪兽世界的过程中，他的压力得到了舒缓；和朋友在一起，他学会了设身处地地为他人着想，明白了自己捣乱的行为会带来什么恶劣的后果；回到家送花给妈妈这个片段，意味着他懂得了感情是需要经营的。

> **克劳迪娅·卢埃达著，《好饿的兔子》，海豚出版社，4~5岁**

这是一种另类的冒险，需要孩子们来帮助推进情节发展。

兔子很饿，但是找食物、安全回家这些事得靠小读者们用一根红飘带，走到故事里，摇一摇树，吹一吹叶子，把书倾斜，帮兔子完成填饱肚子的任务。

（2）无聊的故事

还有一些绘本，真的可以用“无聊”二字来形容，但又让大人和小孩都欲罢不能。

图书推荐：

> **吉竹伸介著，《好无聊啊好无聊》，甘肃少年儿童出版社，3~6岁**

吉竹申介可以说是最擅长创作“无聊“绘本的作者，这本书是无聊界的神作。

孩子总觉得无聊，可怎么办？父母们可能没有想过，就让孩子无聊个够。然后孩子就会开始找一些有意思的事情做，就像这本书中的小男孩一样。

图3-48 《好无聊啊好无聊》内页

吉竹伸介还有很多类似的书，比如《这是苹果吗也许是吧》，展开对苹果的各种想象；《做个机器人假装是我》，制造一个机器人做自己的替身，自己不喜欢的事情就交给替身去做；《后来呢后来怎么了》，讲死后要做的事情，最后却发现与其写一本“死后我们要干什么”，不如活好当下。这些作品适合5岁以上的孩子。

图3-49 吉竹伸介作品

除此之外，他还有一些内容简单，适合2~4岁孩子的绘本，比如《脱不下来啦》《揉一揉啊捏一捏》《尿裤子男孩》《我的橡皮筋，不给你》等。《脱不下来啦》里的孩子脱衣服一次一次脱不下来，干脆半套着衣服满世界跑；《揉一揉啊捏一捏》里的男孩不停地揉搓，一页一页都是各种各样揉搓的动作和状态，最后才发现是在给孩子按摩。

> 谢尔·希尔弗斯坦著，《稀奇古怪动物园》，南海出版公司，4~8岁

谢尔大叔的作品和吉竹伸介的作品有着异曲同工之妙，荒诞的故事，机智幽默的语言，帮孩子们打开想象的大门。与吉竹伸介丰富的色彩和细节表现不一样，谢尔大叔的画面简洁，通常是黑白两色。极简状态下的简单故事，抓住角色对话和时间的核心，带给人莫名的感动，不需要讲述任何道理和观念，也能触动人的内心。

图3-50 谢尔·希尔弗斯坦作品

> 亚当·鲁宾著，《可恶的松鼠之食物大战》《可恶的松鼠之完美假期》《可恶的松鼠之智斗恶猫》，北京联合出版公司，3~6岁

还有一种无聊，就是不停地打闹。

在亚当的这套系列作品中，麻杆腿老人很喜欢鸟儿，但是松鼠总爱来捣乱，给他制造了各种各样的麻烦，气得他胡子都歪了。它们打打闹闹，又一次次和解，分别时，他们还挺想念对方，像极了生活中孩子之间的打闹。

> 拉里·特朗布莱著，《这不是真的》，海豚出版社，3~6岁

很多孩子总是神游天外，他们的脑瓜子里到底在想什么呢？父母可以从这本书中窥见一二。

自从梅妮兰老师在课堂上邀请孩子们模仿电视报道，马尔科就掉进了自己的想象世界，他絮絮叨叨讲个不停，要把自己对生活的疑惑全都讲出来。他和爸妈争吵，和朋友闹别扭，担心自己不能再做小孩了，他觉得外星人是糖果做的。孩子胡思乱想没什么坏处，每个孩子心里都有一个宇宙，这是他们可以安静思考和逃避忧伤的地方，他们在这里获得力量，去面对那个真实存在的宇宙。

> 大卫·威斯纳著，《7号梦工厂》，江苏凤凰少年儿童出版社，3~6岁

神游天外是对想象力的考验，说到想象力不得不提大卫·威斯纳，他的无字书充满了不可思议。他擅长将电影语言运用到画面的分镜和构图中，图画中有前后关联的细节，超现实主义的风格将孩子带入一个个奇妙世界。

图3-51 大卫·威斯纳作品

6. 华文原创作品

为什么要读国内作者的作品？因为中国人自己创作的作品和孩子们的日常生活更贴合，语言表达更贴切，文化内核也更容易理解。

国内的优秀绘本很多，比如熊亮创作的京剧猫系列、梁培龙的水墨绘本、向华创作的《悟空，乖！》、蔡皋的《花木兰》。这些作品取材于中国传统民间故事或文学作品，采用中国画的绘画技法，把老故事讲出新味道。

周翔创作的《一群青菜成了精》和《荷花镇的早市》、朱成梁和余丽琼创作的《团圆》超越了传统，抓住了文化的内核，让小读者和大读者都能产生共鸣。

摆脱传统，李卓颖的《公主怎么挖鼻屎》同样备受孩子喜爱。

图3-52 李卓颖作品

发现孩子的生活，不吃传统文化的老本，中国原创绘本已经发展出新的高度。

图3-53 赖马作品

创作有《爱哭公主》《我变成一只喷火龙》《慌张先生》《生气王子》《勇敢小火车》等作品的赖马，保留了传统文化特征又具有现代性。他的作品关注孩子的情绪，图画中细节很多，充满幽默感。

徐萃与姬炤华在2019年出版的《两个天才》，以想象力、创造力为主题，把“知行合一”的概念现代化，是一次颇为大胆的尝试。

图3-54 郝广才创作的财商绘本

图3-55 郝广才的中国基因系列绘本

提到华文原创，不能不提郝广才。他创作的哲学绘本和财商绘本，用西式的画风，糅合中国智慧。

想要了解更多的本土创作者，可以阅读附录2。

选购建议

> 阅读华文原创绘本，从孩子熟悉的内容和艺术表现形式开始，慢慢引入传统艺术形式。

> 华文原创的素材大多来自神话和民间传说，这些内容不适合5岁以下的孩子，以免她们发生认知的错乱，分不清现实与神话的界限。

> 东方哲学是中华文化的瑰宝，郝广才的《熊梦蝶》等哲学绘本值得阅读，适合5岁以上的孩子。

> 优先选择家庭及文化传承为内容的华文原创绘本。

7. 绘本对于语言发展、阅读能力的影响与作用

判断绘本对语言发展的作用，要从理解和使用的维度来分析。

语言的学习包含了口头语言和书面语言。口头语言是主要通过“听”和“说”获取信息并处理信息的过程，会经过以下几个发展阶段：

> 婴幼儿期通过聆听，判断别人口语表达的意义；

> 1~2岁，会说单个字和词，逐渐掌握短语和短句；

> 2~3岁，孩子能察言观色，学会“讨好”他人的表达方式；

> 3~4岁，通过模仿，逐渐掌握口头表达的语法逻辑；

> 4~5岁，真正理解别人表达的意义，并开始做判断和自我思考的表达；

> 5~6岁，掌握一定的语言素材库。表达前能进行思考，沟通中能预测他人的表达，并及时调整自己的表述；

> 6~8岁，能准确表达自己的所思所想，表述逻辑严谨。

在书面语言的发展方面，孩子同样会经历一个从收集信息、理解信息到表达信息的过程。未满6岁的孩子大多不会书写，他们必须借助口头表达，将书面的内容进行转换。

总的来说，阅读能力就是通过视觉，获取和处理信息的能力。

绘本提供的信息既有文字也有图画，对于孩子而言，图画和文字都是信息符号。图画作为直观的信息符号，帮助孩子理解世界、建立思维逻辑；文字符号在孩子具备一定思维能力后才具有意义。

绘本的好处在于将图画符号和文字符号融入一个页面，互相补充、互相促

进。孩子能通过图画理解文字的意义，也能通过文字符号展开对于画面的想象。图画和文字各司其职，共同促进孩子阅读力的提升。

怎么评判孩子的阅读能力呢？可以从以下几点入手：

> **信息收集的能力，指的是孩子能够从阅读材料中快速、准确地提取信息，掌握重点和关键的信息。**

> **解读信息的能力，指孩子能够构建信息之间的合理对应关系，理解将信息串联起来的方式，找到信息传递的规律性与不一致性。**

> **思考、判断信息的能力，指孩子在理解信息之后，通过感受与思考，整合信息，并准确诠释信息，进行辨别和选择，过滤无效和错误信息，掌握有效信息的能力。**

> **使用信息的能力，指孩子在获取新的信息后，能用新获取的信息印证自己原有的知识和经验，通过检验与评估提出自己的见解，并将这些新的信息恰当使用在日常表达上。**

那么绘本是怎样帮助孩子提升这些能力的呢？

（1）绘本的音乐性

2~4岁是孩子的心理秩序建设期，2~6岁是孩子的音乐敏感期，秩序和节奏是语言感受和文法逻辑中不可或缺的内容。绘本提供具有一致性、重复性和规律性的图文内容，尤其是歌谣式的图画书让孩子在获得安全感的同时，提升对于语言文字的鲜明感受，加快语言吸收的过程。

图3-56 《打瞌睡的房子》内页

例如，奥黛莉·伍德创作的《打瞌睡的房子》，每一个跨页，都可以看到老奶奶躺在床上，小男孩睡在老奶奶身上，小狗睡在小男孩身上……一层层叠加，文字的部分也通过重复句型叠加越来越长；随着老鼠跳了起来，书中的角色一个个接连醒来，文字也越来越短。这种重复、变化和前后关联制造了戏剧效果，让孩子感受到故事的节奏变化，预测故事走向，在获得安全感和满足感的同时，也体会到文字回环的魅力。

绘本的音乐性意味着图画和文字都具有节奏感，节奏感意味着规律性。掌握规律，孩子就能快速提取信息，合并记忆。

图3-57 《棕色的熊、棕色的熊，你在看什么？》内页

例如，比尔·马丁和艾瑞·卡尔的《棕色的熊、棕色的熊，你在看什么？》，每一页都采用“… what do you see”和“I see …… looking at me”的句式，只替换动物名称，这样孩子就可以通过不断地循环记下这个句式，并注意到变化的词汇——动物和颜色的单词。

（2）图画的作用

绘本的图文都重要。孩子通过观察图画，完成信息收集的过程。

图画明确文字在当下情境中的意义，这是一个信息解读的过程。

图画的内容展现人物情绪、动作和背景的变化，这是思考和判断信息的过程。

图画还能帮助孩子理解抽象概念，这一点在数学学习上表现得尤为突出。

（3）亲子共读的交流过程

亲子共读是一个双向沟通的过程。

最开始，父母读文字内容，孩子看图画内容。逐渐地，孩子注意到文字，并且发现一幅复杂图画表现的内容，父母可以用很简单的文字表述清楚。看图说话的能力在这个过程中慢慢习得，为孩子的书面表达打下基础。

五、入园和幼升小准备

入园不仅是知识的准备，更是心理、作息习惯和规则意识的准备。

阅读绘本可以帮孩子做心理建设[1]，引导孩子的生活习惯，但专为孩子入托入学创作的书籍，能更快速地帮助孩子适应集体生活。

选购建议

> 少而精，有针对性地选择。例如，孩子对危险缺乏预判，就选以自我保护为内容的图书；孩子的认读能力差，就选识字书。

> 选择游戏性的，最好能动手实践。

入园和幼升小前，这几项问题值得父母注意：

1. 入学焦虑与适应

入学的焦虑普遍存在，新的生活方式，难免需要适应的过程。幼儿的不同在于，他们还要割舍对父母的依恋。同时，由于缺乏生活经验，他们对于未知充满好奇和恐慌。

图3-58 入园、入学相关的图书

[1] 避免给孩子做过度的心理建设，以免孩子想得太多反而害怕上学。

图书推荐：

> **《安全常识互动游戏书》《性别常识互动游戏书》，未来出版社；《礼仪常识互动游戏书》，陕西人民教育出版社，3岁以上**

在这套书中，孩子面临的安全、礼仪和性别问题都通过游戏的方式表现，每一页都有翻页设计，让孩子通过动手参与的方式，理解这些问题。

> **《不可思议的学校，我的第一本独立社交图画书》，接力出版社**

这本书主要针对孩子的人际交往，以小浣熊阿尔格在“不可思议学校”的糟糕表现，展开16个儿童社会交往场景。书中有“习题”，帮助孩子巩固知识。

> **《在教室说错了没关系》《在教室吵架了没关系》，青岛出版社，5岁以上**

孩子进入小学，很多孩子不适应端正坐好、回答提问和完成作业的学习状态。这系列书关注一年级新生的畏难情绪，鼓励孩子在课堂上表现自我，如何自信快乐地度过小学生活。

2. 抓住识字敏感期

绘本识字过程缓慢，为了满足孩子4岁左右到来的识字敏感期，以及幼升小前的识字需求，可以阅读专门的识字书。

《汉字是画出来的》《汉字是拼出来的》《字是画 画是字》《日月山水》《甲骨文游戏字卡》这些书，使用甲骨文识汉字的方法，帮助孩子调动图文记忆，迅速积累识字量。

加上绘本阅读的识字量积累，孩子一般能在入学前掌握500字左右。部分孩子，可以达到800~1000字。这里的掌握，不仅指知道字音，还要明白字义，并且能在日常生活中使用。

使用一些可以发声的汉字、拼音启蒙书，可以促使孩子自主学习，有效提高识字量。

图3-59 具有发声按键的汉字启蒙书

3. 控笔练习

孩子进入小学，有很多头疼的事情，其中考试成绩不好最为头疼。不少孩子识字量大，思维能力出色，但适应不了学校的学习，也无法在考试中取得好的成绩。

与幼儿园不同，小学阶段的很多学习内容都要书面完成。孩子的写字速度如果跟不上，整体进度就会受影响。很多孩子刚入学，就过上了写作业写到深夜的生活，因而产生厌学情绪。

为了提升“写”的效率，孩子在入学以前就应该开始控笔训练。

字写得快，不仅需要手腕力量，手指尖的精细操作，也需要提升手部运动的稳定性。其中，手部力量大小和精细运动程度可以让孩子多做家务进行锻炼，而稳定程度，尤其是虎口力量和动作的稳定，可以通过控笔训练来获得。

控笔练习不等于学会写字，写得好不好看不重要，重要的是孩子能持续不断地写，同一个图案或文字能够表现出稳定的形态。

图3-60 控笔训练卡

专门的控笔训练卡，既有简单的几何图形，也有曲线和直线的描绘，线条长短和转角弧度各不相同。不断重复的同时，细节上稍有变化，充分锻炼孩子的灵活度和稳定程度。

汉字的临摹不宜早于5岁，更不建议父母在家自行教孩子写字。字帖的选择，首选有凹槽和笔画顺序的。

图3-61 可擦写的运笔练习书

带有凹槽的字帖在控笔训练中不能长期使用，在掌握握笔姿势和笔顺后，孩子需要自己运力临摹才能真正掌握汉字的写法。可擦写的游戏书，类似于描红本，能够擦掉重来，可以免去削笔和清理的麻烦。

第三节　图文过渡阶段（6~8岁）

孩子进入小学后，绘本不再是阅读的重点。无论是考虑孩子的兴趣变化，还是出于学习的要求，孩子需要在一二年级完成从“读图”到“读文”的转化。此时即使亲子共读做得再好，如果不能及时转变，也会面临语文学习的困境。

小学的各科学习都建立在良好的阅读和理解能力上，尤其是考试改革后，语文更看重阅读理解和写作能力。5岁左右，孩子基本上都已经经历过了识字敏感期，掌握了句子的表达，语言发展进入完整语法的学习阶段，开始具有逻辑地运用词汇和句子。6~12岁的六年是孩子语言学习的又一关键期，直接影响成年后的语言文字水平。

一、6~8岁孩子的阅读计划

国外有分级阅读的概念，会用到“蓝思”“GRL”“DRA”和“AR/GE”等分级体系，目的是让图书匹配读者的阅读水平，以便于读者能够顺利地读下去。这种分级主要考虑的是词汇和句式难度。

国内目前已经有“亲近母语”等分级体系，但分级阅读体系庞大，轻装上阵，直接选择孩子喜欢的桥梁书解决幼升小和小学低年级的阅读需求，对大部分家庭而言可行性更高。

《小学语文新课程标准》（2019年修订版）明确规定，1~2年级孩子的课外阅读总量不少于5万字，认识常用汉字1600左右。

简单的桥梁书一页10个字到70个字不等，一册约32~68页，平均大约800~3000字每册，中等难度的桥梁书3000~6000字之间，高难度的桥梁书一册字数在5000~15 000字。以平均5000字计算，课标要求的“5万字”需要通过阅读10本左右的书来完成，平均下来每两个月只读不到一本书。

但两年5万字的阅读量只能保证最基本的阅读，一套《神奇校车》就有12册，近万字了，显然两年时间读5套左右的桥梁书满足不了孩子的语言学习和知识需求。

首先，我们来了解一下6~8岁孩子除了难度较大的绘本之外还可以读什么书。

表3-4 6~8岁的阅读计划表

细分年龄	阅读内容	图书类型	预计字数[1]	阅读方式
6岁以上	涵盖各个学科，动物为主角的童话和冒险故事	短句、短段落为主的桥梁书，图文比≥2:1，约50%的章节书，如故事类漫画书和IP类卡通书	2~5万字	引导下的自主阅读
7岁以上	涵盖各个学科，以校园故事为主	长句和长段落为主的桥梁书，约80%的章节书，如艺术书和自然科学图书	4~8万字	引导下的自主阅读
8岁以上	涵盖各个学科，以校园故事和侦探悬疑故事为主	分章节、长段落的桥梁书为主，如儿童文学与科学漫画	5~10万字	自主阅读
……				

这个年龄段的孩子已经可以自己做阅读计划了，但还不需要将阅读计划写下来，也不需要告知父母他们的详细计划是怎样的（大部分时候是没有详细计划的）。而父母要做的，就是把这些适合阅读的童书筛选出来，交给孩子，然后由他们自己安排好阅读节奏。

[1] 这里的字数指汉字字数，不包含英语原版的课外书阅读。

二、桥梁书

在6~8岁孩子的适读图书类型中，桥梁书的占比最大。那么，桥梁书到底是什么呢?

桥梁书是专为小学低年级孩子准备的童书，帮助孩子从亲子共读过渡到独立阅读，从图画书阅读过渡到文字阅读。它其实是从章节书中抽离出来的概念，主要存在于亚洲地区。桥梁书注重趣味性和实用性，对具有基本识字量的孩子而言，30~45分钟就可以读完一本，孩子在阅读的过程中能收获自信和满足感。

在分类上，桥梁书可以按照内容分为文学类、科学知识类和人文社会类；按照主题分为侦探、冒险、动物、校园故事、人物传记和科普等类型。

在创作风格上，故事类天马行空，知识类有趣易懂。

在出版形态上，桥梁书通常是系列书，每册都是薄薄一本。内页的字号大，字体种类多，部分桥梁书中的重点字词和句子会用特殊字体字号显示，有的正文后会有提问或总结。

选购建议

> 先购买系列书的前几册，孩子喜欢看再买全套，这样可以避免孩子不喜欢，造成浪费。

> 不选全文注音和中英文对照版。

> 优先文字创作水平，再考虑图画创作水平。

> 优先选择彩色印刷的，逐渐向黑白印刷的书过渡。

后文将按照桥梁书的内容进行分类，分文学、自然科学和人文历史类三个类别介绍。

1. 文学类

文学桥梁书属于儿童文学，也是最简单的儿童文学作品。

数字/篇幅	★ 大部分2000~10 000字
阅读目的	★ 扩大识字量 ★ 理解语法和文章结构 ★ 丰富的知识体系
内容主题	★ 冒险、侦探、动物和校园故事 ★ 人物传记 ★ 科普和历史知识
写作风格	★ 幽默有趣 ★ 故事类的天马行空 ★ 知识类的详实、易懂 ★ 配合一二年级语文教学大纲
版式特征	★ 字号大，字体种类多 ★ 重点字词和句子会用特殊字体字号显示 ★ 书的最后会提一些问题让孩子进行思考 ★ 书后会对知识要点作总结

图3-62 文学类桥梁书的特征

图书推荐:

> 埃尔斯·霍姆伦德·米纳里克著、莫里斯·桑达克绘,《亲爱的小熊》,贵州人民出版社,5~8岁

特点：温情的家庭故事。每册一个故事，不分章节，情节简单；图画表现出生活的温馨；对话占50%以上，多重复，句子几乎没有修饰成分，无复合句，无段落。

每页10~60字不等，简单难度。

> 艾诺·洛贝尔著,《青蛙和蟾蜍》(全4册),明天出版社,5~8岁

特点：每一册5个故事，幽默风趣，有哲理；词汇简单，全文都是短句，长句约10字左右，没有复合句，大部分是标准的主谓宾结构。

每页10~50字不等，每册64页，简单难度。

> 原裕著,《怪杰佐罗力》(全4册),新世纪出版社,4岁以上亲子共

读、7岁以上自主阅读

特点：每册一个故事，不分章节。标准的桥梁书创作形式——每页侧边以短段落描述故事发展，人物对话和图画在页面中间位置，图画上做必要的注解；在故事的发展中设计迷宫和找不同等游戏，增加互动性和趣味性。

每页30~100字，简单难度。

> 香农·黑尔、迪安·黑尔著，《黑衣公主》（全5册），外语教学与教研出版社，5岁以上自主阅读

特点：内容为木兰花公主惩奸除恶的故事，意图转变女性形象，鼓励女孩追求梦想。采用图画在中间，文字在图画上下两端的排版方式；以短段落为主，少量对话；情节紧凑，故事线单一，剧情冲突突出。

每页30~60字，简单难度。

> 工藤直子、竹下文子、本多丰国、山下明生等著，《日本大奖名家作品：幼年童话妙趣桥梁书》（全8册），清华大学出版社，5~8岁

特点：每册一个故事，不分章节；故事情节较为复杂，登场角色较多；有长对话，句子有少量修饰成分。竖排文字，初阅读时会不习惯。

每页50~80字，中等难度。

> 柯拉·古特曼著，《臭狗普利》（全8册），电子工业出版社，6岁以上自主阅读

特点：内容是乐天派普利的冒险故事，体裁为拟人化的动物小说。分章节，章节标题表现故事关键发生地的转移；图画对文字具有补充作用，动物角色个性鲜明可爱。可作为拟人动物小说的模板来模仿写作。

每页100~200字，全套580页，中等难度。

> 黄善美、崔荣兰等著，《魔法象故事森林金钥匙系列》（全4册），广西师范大学出版社，7岁以上自主阅读

特点：以亲情、友情、梦想、成长为主题的写实文学，注重人物内心的塑造；细节丰富，容易引起共鸣。

每页约120字，中等难度。

> 村上诗子著，长谷川义史绘，《启发童话小巴士系列桥梁书》（第二辑，全5册），河北教育出版社，7岁以上自主阅读

特点：内容为家人、师生之间相互关怀、幽默逗趣又符合常理的童话故事。

将冰箱、暖炉、书包、电饭锅和吸尘器拟人化，成为故事的主角，展开校园与家庭故事，使得故事具有喜感。每册三个故事。

每页50~100字，中等难度。

> 花田鸠子、松井爱子等著，《爱心树自己开始读》，（全5册），读者出版社，6岁以上自主阅读

特点：内容为儿童的校园生活，以交友和课业等问题为故事情节。不分章节，长句短段落。帮助低年级孩子解决日常问题和烦恼，贴近生活。

每页50~100字，每本80页，中等难度。

> 矢玉四郎著，《晴天有时下猪》（全9册），二十一世纪出版社，7岁以上自主阅读

特点：充满想象力的成长故事，荒诞儿童文学的代表作之一。以长句分段，没有长段落。故事的细节丰富，突出情节的荒唐。

每页60~80字，中等难度。

2. 自然科学类

自然科学类的桥梁书也是通过故事展开知识内容的，和文学类不同的是，它的语言文字不具备文学的美感，故事情节不求严谨，只求完整，并能引出或说明知识点。

图3-63 典型的自然科学类桥梁书

图书推荐：

> **乔安娜·柯尔著，《神奇校车·桥梁书版》（全20册），贵州人民出版社，4岁~8岁**

特点：内容是卷毛老师带领学生们一起乘坐“神奇校车”冒险的故事。每一册内容都提供了自然科学和社会科学研究的内容作为话题。表现方式上，图文配合，有三条文字线索，分别是故事叙述、人物对话和作为知识的注解。

内容编排上，从介绍人物开始，故事开头设置一个问题，接着由卷毛老师带领孩子通过科学方法解决问题，孩子们用自己的观点和行为来推进故事。每册最后有知识总结。

每页30~50字，简单难度。

> **玛丽·波·奥斯本著，《神奇树屋》（全28册），新世纪出版社，6岁以上**

特点：哥哥杰克和妹妹安妮穿越28个地点，因此引出28个知识主题和趣味的故事。每册10个章节，涵盖人文、历史、地理、动物等知识领域，结合神话和魔法，引人入胜，有较强的知识体系。

每页100~300字，中等难度。

> **安小橙著，《数学精灵希里克》（全12册），春风文艺出版社，6岁以上**

特点：内容是史鹏鹏遇到数学精灵后和他一起去数学世界冒险的故事。分章节书，每册约10章。用冒险故事展开数学知识，随着情节的推进会出现数学谜题。

每页80~100字，中等难度。

3. 人文社会历史类

人文社会历史类的桥梁书，写作手法介于文学类和科学类之间，故事性较强，会在文中对知识点进行标注和说明。

图3-64 典型的人文历史类桥梁书

图书推荐：

> 克利斯提昂·约里波瓦文、克里斯提昂·艾利施图，《不一样的卡梅拉》（全47册），二十一世纪出版社，4岁以上亲子共读，6岁以上自主阅读

特点：内容是卡梅拉一家的成长故事。不分章节，以短段落和对话为主；角色塑造鲜明，具有反叛精神；图文内容融入艺术作品和历史故事，把人类社会投射到农场生态中。

每页30~80字，简单难度。

> 米洛什·马曹雷克著，《神奇话筒》（全5册），江苏少年儿童出版社，6岁以上自主阅读

特点：故事由两个孩子得到神奇话筒而开始，是穿越时空的校园冒险故事。分章节，每册7章。图文结合的创作方式，图画具有补充文字的作用；故事情节有简单的推理，每册都有历史文化知识背景。

每页100~200字，中等难度。

> 杰罗尼摩·斯蒂顿著，《老鼠记者》（全80册）（仍在更新出版），二十一世纪出版社，7岁以上自主阅读

特点：内容是老鼠杰罗尼摩的全球探险故事，跟随他以智慧破解谜题。短段落为主，重点文字用特殊的字体和颜色标出；注重主人公的心理活动；将全球文化融入探案故事，讲述不同地域的人文历史和社会文化知识，有助于孩子拓宽视野。

每页100~200字，高等难度。

> 帕姆·波拉克、梅格·贝尔维索、安·艾布拉姆森等著，《谁是谁·启发精选世界名人传记》（全6册），北京联合出版公司，7岁以上

特点：所选取的名人涵盖政治、经济、文化、科学等领域，通过讲述生平，讲解相应知识来鼓舞孩子。正文以人物生活经历分章节展开故事；书后附有大事记年表和词汇表，帮助孩子以时间线进行记忆，并掌握重点词汇。

每页50~200字，中等难度。

> 罗益民主编，《给孩子讲莎士比亚》（全10册），电子工业出版社，7岁以上

特点：用微型小说讲莎士比亚的十部戏剧作品。每一册对应一部戏剧作品；书中有主要人物关系的梳理，帮助孩子理解莎士比亚作品。

每页200~400字，高等难度。

三、漫画书

儿童漫画书主要有两种：一种是纯故事的，比如超级英雄的故事、冒险故事和成长故事；另一种是科学漫画，用漫画书的形式吸引孩子阅读，了解科学知识。

在传统观念里，漫画书和小人书一样，被认为是多读无益的书。有一些漫画书专门为孩子创作，不仅不会把孩子带“坏”，反而让孩子找到阅读的兴趣和自信，帮助孩子完成从读图到读文的转换。

漫画书的故事情节性较强，画面之间像电影的分镜将故事表现得更具画面感，文字精简并且口语化。阅读漫画书，无论是对语言还是故事情节理解都有好处。

图3-65 典型的漫画书

图书推荐：

> **戴夫·皮尔奇编绘，《神探狗狗》（全5册），花山文艺出版社，6岁以上**

内容：警员和狗狗身受重伤，化为一体，成为狗狗侦探，和坏猫咪为代表的反派斗智斗勇。

特点：角色塑造抓住了猫和狗这两种动物的精髓，对于养过宠物或喜欢小动物的孩子来说具有亲近感；典型美式英语的口语表达；书中有“翻翻乐”“怎样画”等游戏环节，引导孩子们自己动手制作翻页动画。

难度：英文原文语言难度兰斯指数400L左右，简单难度。

> **戴夫·皮尔奇著，《我们的校长是超人》（全6册），新星出版社，7岁以上**

内容：乔治和哈洛是超级捣蛋鬼，他们得罪了校长。在校长的胁迫下，他们奋起反抗，结果把校长变成了超人，啼笑皆非的非传统英雄故事就此展开。

特点：这套书采用了漫画结合章节书的创作方法。书中的两个小主人公热衷于漫画创作，书中的漫画页其实就是两个主角的漫画作品。书中有“翻翻乐”和“危险提示”的游戏设置，增加趣味。

难度：英文原版中有部分生僻词汇，高等难度。

> 林肯·皮尔斯著，《全能小子大内特》，新世纪出版社，7岁以上

内容：讲的是发生在一个叫作内特·莱特的孩子身上的各种糗事。内特是个对学习没有兴趣、不遵守规则的孩子，但他总是自我感觉良好，有一种难以抗拒的感染力。

特点：漫画与章节书结合的创作方式；第一人称叙述故事，故事内容和学习内容相结合，例如将二十四个英语字母用校园活动进行解读。

难度：高等难度

> 埃尔热著，《丁丁历险记》，中国少年儿童出版社，6岁以上

内容：丁丁和他的搭档周游世界、惩恶扬善的历险故事。

特点：情节紧凑，高潮迭起。探案和知识相结合，每册都有文化和知识背景。

难度：中等难度。

> 小禾心理研究所著，《小学生心理学漫画》（全6册），江苏凤凰文艺出版社，7岁以上

内容：针对孩子社交力、自信力、积极力、情绪自控力、自助力、幽默力展开漫画故事。

特点：漫画中一共提到235个常见的心理问题，并通过漫画直观展现解决方案；每一个章节都通过阐述问题、心理阻力分析、正向分析、技巧以及和心理博士聊天五个步骤解决孩子的疑问。心理学的概念和孩子解释起来比较困难，漫画的形式降低了理解的门槛。

难度：中等难度。

> **读客小学生阅读研究社·安全组著，《小学生安全漫画》（全4册），江苏凤凰文艺出版社，7岁以上**

内容：针对孩子的居家安全、校园安全、交通安全和网络安全展开漫画故事。

特点：通过“安全小漫画–可能发生的危险–安全隐患冷静分析–应对危险的方法–安全专家点评–安全小练习”的学习流程，让孩子掌握自我保护的方法。

难度：中等难度。

> **刘慈欣著、乔克、史蒂文·迪普雷、斯蒂芬诺·拉弗雷等绘，《刘慈欣科幻漫画系列》，中信出版社，7岁以上**

内容：刘慈欣科幻作品的漫画版本。

特点：刘慈欣的科幻作品，充满了人文关怀与哲学思辨，值得孩子们阅读。漫画的形式有着电影分镜式的表现，把复杂的科幻世界具象化，更适合孩子阅读。

难度：高等难度。

> **Maris Wicks, *Science Comics*, First Second, 8岁以上**

内容：涵盖恐龙、太阳系、机器人等孩子最感兴趣的知识领域。

特点：既有科学的现象，又有科学原理的分析，解析透彻，逻辑性强。

难度：高等难度。

> **蕾娜·塔吉迈尔编绘，《成长三部曲》（全3册），中国少年儿童出版社，8岁以上**

内容：姐妹俩之间相处、成长和追逐梦想的故事。

特点：将青春期孩子的叛逆心理表现得细腻而准确，个性层次丰富；人物对白生动且流畅，故事内容暖心。

难度：简单难度。

第四节　自主阅读阶段（8岁以上）

随着孩子进入小学中高年级，简单的桥梁书和漫画书已经不能满足孩子的阅读需求。同时，孩子的自主意识越来越强，对来自外界尤其是父母的干涉慢慢产生抗拒心理，转而倾向于接受老师和同学的推荐。

学校对孩子的课外阅读也会提出质与量的要求。对于很多家庭而言，为了优先满足孩子的学习要求，给孩子选择的书籍主要集中在文学领域，课外阅读几乎等同于文学阅读。

一、儿童文学是什么

在儿童文学领域，不少优秀的儿童文学作家并不愿意承认自己是创作儿童文学的，比如《柳林风声》的作者肯尼斯·格雷厄姆。

为什么呢？主要是很多人认为，儿童文学从立意、文字内容到写作手法都逊色于成人的文学作品，是低层次的文学创作，但事实并非如此。

从近一百年的文学发展来看，儿童文学在整个文学史上有着重要地位。很多优秀的儿童文学不仅适合孩子，也适合大人。畅销文学书中，《小王子》《霍比特人》《哈尔的移动城堡》和“哈利·波特”系列等都属于儿童文学作品。

那儿童文学有什么特别之处呢？

儿童文学是专为儿童创作的，就要考虑儿童的阅读需求和理解能力。

儿童文学要引导孩子，通过阅读获得更加丰富的生活经验，形成良好的三观。与此同时，儿童文学还得具备疗愈心灵，化解孩子成长烦恼的功能。

可以说，儿童文学为孩子们创造了一个全新的宇宙，让他们能勇敢向前走。

二、儿童文学的发展历史

家长在给孩子挑选文学作品时，经常会遇到一个词——经典作品（文学名著）。“经典”的解读有两种：一种是经典文学的青少年版或者儿童版，一种是儿童文学的经典作品。前者基本是成人世界的文学作品经过删减形成的版本。这些作品简化人物对白，删减内容尤其是戏剧冲突，以便孩子能够读懂，同时也使得原著的文学魅力大打折扣。因此，我们不建议父母选择“文学名著”，而应该选择专为儿童创作的作品。

最早的专为儿童而作的文学是汉斯·克里斯汀·安徒生创作的一系列童话故事。

在儿童文学史上有两位作者至关重要，一位叫作约翰·纽伯瑞，他在1774年出版了《美丽小书》，把“快乐至上”的儿童教育观带到了英美儿童文学的创作者面前。另一位出现在约一个世纪之后——路易斯·卡罗在1864年写下了《爱丽丝漫游仙境》，这部作品为后世的插画家和小说家带来了源源不断的灵感。

同一时期，儿童文学的创作在法国流行开来。

20世纪上半叶，优秀的儿童文学作品如雨后春笋般出现在世界各地。

在中国，叶圣陶的《稻草人》和冰心的《寄小读者》开启了中文创作儿童文学的时代。紧接着，张天翼在20世纪30年代创作的《大林和小林》发表。1950年至1965年的十五年间，一大批优秀作品涌现，其中有张天翼的童话《宝葫芦的秘密》、冰心的散文《小橘灯》、徐光耀的小说《小兵张嘎》、陈伯吹的童话《一只想飞的猫》、洪汛涛的童话《神笔马良》、孙幼军的童话《小布头奇遇记》、葛翠琳的童话《野葡萄》等。时至今日，这些儿童文学作品还在小学生寒暑假必读书单上。

在欧美，《尼尔斯骑鹅历险记》（1907年出版）的作者，瑞典著名作家塞尔玛·拉格洛夫获得了诺贝尔文学奖。这是有史以来第一位也是唯一一位获得诺贝尔文学奖的儿童书作家。

不久之后，1943年出版的《小王子》创造了童话创作的顶峰，再未被超越。

之后，儿童文学的创作也转向下一个重点——儿童幻想文学。儿童文学的三大母题，即“爱”“成长”“自然”迎来了全新的表达方式。

紧接着，儿童奇幻文学史上最重要的两部作品诞生，它们分别是英国作家约翰·罗纳德·瑞尔·托尔金的《哈比人历险记》和C.S.刘易斯所著的《纳尼亚传奇》。作为托尔金和刘易斯的学生，黛安娜·韦恩·琼斯若干年后创作出《哈尔的移动城堡》。这三部作品是儿童奇幻文学史上最重要的三部作品，多次被改编成电影。

20世纪的下半叶，儿童文学的创作又发生了新的变化。随着科学技术的发展，科幻小说作为儿童幻想小说的重要类型，越来越受欢迎。而近些年来，随着越来越多的人开始家养宠物，动物文学也得到了更多关注。

另一种文学形态——校园文学，虽然饱受诟病，但因贴近孩子的生活，成为孩子们最喜爱的文学形式之一。

三、判断儿童文学作品良莠的方法

了解优秀儿童文学的特征，不仅能帮助父母选书，也可以促进孩子的阅读。语文考试中，分析文学作品的写作手法是常见题目。孩子在阅读的过程中，不可避免要做“阅读理解”。

优秀的儿童文学究竟是什么样的呢?

从内容上来说，儿童文学接近儿童的生活经验，有意避开儿童不宜的内容。无论故事用什么方式展开，作者都是将世界的真实性逐步地、委婉地揭露出来，而不是赤裸裸地把社会的丑恶摆在孩子们面前。

从语言文字上来说，儿童文学的创作符合儿童语言发展规律，体例结构、文字、句式都尽量匹配孩子的词汇量和语法水平。这样，作品不仅便于孩子理解，也便于孩子进行模仿创作。

简单来说，好的儿童文学作品有以下特征：

文字简洁有趣

人物鲜明生动
取材贴近生活

故事情节引人入胜
启发儿童成长

题材和表现形式多样

没有多余的形容词、副词、
过场的定语、限制性的词、
生活的琐碎和双重修饰

图3-66 优秀儿童文学具备的特征

那是不是符合上述特征就可以选回来给孩子看呢？孩子这时大多已经能独立思考了，他们有自己的流行文化，父母应该尊重这种文化，同时警惕一些悲观论的作品。

孩子看了就爱不释手

具有现代性，和
现实生活挂钩

故事节奏强，
结构清晰

正能量，给孩
子正向引导

充满想象力

语言表达朴素

图3-67 父母在给孩子选择和把关儿童文学作品时应秉承的原则

四、儿童文学的阅读计划

孩子一般从6岁左右开始阅读儿童文学，持续到童年期结束。儿童文学的阅读种数和阅读量约占0~12岁整体阅读量的四分之一。

在阅读儿童文学时，各种题材和体裁都可以涉猎，尽可能多地阅读不同类型的作品，并在阅读中了解写作方法和技巧，为后期的写作积累素材和经验。

表3-5 各年龄段的孩子阅读儿童文学类型

适合年龄[1]	文学形式	阅读目标
2岁以上	诗歌 （诗词歌赋）	感受文字的凝练和韵文的节奏； 了解四声、押韵等音律知识； 了解诗体和诗歌的“抒情言志”；
5岁以上	童话	理解夸张的表现手法和拟人手法； 欣赏天马行空的故事内容，拓展想象力；
5岁以上	神话 民间故事	感受浪漫主义的创作方式； 理解故事背后的历史和文化现象；
6岁以上	寓言	了解简洁的语言表述； 理解以小言大、借古喻今和讽谏；
6岁以上	动物小说	欣赏自然环境描写，角色的情态、动作表现； 理解用动物生活折射人类社会的创作方式， 理解人与自然的关系；
7岁以上	幻想小说	理解故事背景设定，并模仿写作； 学习叙述方式，把握情节发展的起承转合； 释放想象力；
7岁以上	悬疑、 推理小说	感受冲突与矛盾及其写作方法； 提升推理判断的能力； 理解小说结构和线索；
8岁以上	成长与校园小说 主要有日记 体和书信体	感受人物语言、神态、性格和心理， 体会人物塑造方法并能模仿创作； 汲取积极面对成长难题的力量；
8岁以上	历史小说	欣赏社会和自然环境的描写方法； 理解人物行为和社会背景之间的关系； 发现历史规律，掌握以史观今的思维；
8岁以上	散文	了解创作背景和作者经历； 学习修辞手法和表达技巧； 感受清新的语言，朴实文字的真挚； 欣赏托物抒情的写作方法；

[1] 这里的适合年龄表示，这些书适合这个年龄段的孩子自己阅读和理解。

五、婴幼儿怎样阅读文学作品

在分享6~12岁的文学作品之前，我们先回顾0~6岁的文学阅读。

3~6岁适读的绘本，文字部分就是一种文学表现。那么0~3岁呢？

很多父母给孩子选的第一本书是童话故事，但这并不符合孩子的语言发展规律。从创作者的角度来说，童话和经典只是引入的一种方式，他们的意图在别处。

图3-68 《世界经典童话纸雕图画书》系列书内页

例如，《世界经典童话纸雕图画书》这一套给12月龄~36月龄宝宝的纸艺书，书中增加互动操作的内容，让孩子能够置身于故事中。其中《小红帽》的故事，小红帽走在森林里，一直走到外婆的家，情节在一条道路上不断往前推进，因此采用镂空的形式，将远处和森林深处隐藏的东西一点点透露出来，目的是锻炼孩子的观察力。

又如，《写给宝宝的世界名著》系列涵盖了主要的经典名著，听上去耳熟能详，读起来却一点也不轻松。

图3-69 《写给宝宝的世界名著》，北京联合出版公司

阅读这样的名著，不能真的把它当作文学书来读。它的绘者和作者在创作时，定义了每一本书的内容，比如动物、颜色、数字、天气等，用重点词汇串起来一个故事，采用经典文学作为故事，为的是更快地带入熟悉的情境。

父母可以把这些书当作认知书来用，也可以用来艺术欣赏，但唯独不能当作文学作品来阅读。这一阶段的孩子还在语言发展的初始阶段，因此可以用书中的故事梗概，结合图画，让孩子从听父母看图说话到自己逐渐学会看图说话。例如，《爱丽丝梦游仙境》这本，第一页是爱丽丝掉进兔子洞。那么从语言发展的角度来说，父母可以简单地描述“一个女孩掉进了洞里”；等孩子稍大一点，就可以变成“一个穿着×××衣服梳着×××辫子的小女孩，她叫爱丽丝，她追着兔子掉进了洞里”。这个句式不断丰富的过程，也在丰富着孩子的语言素材库。

六、儿童文学的种类

1.童话、神话、民间故事和寓言

儿童文学的经典作品，大多可以归类到童话、神话、寓言这些文学体裁中。童话作为最原始的儿童文学体裁，也是孩子最容易理解的文学作品。

佩里·诺德曼在《儿童文学的乐趣》一书中写道，大部分的童书遵循《灰姑娘》的模式——描写在安全感或幸福感上受挫的孩子离开家，踏上旅程，最终在别处找到了有安全感的新家的过程。从这个总结中，我们可以看到童话的特点和魅力。

几乎所有的童话都是以“很久很久以前（once upon a time/long long ago）”作为开头，因为故事都是虚构的，这样的开头可以从一开始就让孩子知道这个故事是脱离于现实的，没有特定的背景限制，就不存在逻辑的漏洞。

从角色塑造上来说，在童话世界里好人就是好人，坏人就是坏人，没有人有多副面孔。孩子可以了解多面性，但多面性最好不要出现在同一个故事里，否则孩子会错乱。孩子无法分辨谁是好人谁是坏人，就不能理解情节是如何推进的，善恶观的树立也会随之出现问题。

像《西游记》这样的神话作品不适合太小的孩子阅读。师徒四人的价值观有差异，他们面对妖精的不同做法很容易让孩子产生疑惑。对于小孩子，只有孙悟空将妖怪打死才是正确的选择，因为孩子要到十来岁，才能逐渐明白这个世界不是非黑即白的。

为了让角色的善恶好坏清晰可见，童话的文字都注重表面的，所有内在的东西都得外化成可以听到、看到的。这样，坏人的心思也可以被小读者一眼看穿，孩子在阅读过程中就收获了满足感。

所以童话之所以称之为童话，魔法、预言、邪恶的女巫或魔法师，以及幸福结局这些要素至少要占一二。

魔法意味着故事的不合理都可以变成合理；预言解释主人公的行事动机，并给予人们希望；女巫和魔法师代表邪恶，要被主人公战胜；而幸福的结局给孩子们勇气和爱的法宝。开放式的结局和挑战传统的结局不适合年纪太小的孩子，理解复杂的人性需要一个过程。

而且，童话角色的死亡率非常高，这并不意味着人命轻贱，而是让孩子知道坏人终究得到报应，让戏剧冲突更明显。实际上，除了一些年代久远的作品，市面通行的童话版本，描述残酷事件的文字并不恐怖。

需要指出的是，童话大多已经成了公版书，这意味着会有很多出版社来出版这些内容，其质量将良莠不齐，父母得自己从译本、改写情况和插图几个维度来分辨好坏。

图3–70 插图精美的童话经典

图书推荐：

> **贝利·多尔蒂编著，《世界经典童话》；内奥米·刘易斯编著，《安徒生童话》等，北京联合出版公司，7~10岁**

内容和特点：所选的单篇作品涵盖了常见的经典童话，插图占比大，画面具有美感，适合初接触文学的孩子。

版本特色：7~10岁自主阅读，文字幽默且改动较小，贴合原著；童话角色的塑造和心理描写细致，富有感情。

> **刘易斯·卡罗尔著，《爱丽丝镜中奇遇》，北京联合出版公司；詹姆斯·马修·巴利著，《彼得·潘》、吉卜林著，《原来如此的故事》，辽宁少年儿童出版社；《木偶奇遇记》等，接力出版社，7~14岁**

内容和特点：

《爱丽丝镜中奇遇》展现了一个与现实完全颠倒的世界，体现出孩童天真纯洁的天性。

《彼得·潘》讲述了孩子在仙子、美人鱼和海盗的世界里探险，是启迪探索的经典之作，让孩子体会到作为孩子的快乐。

《原来如此的故事》是一部童话故事集，主角为动物，故事发生的场景多元，内容诙谐幽默，角色的语言和动作描写非常突出。

《木偶奇遇记》讲述了一个木偶经历种种冒险，通过勇气、忠心以及诚实的考验获得成长，最终变为真正的男孩的故事。

版本特色：文字内容按照权威译文修订；装帧精美、印制质量好，可以收藏，反复阅读；罗伯特·英潘的插图有强烈的再现风格，画风细腻写实，点线面的组合和色彩的渲染能很好地挖掘文字之外的潜藏意义，完成叙事。

> 卡洛·科洛迪著，《木偶奇遇记》、查尔斯·金斯莱著，《水孩子》、弗兰克·鲍姆著，《绿野仙踪》等，海燕出版社，10岁以上

内容和特点：该系列涵盖了常见的童话作品。书的编排和附加内容注重深度理解文本内容，掌握写作方法和技巧。

版本特色：设置导读、赏析和任务三大板块，解决孩子不会读和读不懂的问题，能有效辅助孩子的语文课业学习。

> 肯尼斯·格雷厄姆著，《柳林风声》，光明日报出版社，10岁以上

内容和特点：《柳林风声》是一本拟人体童话，讲述了一个由柳林、河流，以及稳重老练的獾、聪明细心的水鼠、机智勇敢的鼹鼠和放荡不羁的蛤蟆构成的动物社会。动物们的生活故事随季节起伏，被友谊和温情所包围，展现了英伦乡村的美。这本书虽然讲的是动物故事，但反映的却是人类社会。每个角色的性格和行为特征既有动物的特点，又被赋予了人的特征。

版本特色：著名儿童文学翻译家、作家任溶溶的译本；印制质量好，具有收藏价值，相较于其他版本，这一版的文字更接近原著，文字难度也更大。

> 莱曼·弗兰克·鲍姆著，《绿野仙踪》，江西人民出版社，7岁以上

内容和特点：堪萨斯州的多萝西和她的小狗托托被龙卷风吹到了奥兹国。为了回家，她经历了种种冒险。一路上，她遇到了想学会思考的稻草人，想有一颗跳动的心脏的铁皮人，以及需要勇气的胆小狮子。他们一路相伴，最终都得到了自己想要的东西——智慧、勇气和爱。

版本特色：《哈利·波特》译者马爱农的权威译本；迪士尼皮克斯插画师的插画，较好地展现了奥兹国的风貌。

> 张秋生著，《小巴掌童话》，长江少年儿童出版社，7~10岁

内容和特点：小巴掌童话的每一篇篇幅都很短，短且凝练。文字诗意抒情，接近诗歌散文的创作风格。这是国内原创的作品，从日常生活展开的小童话，故事虽不宏大却隽永。

版本特色：线描稿的插图展现出创作年代的风貌；附有作家手记，让孩子了解创作过程。

> 埃尔文·布鲁克斯·怀特著，《夏洛特的网》《精灵鼠小弟》《吹小号的天鹅》，上海译文出版社，7~10岁

内容和特点：这几本书都是以动物为主角的童话故事。故事讲述了小猪威尔伯、蜘蛛夏洛、天鹅路易斯和小老鼠斯图尔特等动物形象的成长之路，展现“爱”、生活的磨难和人生道路的宽广。

版本特色：上海译文出版社出版的怀特的作品有好几个不同的版本，但都采用了任溶溶的译文。良好的译文质量把原文的清新、活泼和童趣最大程度地还原了出来。

> 艾莉森·麦吉著，《萤火谷的梦想家》，长江少年儿童出版社，7~10岁

内容和特点：故事讲述了萤火虫莹莹从渴望、被指责，到和蟋蟀朋友一起追寻梦想的故事。

版本特色：通过弱小人物为远大梦想而奋斗的精神和实际行动，鼓励孩子突破自我和他人的限制，勇敢追梦。

> 新美南吉著，《去年的树：新美南吉童话集》，云南美术出版社，7~10岁

内容和特点：这是一本童话选，收录25篇童话，有小狐狸从人类那里买手套、青蛙们为了比好看而打架、盗贼为了一头小牛犊洗心革面等故事，每一篇的篇幅短小、余味悠长，和张秋生的小巴掌童话异曲同工，是“轻型”童话。故事的主角大多为动物，它们会与人类发生互动，表现出与自然和谐相处的美好状态。

版本特色：日式风格的插画；版式清新，文字简单，适合初接触文学的孩子阅读。

> 宫泽贤治著，《宫泽贤治：小森林童话》（全10册），长江少年儿童出

版社，8~14岁

内容和特点：这套童话集讲述了关于亲情、友情、善良、勇气、挫折、坚持和生命的话题。宫泽贤治擅长使用比喻和修辞，对话和情节具有重复和韵律性，因为具有一定的哲理性，理解难度稍大，适合小学中高年级的孩子阅读。

版本特色：书中有12篇彭懿老师撰写的专业导读。

> 宫泽贤治著，《银河铁道之夜》，上海译文出版社，8岁以上

内容和特点：本书讲述的是少年焦班尼的一个梦，梦里他和好朋友柯贝内拉一起乘坐银河列车在宇宙中旅行。这趟旅程强化了主角焦班尼的贫苦和孤独感，但也让他获得了努力向前、追求幸福的勇气。

版本特色：这本书的版本很多，上海译文出版社的版本是最经典的译本。另有插图版和漫画版，适合较小的孩子阅读。

> 安托万·德·圣埃克苏佩里著，《小王子》，上海译文出版社、译林出版社、云南美术出版社，7岁以上

内容和特点：《小王子》自出版以来一直备受读者喜爱，它的内容诗意而充满哲理。小王子与玫瑰吵架而负气出走，他漫游不同的星球，想要找到治愈孤独的药方。一路上，他遇到各种奇怪的星球和各色大人物，这些星球和出场角色都各有深意。

版本特色：小王子有漫画、绘本、文字和立体书等多个版本，文字版适合阅读，图画版适合较小的孩子，立体书适合收藏。小王子的故事哲理性较强，不建议6岁前阅读。

> 奥斯卡·王尔德著，《快乐王子》，吉林大学出版社，8岁以上

内容和特点：这本书是童话故事集，包含了王尔德所写的《快乐王子》《少年国王》《公主的生日》《夜莺与玫瑰》等童话故事。王尔德的童话，语言文字华丽，情节生动，着重展现人情冷暖。与其他幸福大结局的童话不同，王尔德的童话充满了伤感的情绪和讽喻，让孩子得以透过现象看本质。

版本特色：译者张炽恒，行文严谨、流畅，最大程度地再现了原著的精妙。

> 弗朗西斯·霍奇森·伯内特著，《小公主》，云南美术出版社，8岁以上

内容和特点：这是一个跟传统“灰姑娘”故事截然不同的童话，主角萨拉一夜之间由“公主”变成“女佣”。在生活的重压下，萨拉学会了干活，交了朋友，以及怎样安慰自己。这样的童话故事更能给女孩们面对困境的勇气。

版本特色：全彩插图、印制精美的全译本，内容无删减，并配套音频。

> 阿斯特丽德·林格伦著，《长袜子皮皮》，中国少年儿童出版社，8岁以上

内容和特点：长袜子皮皮是个淘气又善良的女孩，她力大无比，有许多的怪主意，创造出一个又一个奇迹。这个故事打破常规和人物设定，将女孩的形象从传统和道德中解放出来，让孩子们对于自由有了新的理解。

版本特色：插图版，文字难度低。

> 伊塔洛·卡尔维诺著，《卡尔维诺童话典藏》（全3册），译林出版社，7~10岁

内容和特点：卡尔维诺的童话集，将现实主义、超现实主义与后现代主义的表现方法融合，以奇特的角度构造童话故事情节。例如，在《生气的画画》中，出现了主角和活过来的“画”搏斗的另类情节。

版本特色：世界插画大师绘制插画，一线教师对文字进行了润色。

> 托比扬·埃格纳著，《豆蔻镇的居民和强盗》，湖南少年儿童出版社，7~12岁

内容和特点：一个乌托邦式的童话小镇——豆蔻镇郊外住着三个强盗，居民和强盗斗智斗勇，最终强盗完成了文明人的转变。每个孩子都在追寻自己认为的美好，不断地自我完善，就像豆蔻镇的居民那样。

版本特色：插图版，带拼音。

> 菲利普·勒歇梅尔著，《会写信的荷兰猪》、弗兰茨·霍勒著，《杏仁夹心糖果猪》，光明日报出版社，7~14岁

内容和特点：这两本书由许多个奇奇怪怪的故事构成。《会写信的荷兰猪》中登场的角色有会写信的荷兰猪、有理想的蚂蚁、勇敢的蜗牛、神经脆弱的乌鸦、痴情的刀螂、雄心壮志的山羊、心思缜密的小狗等。《杏仁夹心糖果猪》有90多个故事。

版本特色：用信札展开故事，用涂鸦的形式增加趣味。

> 凯莉·巴恩希尔著，《女巫的孩子》，贵州人民出版社，8岁以上

内容和特点：双线进行的故事情节具有典型性的童话，结局正义战胜邪恶，但主人公并没有变成王子公主，而是回归了自己的身份，开始新的冒险。

版本特色：地图和少而精的插图帮助读者理解书中童话世界的格局，以及各个阵营的对峙关系。

> 水野良惠著，《猫的风工厂》（全5册），长江少年儿童出版社，8~14岁

内容和特点：这是发生在"风工厂"里的童话，猫收集制作风的原料，做出各种口味的风。故事内容探讨"人"与自然、目标达成与付出、秩序与规范等议题。

版本特色："风"是成长的隐喻。通过图画展示风工厂的造风机器，图文配合制造趣味性和合理性。

与童话相似的还有神话和民间故事，但这两种文体又与童话略有不同。

神话和民间故事设定了背景，即使是远古神话，也会带入民族和文化的特征。如果说童话中以人情世故的逻辑为主，那么神话和民间故事已经具备了社会发展的逻辑。

神话故事与民间传说的内容主要分为两种：一种是探讨世界来源的故事，另一种是与自然界或不合理社会现象作斗争的英雄故事。两种类型的素材都来自于古代生活和历史文化。

阅读这些文学作品，有助于孩子理解民族文化，尤其是理解不同国家、不同民族的文化，增强他们性格中的包容性。

寓言则不同于童话、神话和民间故事，寓言的目的都是为了讲道理。但因为寓言的文字简洁凝练，故事冲突强烈，结局往往令人跌破眼镜，孩子在阅读时并不会感受到说教的意味，反而很喜欢阅读。

这几类儿童文学的经典作品脍炙人口，挑选的关键是版本。

图3-71 插图版的神话、民间故事和寓言

图书推荐：

> 朱大可主编，《中国神话故事集》《中国民间故事集》，浙江文艺出版社，7~11岁

内容和特点：由50个经典中国神话故事和20个民间故事组成，神话故事分为神话、仙话和传说；民间故事有李寄斩蛇、木兰从军、霸王别姬、昭君出塞、宝莲灯、伯牙绝弦等。

版本特色：选编者是研究中国神话的专家。这套书中的神话具有体系性，将神、仙各归其位，注重神话和民间故事里的人物行为和意义，让孩子着重感受祖先的英勇与智慧。

> 袁珂著，《袁珂中国神话故事集》，中国少年儿童出版社，7~14岁

内容和特点：这一本神话故事集按照神话发生的时间顺序排列，包含60多个故事，内容上注重人与自然的关系。

版本特色：作者是神话写作和研究的专家，注重引经据典，参考史料，内容严谨。

> 竹马书坊著，《写给孩子的山海经》（全3册），民主与建设出版社，7~14岁

内容和特点：《山海经》的内容无所不包、无奇不有。这一版以角色带入，相当于是中国版的《神奇动物在哪里》，但山海经的内容更丰富，对于后世的文学创作影响深远，文化价值更高。

版本特色："文言文和白话文"结合，既让孩子感受《山海经》的文字精髓，又能让孩子快速理解内容；对"难字"进行注释，编排方式更符合孩子的认知规律。

> 英格丽·多莱尔、埃德加·佩林·朵莱尔著/绘，《多莱尔作品·北欧神话》，浙江少年儿童出版社，7~10岁

内容和特点：北欧神话有助于孩子思考生命价值和行为。因为北欧神话中的神不完美，并非永生。诸神的黄昏之后，新的生命又会出现。

版本特色：作者采用了章回式的叙事方法，展现北欧神话的体系性；图画的绘制采取了古老的石板印刷，展现细节。

> 穆丽艾尔·查克著，《给孩子的希腊神话故事全集》，光明日报出版社，10~14岁

内容和特点：这套书收纳了300个小故事，是市面上最齐全的故事集，并配有音频。希腊神话的重点在于英雄的成长和冒险精神。

版本特色：图画部分模拟人类的早期画作，有脸谱式的符号，陶器纹样的线条，戏剧样的构图。每本分册都有一个线索人物，分别是赫耳墨斯、忒休斯和乌利西斯，故事写的就是他们的成长过程。

> 玛西娅·威廉姆斯著，《罗马诸神与帝国的故事》《伊利亚特和奥德赛》《亚瑟王和圆桌骑士》《埃及众神和法老的故事》《印度民间寓言故事》等，湖南美术出版社，7~10岁

内容和特点：这套书集合了不同的神话体系。

罗马篇讲述了自从普罗米修斯盗取天火以来，罗马的诸神和罗马帝国的变迁史。以一只小睡鼠的角度，幽默地呈现罗马帝国的兴衰及众生相。

古希腊篇对《荷马史诗》进行了简化和提炼，讲述了特洛伊战争中以阿喀琉斯和赫克托尔的对决为核心，以及英雄们智斗怪物和天神，与命运抗争的英雄史诗。

英国篇重现了亚瑟王、魔法师梅林、骑士兰斯洛特等人的冒险经历，让孩子们理解以勇气、荣誉、正义为核心的骑士精神和英国文化源起。

版本特色：这套书采取了图画和文字分格的连环画形式展开故事。人物对话和叙事分开，有助于低年级孩子的阅读。把神话故事和相应国家的兴衰发展联系起来，让孩子们能更好地理解人物、事件与家国社会之间的联系，突出了神话的文化意义。

> 肖莎娜·博伊德·盖尔芬德著，《给孩子的人文第一课：最美的民间故事》，湖南少年儿童出版社，7~10岁

内容和特点：这本书包含犹太民间故事7则、印度民间故事8则、非洲民间故事8则和其他地区的民间故事7则。每个故事都呈现了智慧和思维方式的相关话题。

版本特色：插画风格和文化特点相对应。故事叙述的同时，右侧页面提供故事发生地的人文地理知识。

> 让·德·拉封丹著，《拉封丹寓言71篇》，北京联合出版公司，7~10岁

内容和特点：寓言多以动物为主角，通过辛辣的讽刺，折射出人类社会的问题。知了与蚂蚁、龟兔赛跑这些常见的寓言故事都是拉封丹的作品。

版本特色：诗歌体的文字内容，简洁生动；插画为法式风格。

> 伊索著，《伊索寓言》，山东画报出版社，10~14岁

内容和特点：寓言以短小故事讽喻世俗，富有童趣，适合儿童阅读。

版本特色：译自英国牛津大学出版社世界经典系列，收录的故事较全；插图为古典写实主义风格。

选择版本时，要关注编者、译者和插图作者等信息。

2. 幻想文学

儿童幻想文学无论看上去描述了多么光怪陆离、不可思议的世界，本质上都是展现一个孩子或一群孩子的成长过程。

孩子在成长的过程中，总会有各种各样的矛盾。每个孩子都有过离家出走的想法，大部分孩子都不会付诸行动，但幻想小说里的人物替孩子们做到了。他们离开家，开始新世界的旅程。紧接着，反派角色登场，小说的主角们不得不直面冲突。伴随矛盾的解决，孩子会发现自我，获得勇气与成长。

在小说的世界里，孩子们通过阅读进行一次次地演练，并从中获得灵感，用于解决生活中的困扰。

哈利·波特系列小说是家喻户晓的儿童幻想文学作品，魔法世界深深吸引着孩子，许多孩子直至成年依然坚信霍格沃兹的存在，相信会给自己送录取通知的猫头鹰只是来迟了一点。剥去魔法的外衣，这系列作品归根结底还是在讲孩子的成长，故事里有亲情、友情和朦胧的爱情，有无数的冒险和奇迹。正义又冲动的哈利学会了冷静制敌，呆呆的罗恩获得了赫敏的爱，高傲的赫敏收获了友情，胆小的那威展现了无穷的勇气，这些角色反映的就是孩子们的心路历程。伏地魔等反派角色的出现给孩子们制造了困境，同时也是成长的机会，战胜反派角色也就是战胜了自己的弱点。

还是以哈利·波特系列为例，在这些儿童幻想小说中，反派角色的树立延续了童话的人物塑造，那就是坏人永远是大人。伏地魔、小矮星彼得都是大人，是那些在现实生活中给孩子压力、让孩子觉得恐惧和不自由的人的映射。但马尔福这种“坏男孩”，因为还是孩子，就有变好的可能性。这种人物塑造的方式也体现了幻想文学对孩子的影响。

纳尼亚传奇的作者C.S.刘易斯曾说过：“既然在现实中，他们有可能遇到凶残的敌人，那就至少让他们知道有勇敢的骑士和英雄的气魄。否则，他们的生命中就不会有光明，只会有黑暗。”

幻想文学就是可以给孩子们英雄气魄的东西。孩子的每一趟幻想文学之旅，都会对自我、对家人以及对身处的社会有新的理解。

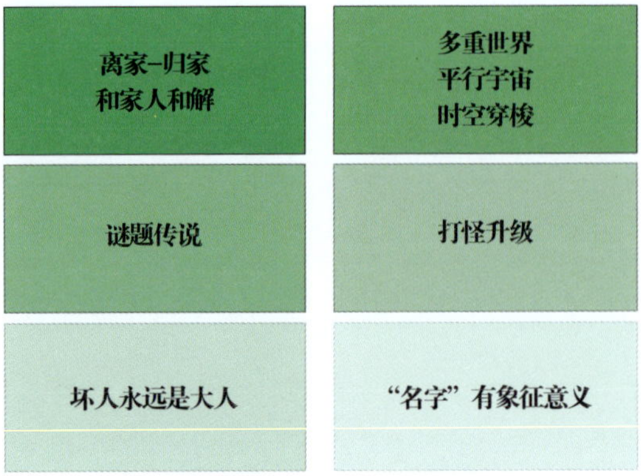

图3-72 幻想文学的创作模式[1]

幻想文学又可以细分为两种——奇幻文学和科幻文学。这两种文学最大的不同在于背景的设定。奇幻文学奇妙不可思议，故事通常发生在久远的过去和现在；而科幻文学通常发生在未来，有一定的科学理论支撑，逻辑自洽。

（1）奇幻文学

奇幻小说作为虚构类作品的最重要类型，不仅帮孩子暂时逃离现实生活的困难，也能够放飞孩子们的想象力。

图3-73 经常出现在儿童奇幻小说里的要素[2]

奇幻文学大多会被拍成电影，但文学作品本身往往比电影更迷人。

[1] 彭懿著.世界儿童文学阅读与经典【M】.北京：接力出版社.2018

[2] 彭懿著.世界儿童文学阅读与经典【M】.北京：接力出版社.2018

图3-74 经典的儿童奇幻文学作品

图书推荐:

> C.S.刘易斯著,《纳尼亚传奇》,译林出版社,7岁以上

内容简介：彼得、苏珊、爱德蒙和露西无意中走进一个大衣橱，来到了魔法王国纳尼亚。四个孩子加入了狮王阿斯兰的阵营，对抗冰雪女王，通过一次次冒险，获得爱、希望与勇气。七个相互独立的故事串联起王国的传奇。

写作特色和阅读重点：书中融合了神话、基督教义和现代精神。四个兄弟姐妹代表了4种不同的儿童性格和成长历程。

> J.R.R.托尔金著,《霍比特人》,上海人民出版社,10岁以上

内容简介：一个名叫比尔博的霍比特人发现了一只隐身戒指。在随后的远征中，他利用戒指偷走了被巨龙掠夺霸占的稀世珍宝。

写作特色和阅读重点：对道德与人性、人与自然的关系，进行思索与探究，了解磨难和困境给人带来的成长。

> 戴安娜·韦恩·琼斯著，《哈尔的移动城堡》《空中城堡》《迷宫之屋》，文汇出版社，10岁以上

内容简介：这是一个魔法与诅咒的故事。索菲是三姐妹中的老大，为了避免命中注定的悲剧，她离开了家。她在无意惹怒荒地女巫后，被施咒变成了老太婆。为了破解咒语，她开始应付哈尔，和火魔达成契约，经历了一系列冒险。

写作特色和阅读重点：关注人物的自我成长、自我认同与自我改变。

> J.K.罗琳著，《哈利·波特》，人民文学出版社，7~12岁

内容简介：哈利·波特原本的生活糟透了，直到猫头鹰送来霍格沃兹的录取通知书。随后，他开始了魔法世界的学习和冒险，并收获了真挚的友情，战胜了邪恶势力。

写作特色和阅读重点：这本书在现实的基础上构建了一个体系完善的魔法世界，探讨司法公正、对抗奴役、事物的多面性等内容。人物的塑造和成长对孩子具有启发意义。

> 罗尔德·达尔著，《查理和巧克力工厂》《查理和大玻璃升降机》《詹姆斯与大仙桃》《玛蒂尔达》等，明天出版社，7~12岁以上

内容简介：这些小说具有相同的创作模式，以孩子的视角记叙；反派是憎恨并虐待小孩的大人；有“好的”大人；情节黑色幽默、古怪，但不暴力。

写作特色和阅读重点：关注写作的模式和夸张、荒诞的叙事手法。

> 米切尔·恩德著，《毛毛：时间窃贼和一个小女孩的不可思议的故事》，二十一世纪出版社，10~14岁

内容简介：毛毛是一个有着“灵敏听力”的小女孩，无意中她发现城市里的人都受了“灰先生”的蒙骗，追求合理化、机械化的生活。知道“时间就是生命”的秘密后，毛毛开始了与“灰先生”的对抗，以精神力量超越了物质诱惑。

写作特色和阅读重点：理解书中对现代物质社会进行的尖锐批判，和对于人性回归的强烈渴望。

> 米切尔·恩德著，《永远讲不完的故事》，二十一世纪出版社，10~14岁

内容简介：巴斯蒂安到书店偷了一本《永远讲不完的故事》，结果掉进了书里，并和书中的男孩阿特莱尤成为了朋友。在魔女萨义德的引诱挑拨下，巴斯蒂安迷失了自我，好在阿特莱尤帮助他找到了生命之水，回到现实世界。

写作特色和阅读重点：理解将书内和书外世界巧妙编织在一起的写作方式；感受爱的表达方式，并学会如何传递给身边的人。

> 塞尔玛·拉格洛夫著，《尼尔斯骑鹅旅行记》，二十一世纪出版社，10~14岁

内容简介：这是一部展现了勇气与冒险精神的少年冒险小说。令父母头疼的熊孩子尼尔斯，变成了拇指大的小不点。大雁经过时，他家的大白鹅带着他飞上了天空，开启了冒险之旅。尼尔斯一路上遇上了很多古怪的事，亲历了祖国大好河山，归来时他变得勤劳而善良。

写作特色和阅读重点：了解作者如何讲述故事、描绘风景，以及描写人物和动物的方法，如何用最简单的词，组合出具有意义的句子。

> 尼尔·盖曼著，《坟场之书》，新星出版社，7岁以上

内容简介：这是一个看似恐怖实则温情的爱的故事。一个婴儿出现在坟场，在死神的指引下，鬼魂们收养了婴儿，并取名诺伯蒂。坟场是诺伯蒂的魔法学校，他在这里学习隐身术、梦游术和恐惧大法。长大后，他离开坟场，走向新的人生站点。

写作特色和阅读重点：欣赏作者对于危机的设定，以及如何制造冲突，让读者产生坐过山车般的心理感受。阅读时，孩子可以联想自己成长中和父母的冲突，父母也可以从中理解孩子长大后对于独立的渴望。

> 埃洛伊塞·麦格劳著,《妖精的小孩》,晨光出版社,9岁以上

内容简介：萨思琪的眼睛会变色，能看见别人看不到的符文。与众不同，让她备受煎熬。在思索和挣扎后，她选择了无声告别……

写作特色和阅读重点：理解从怀疑自我、找寻自我，到找到自我的故事节奏，学着接纳自己的不同。

> 南茜·邦德著,《魔法琴弦》,晨光出版社,9岁以上

内容简介：妈妈突然去世后，爸爸和彼得的关系逐渐陷入僵局。一把扳手把彼得卷入了过去的时空，随着魔法不断释放，彼得越陷越深。一家人唯有团结起来，才能化解危机。

写作特色和阅读重点：欣赏作者如何将威尔士6世纪的吟游诗人塔利埃辛的故事融入现代生活，将现实主义和奇幻内容结合起来。

> 诺顿·贾斯特著,《神奇的收费亭》,百花文艺出版社,7~10岁

内容简介：这个故事讲让孩子发现“学习”的乐趣。米洛发现了一个神奇的收费亭和一张地图，他开着玩具汽车，往收费亭里投了几枚硬币。下一秒，他就穿越到了一个全新的世界。他来到市场，商贩卖的居然是词语。为了营救韵律公主和真理公主，光有勇气还不够，他还得用上所学的知识。

写作特色和阅读重点：理解“期望国”“懒散国”“词语国”“结论岛”“无知岛”等设定和故事逻辑。

> 安房直子著,《安房直子幻想小说》(全6册),少年儿童出版社,8岁以上

内容简介：收录了51篇短篇小说，讲述了各种生命精灵在森林里发生的奇妙故事。

写作特色和阅读重点：感受诗意的文字与哀伤的生命故事。

> 杨翠著,《妖怪客栈》,安徽少年儿童出版社,8~12岁

内容简介：妖怪客栈小老板李知宵是个人类小学生，他必须融入妖怪的世界，并与各种妖怪有奇遇，注重向孩子传达勇敢承担责任和包容他人。

写作特色和阅读重点：了解东方元素的背景设定；欣赏制造冲突的技巧。

（2）科幻文学

科幻文学的科学逻辑非常重要，因为这是故事能否成立的前提。

科幻文学中既有科学知识，也有对于科技发展的隐忧。科技与人类文明的冲突，能引发孩子思考，点燃孩子对于科学的兴趣。

图3–75 经典的儿童科幻文学作品

图书推荐：

> 刘慈欣著，《烧火工》，北京联合出版公司，9岁以上

内容简介：少年萨沙为拯救心爱之人的生命来到“极东岛”，请求年迈的烧火工帮助。在爱人得到救治之后，萨沙遵守承诺留下来接班。这个故事表现出了爱与救赎，以及直面命运的悲壮美。

写作特色和阅读重点：具有童话式的奇想与温柔。

> D.J.麦克海尔、罗宾·沃瑟曼、帕特里克·卡曼等著，《太空旅行者少年科幻小说系列》（全6册），广西师范大学出版社，8~12岁

内容简介：科学悬疑设定下的冒险故事。地球危在旦夕，黑暗即将降临，四位少年被选入阿尔法队，在太空中寻找六种元素拯救世界。

写作特色和阅读重点：书中设有大量的解谜游戏，孩子可以边阅读边揭秘案情。

> 玛德琳·英格著，《时间的褶皱》《银河的裂缝》《逆转的地球》《末日的洪水》《重叠的时空》，文汇出版社，7~14岁

内容简介：用梅格找爸爸等故事内容，教孩子们遇到困难时，把爱和信仰放在心里，勇敢面对。星际旅行、平行时空、蝴蝶效应、历史与现实等话题是故事的重要组成部分，让情节更有趣味。

写作特色和阅读重点：具备标准的幻想文学写作模式：出现生命攸关的问题（例如拯救爸爸和弟弟）——触发任务来到新世界——打怪升级——解决问题。

> 彼得·布朗著，《荒岛机器人》，接力出版社，7~12岁

内容简介：机器人萝丝因为故障来到了一座小岛，和岛上的小动物相处的过程中，她逐渐拥有了情感。后来，一群机器人想把她带走，尽管奋力抗争，她还是被卖到了农场。这部小说主要探讨机器与情感，机器人与人的关系。

写作特色和阅读重点：以原本没有感情的机器人的视角，去表现情感是如何产生的，以及感情对人的重要作用。

> 乔恩·谢斯卡著，《爱因斯坦大战爱迪生1：超能机器人》《爱因斯坦大战爱迪生2：神奇的电手指》，长江少年儿童出版社，7~11岁

内容简介：男孩爱因斯坦想在两个机器人的帮助下，凭借“反物质马达”获奖并留住爷爷的屋子。邪恶的爱迪生偷走了发明和两个机器人，一场大战就此展开。之后，爱因斯坦改进能量控制设备——电手指，又引来了爱迪生的诬陷和破坏。

写作特色和阅读重点：爱因斯坦的发明过程——查找资料，和朋友讨论一次次失败和成果，可以作为孩子们探索科学的方法指导。书中提及的发明成果有图解分析和理论支撑，便于孩子理解科学内容。

> 阿西莫夫著，《阿西莫夫少儿科幻小说·机器人诺比》，接力出版社，7~14岁

内容简介：这套小说探讨了人口和国家、种族、星球发展的关系，人与国家的关系以及人类社会的终极形态，在科学支撑的基础上具有人文关怀，启发孩子看世界的角度。

写作特色和阅读重点：大量空间探索的前沿技术和宇宙知识，思维逻辑缜密。

> 洛伊丝·劳里著，《记忆传授人》《历史刺绣人》《森林送信人》《儿子》，河北教育出版社，10~14岁

题材和内容：以未来乌托邦世界为背景，主人公们都有一个称谓，称谓决定了他们的社会角色和责任。故事写他们觉醒与成长的过程，写他们如何在冷漠的环境中为生存挣扎。

写作特色和阅读重点：人物塑造技法具有特色，用具有意义，“名称”捆绑住人物，再让人物进行突破和成长；对于一些较难的概念，从人的内心感受出发，用比喻的方式直观表达。

> 儒勒·凡尔纳著，《凡尔纳科幻四部曲》，河北少年儿童出版社，10~14岁

题材和内容：以海洋上发生的故事为主，情节惊险曲折。

写作特色和阅读重点：作者根据科学发展规律和趋势进行故事的构想，书中的许多发明在其后的几十年里成为了现实。

> 罗德曼·菲尔布里克著，《宇宙最后一本书》，晨光出版社，9岁以上

题材和内容：在未来，世界遭受毁灭，书籍不复存在，只有新奇的科技。为了拯救妹妹，12岁的男孩穿过关卡，寻找生机。

写作特色和阅读重点：反思科技社会，讲述“书”的价值和“名字”的意义。

> 奥森·斯科特·卡德著，《安德的游戏》，浙江文艺出版社，11岁以上

题材和内容：为了抵抗外星虫族的攻击，人类成立了国际舰队，一名叫安德的小男孩被选入到学校培训，成为指挥官和虫族战斗，并去开发虫族星球的故事。

写作特色和阅读重点：大量内心独白和心理描写，体现人物社会化过程中人性的挣扎和成长。书中也讨论了智慧种族之间，统治与被统治的“道德”问题。

3. 动物文学

动物文学以动物为主要描写对象，有生活在人类环境里的动物，以宠物和农场动物为主；也有生活在野外的动物。这些作品大部分以第三方观察者的视角展开叙述，少数会以动物的视角展开。

动物文学不仅讲述动物在自然界中的故事，也讲述动物与人类之间的故事。动物文学除了文学价值，还让孩子们了解动物的生活习性和生活状态，欣赏自然的奥秘与美，引起孩子们对于动物、人和自然界三者关系的反思。

为了写好动物文学，作者经常要去到野外，实地观察动物的觅食、求偶和避难等行为和习性。

我国地大物博，为动物文学的创作提供了丰富的素材。近几十年，出现了很多优秀的动物文学作品，其中不少选入了小学和中学教材。

图3-76 动物文学的特点[1]

[1] 彭懿著.世界儿童文学阅读与经典【M】.北京：接力出版社.2018

图3–77 经典的儿童动物文学作品

图书推荐：

> **凯瑟琳·拉丝基著，《绝境狼王》，接力出版社，7~10岁**

内容与写作特色：小说以被弃的小狼的故事为线索。狼是群居动物，因此作者着重描写作为群体一员而存在的个体，以及它们所具有的爱、信念以及生存智慧。凯瑟琳·拉丝基的文字有一种理性的美感，读起来如旁白一般的冷静和客观。

> **麦克·莫波格著，《岛王》《九命猫骑士》《奔向荒野》《灵狐的秘密》《嗅探犬影子传奇》，光明日报出版社，7~10岁**

内容与写作特色：莫波格的作品文字优美，情感细腻，内容上多描写动物与人之间的感情，讲述关于亲情、友谊以及勇敢面对困境的成长故事。与典型的动物文学不同，莫波格以故事中人物的视角，讲人类与动物的相处。

> **凯瑟琳·艾波盖特著，《独一无二的伊凡》，新蕾出版社，7~10岁**

内容与写作特色：故事以伊凡的第一人称视角展开，它已经习惯和人类住在一起，直到小象露比的到来，唤醒了他的丛林记忆。当露比被虐待时，伊凡奋起反抗，和朋友一起逃离去寻找真正的家。作品虽然以第一人称叙述，但没有脱离猩猩这个物种的常识，伊凡所有的行为都建立在真实性上。

> **凯特·迪卡米洛著，《傻狗温迪克》，新蕾出版社，7~10岁**

内容与写作特色：这本书中，以小女孩欧宝第一人称的叙述，讲述狗狗是怎么帮助欧宝克服心理障碍并勇敢生活的故事，表现出人与狗狗之间的美好情谊。

> 安娜·塞维尔著，《黑骏马》，云南人民出版社，7~10岁

内容与写作特色：小说以主角黑骏马的第一视角展开叙述，讲述了它从幼时被主人善待，见识人类的残暴，到经历苦力生活最终被收养安度晚年的故事。

> E.T.西顿著，《西顿野生动物故事集》，译林出版社，7岁以上

内容与写作特色：本书以第三人称叙述哺乳动物和鸟类的故事。动物的心理描写遵从动物的实际特征，不带有人类情绪，真实感强。西顿擅长写动物之间的斗争，以这种行为来突出每种动物的特点，营造戏剧冲突。

> 椋鸠十著，《椋鸠十动物小说》，二十一世纪出版社，10~14岁

内容与写作特色：椋鸠十的动物小说描写了日本群山、山谷、海岛中，动物如何生存，如何与人类相处的故事。他的创作语言生动简洁，具有散文诗的美感；动物和人类珍视自己生命的情节，表现出一种蓬勃向上的精神。

> “自然之子”黑鹤原生态系列小说，格日勒其木格·黑鹤，浙江少年儿童出版社，10~14岁

内容与写作特色：小说主要描写的是生活在西藏广阔天地里的动物，以狼、犬为主。他的文字冷峻克制，没有过多的情感抒发。

> 沈石溪著，《狼王梦》《第七条猎狗》《最后一头战象》，浙江少年儿童出版社，10~14岁

内容与写作特色：这些作品讨论“生态道德”，描写在大自然严酷的生存法则下，动物们所表现出的生存勇气和野性。沈石溪的动物小说略带有幻想文学的特点，动物被赋予了“思想”。他的故事都是死生悲欢的传奇，辞藻华丽，文学性较强。

4. 写实小说

儿童写实小说主要包含三个大类：成长与校园小说、儿童悬疑推理小说和儿童历史小说。写实小说与幻想文学最大的区别在于故事里没有魔法，故事情节就像日常生活里发生的事情一样，只不过冲突更强烈。

①成长与校园小说

成长与校园小说，探讨的是生活与成长的话题，适合即将和已经进入青春叛逆期的孩子。

孩子在成长过程中，不断面临着适应新环境、交友和学业的压力，有的孩子会生奇怪的病，有的会遭受校园霸凌，除了幻想的世界，他们还需要其他的情绪出口。他们需要知道这个世界上像他们一样遭受着困扰的其他孩子，是怎样走出阴霾，获得快乐与成长的。

成长与校园小说的主人公都是“人”，故事发生地是家庭、社群或校园，内容围绕儿童生活中常见的事件展开。成长的诸多烦恼给这类文学作品提供了多样的可探讨的话题。

图3-78 经典的成长与校园小说

图书推荐：

> **杰夫·金尼著，《小屁孩日记》，新世纪出版社，7岁以上**

内容与写作特色：日记体的校园小说。记录格雷的叛逆顽皮的校园生活。对话和文本形式适合低年级孩子阅读，是孩子学写日记的模仿范本。

> **弗朗西斯卡·西蒙著，《淘气包亨利》，朝华出版社，7岁以上**

内容与写作特色：亨利的故事喧闹而夸张。漫画式的笔调和插图，环环相扣的情节，展现出7~10岁孩子的心理和行为特点，描绘了平等、理解和尊重的家庭相处模式，。

> **勒内·戈西尼、让·雅克·桑贝著，《小淘气尼古拉》，中国少年儿童出版社，9岁以上**

内容与写作特色：采用第一人称视角展开叙述，把孩子眼里的世界以及与成人相处的困惑表达出来。故事里，尼古拉不断地制造麻烦，令人捧腹大笑。

> **埃莉诺·埃斯蒂斯著，《魔法多一家亲》，晨光出版社，7岁以上**

内容与写作特色：以家庭成员相处为内容的温馨故事。讲述了鲁夫与他的家人在充满艰难的岁月里发生的故事，充满了善良与淳朴，以及兄弟姐妹之间的温情。

> **纳塔莉·萨维奇·卡尔森著，《桥下一家人》，新蕾出版社，8岁以上**

内容与写作特色：流浪汉阿曼德住在塞纳河大桥底下，一天，他的地盘被三个孩子和小狗占领了。在与孩子的接触中，他喜欢上了这些孩子，孩子们把他当作爷爷，他也因为孩子们获得了崭新的面貌。尽管生活贫苦，爷爷和孩子们一起谱写了生活的温情与美好。这个故事让孩子理解贫穷是怎么回事，并感受贫穷中的爱与温暖。

> **贝芙莉·克莱瑞著，《亲爱的汉修先生》，新蕾出版社，8岁以上**

内容与写作特色：雷伊将自己的生活点滴写信告诉汉修先生，在这个过程中，他学会了如何面对生活、理解父母，并且还通过长期的书信练习，提升了写作能力。书信沟通可以破解当面沟通的尴尬，是打开心结的一种办法。书中人物使用的沟通方式和典型的书信体写作方法都值得效仿。

> **埃莉诺·埃斯特斯著，《一百条裙子》，新蕾出版社，8岁以上**

内容与写作特色：旺达是一个贫穷的女孩，有一天，她突然声称她家里有一百条各式各样的裙子，同学们因此嘲笑她。旺达受不了嘲笑而转学之后，同学们才发现她们是那么的喜欢旺达。孩子对人的喜欢通常会以别人难以接受的方式表现出来，群体中嘲笑和不宽容也很常见，这个故事正是告诉孩子们如何与那些看上去不一样的同学相处，尊重和接纳别人的特别。

> 文斯·沃特著，《报童的夏天》，贵州人民出版社，8岁以上

内容与写作特色：口吃的男孩因为帮朋友送报，不得不和各色的人打交道。在这个挑战自我的过程中，孩子重新定位与父母的关系、思索自己的抱负，战胜恐惧、自我肯定，学会了比说话更重要的事。

> 亚历克斯·希勒著，《天蓝色的彼岸》，北京联合出版公司，8岁以上

内容与写作特色：以第一人称展开故事，讲述小哈里被车撞死后又回到人间，他把烦恼和焦虑以碎碎念的形式不断抛出来，也想再见到爸妈和姐姐，并和每一个人说抱歉。这些琐事引发孩子对于生命的认知，学会珍惜。

> 盖瑞·伯森著，《手斧男孩》，接力出版社，8岁以上

内容与写作特色：讲述独立面对困境、荒野求生的故事。13岁少年在夺命丛林惊险生存54天，他唯一可以依靠的是一把手斧。野外的这些危险都真实存在，提高了文本的可信性，主角的成长过程也变得更加有意义。

> 大卫·威廉姆斯著，《了不起的大盗奶奶》《臭臭先生》《钱堆里的男孩》《穿裙子的小男子汉》《魔鬼牙医》《恶魔姑姑的可怕计谋》等，接力出版社，7岁以上

内容与写作特色：针对家庭教育的常见问题，比如亲子关系，金钱、性别和生命等，用搞笑的故事内容做解答。作者擅长人物塑造，情节幽默。

> 安娜·戈华达著，《35公斤的希望》，新蕾出版社，8岁以上

内容与写作特色：每个人都有天赋，都能找到适合自己的地方。格雷古瓦非常讨厌上学，书中以他的第一人称吐槽了学校的各种讨厌和生活的烦恼。六年级时，他已经留级两次，成长的路虽然艰难坎坷，但他找到了属于自己的天地。

② 儿童悬疑推理小说

如果说儿童成长小说展现的是相对善意的世界，悬疑推理则是要展现黑暗的世界。

儿童悬疑推理小说一点点把社会的阴暗面揭露出来，让孩子们慢慢获得推理演绎、分析困境的能力，具有对抗黑暗的头脑和心灵。也就说，所有的黑暗都是为了把孩子引向光明。

不少家长担心悬疑推理小说会太阴暗、太恐怖，事实并非如此。

儿童悬疑推理小说，内容的恐怖都是建立在正常心理秩序的前提下，病态的行为和血腥的场面很少出现。即使作者写到某个角色死去，也不会详细地描写可怕的死状或者把死亡的过程进行渲染，而是轻轻一笔带过或者由他人转述死亡现场。

无论是童话、幻想小说还是悬疑推理小说，在死亡这件事上，都一致地采用了这种创作模式。孩子在阅读悬疑推理小说时，寻求的是冲突与刺激，是从其他文学形态里难以获得的紧张感。他们关注的是破案和解决问题的过程，而不是人物心理和行为。

孩子们在阅读探案小说时，可以跟着主人公一起推测真凶是谁。谜题的答案一般在作品结尾处揭晓。

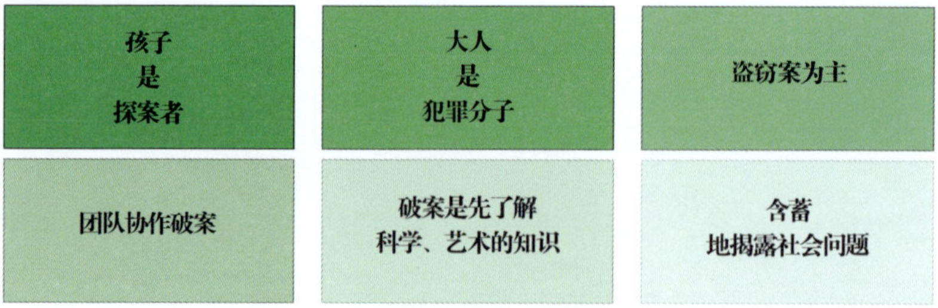

图3-79 儿童悬疑推理小说的特点[1]

[1] 彭懿著.世界儿童文学阅读与经典【M】.北京：接力出版社.2018

图3-80 经典的儿童悬疑推理小说

图书推荐：

> **乌尔夫·尼尔松著，《森林警察局》（全4册），二十一世纪出版社，6~9岁**

内容与写作特色：蟾蜍警官戈登和老鼠警官帕蒂是一座森林警察局的警官，他们办理的案件有坚果失窃案、言语攻击案、孩子失踪案，他们也会帮助孩子寻找失去的记忆和家园。

他们处理案件、调查取证的方式符合生活实际，孩子在阅读的过程中可以理解警察局的运作方式。

选取的案件是对于孩子来说最有意义的案件类型。例如盗窃案——不少孩子都在童年期偷过家里的物品；语言攻击案——人身攻击在校园里十分多见；失踪案——和父母走散经常发生。这些案件让孩子们警觉危险，预防伤害。

> **埃伦·拉斯金著，《威斯汀游戏》，新蕾出版社，7~10岁**

内容与写作特色：职业和背景各不相同的十六个人，都自称是威斯汀的亲戚，争夺两亿美金的遗产。但只有侦破谋杀案的人才能获得遗产。他们斗智斗勇，使出了浑身解数。孩子们在阅读中，可以跟着加入这十六人的队伍，寻找线索，发现真正的凶手。这个故事用遗产来诱惑角色，让孩子看清楚金钱的有限价值，重新思考家庭的意义。

> 西蒙·蒙蒂菲奥里、圣塔·蒙蒂菲奥里著，《皇家兔：特工之路》《皇家兔：逃离高塔》，长江少年儿童出版社，7~10岁

内容与写作特色：《皇家兔：特工之路》讲述的是效忠英国皇室的神秘兔子组织，无意中发现针对女王的阴谋并粉碎阴谋的故事；《皇家兔：逃离高塔》则讲述了利用互联网对抗邪恶势力的故事。两个故事都具有一定的政治文化背景，附有知识小百科、探险地图和心理测试，让孩子化身侦探和特工兔一起破解难题。

> 索菲·迪奥埃德著，《农场疑案》，新蕾出版社，7~10岁

内容与写作特色：这本书讲述的是滥用化学品导致动物产生异化而带来的悲剧故事。老狗雷克斯思维敏锐、腿脚灵活，破解了农场里的杀戮事件，拯救了整个农场。

> 克里斯·里德尔著，《胡椒罐大楼的小侦探》（全4册），长江少年儿童出版社，7~10岁

内容与写作特色：《大黄猫的秘密》写的是小侦探欧杜琳通过细致的观察，揭开城市大盗大黄猫秘密的故事；《不可思议的学校》写的是欧杜琳发掘自己的独特潜能，勇敢面对传说中的鬼魂的故事；《奇妙的挪威之旅》写的是欧杜琳为拯救好友，而进行荒野生存挑战；《紫狐狸的午夜奇遇》讲的是欧杜林巧遇神秘紫狐狸，在城市里展开游猎之旅的故事。图文结合的创作方式，当主人公读报读明信片时，页面中就真的以报纸和明信片的形态展现内容，对于小学低年级的孩子来说，更容易带入故事情节。

> 罗恩·罗伊著，《A to Z 神秘案件》，连环画出版社，7~10岁

内容与写作特色：26个英文字母分别对应一本书，3个小侦探通过思考、调查、研究和推理，成功破解了在他们居住的小镇以及他们到外地旅行时发生的案件。篇幅适中，文字生动，任务对话居多，是适合小学中低年级的初级章节书。

> **斯图亚特·吉布斯著，《谁杀死了河马亨利》，贵州人民出版社，8~12岁**

内容与写作特色：第一人称叙述的惊险破案故事。从孩子的视角讲悬疑推理，渲染危险性，增加情绪共鸣。河马亨利之死，被写成河马翻肚皮，这样的表达方式，展现了儿童文学中应有的调皮和趣味。

> **邹凡凡著，《蒙娜丽莎的秘密》《福尔摩斯的秘密》《黑骑士的秘密》，云南美术出版社，8~12岁**

内容与写作特色：这三篇小说分别选取了巴黎、伦敦和意大利作为故事背景，将蒙娜丽莎、福尔摩斯和黑骑士的内容糅合进故事，使得案情发展更加扑朔迷离，兼具知识性与文学性。

> **伊妮德·布莱顿著，《疯狂侦探团》，东方出版社，8~12岁**

内容与写作特色：这套书分为两个系列，一个是“神秘事件簿”，团队中5个成员携爱犬智斗坏蛋，破获迷案；一个是“神秘7”，7位成员组成侦探团，有总部、暗号、徽章，会定期举行会议。他们携手调查生活中的神秘事件，完成潜伏、盯梢、推理的过程。这部推理小说与其他推理小说最大的不同在于，主要角色分工明确，作为一个团队完成各自擅长的探案工作，而不是因为机缘巧合凑在一起的人去探案。

> **埃里希·凯斯特纳著，《埃米尔擒贼记》，明天出版社，7~10岁**

内容与写作特色：埃米尔在去看望外婆和姨妈的路上丢失了钱，他没有选择报警而是不动声色地跟在嫌犯身后，跟柏林的小伙伴们一起踏上了追捕嫌犯的冒险之旅。虽然这个故事里的孩子是机缘巧合凑在一起，但在探案过程中，孩子们群策群力，设置侦察员、机动队、联络员这样的角色，用团体的力量完成了了不起的事情。

> **克里斯·格拉本斯坦著，《神奇图书馆》（全3册），晨光出版社，10~14岁**

内容与写作特色：这个系列的故事是3场以阅读比赛为内容的推理大赛。12位最擅长作文的高手要在图书馆里待两天一夜，通过图书档案逃出生天；后续两册是阅读奥林匹克赛比赛形式下，孩子们要团结一致解决一波又一波难题，赢得比赛。这套书以图书馆为场景，以馆藏图书为线索，以游戏形式展开故事，叙事节奏快，情节紧凑，有竞技感。

> **东野圭吾著，《我的老师是侦探》，南海出版社，10~14岁**

内容与写作特色：推理大师用故事向孩子展示什么是对、什么是错。故事里有发生在校园和生活中大大小小的“案件”，学生在老师的引导下破解难题。孩子带着问题阅读故事，解答谜题，提高逻辑思维能力。

> **雷蒙尼·斯尼科特著，《波特莱尔大冒险》，人民文学出版社，10岁以上**

内容与写作特色：本书讲述孤儿三姐弟的冒险故事。作者注重情境的渲染，故事充满神秘和嘲讽的意味。孩子跟随故事角色一起解决问题，可以培养克服困难的勇气，提升应对危机的观察力与应变力。

③ 儿童历史小说

儿童历史小说一方面能够带领孩子回到过去，体验前人的生活方式和喜怒哀乐；另一方面刺激他们去体会发生在历史舞台中的事件，和自己的所见所闻作比较，形成世界观和历史观。

历史小说以真实历史为基础，但这并不意味着小说内容没有想象的成分。史实的细节如何，无人知晓，这便给予了作者创作的空间。同一段历史，同一历史人物和事件，不同的作者表达出来的细节和看法存在不同。

理解历史小说探讨的问题，需要孩子有知识储备，可搭配阅读相应内容的历史类知识书。

图3-81 经典的儿童历史小说

图书推荐：

> 布莱恩·塞兹尼克著，《造梦的雨果》《奇迹之屋》《寂静中的惊奇》，接力出版社，7~10岁

内容与写作特色：这套书采用了绘本和小说结合的创作方式，充满戏剧张力，画面采用素描笔法，带来层次丰富的光影效果，勾勒出人物内心的变化，让读者在翻页过程中迅速了解图画的主要内容，并给读者带来纸上电影般的阅读感受。书的议题既沉重又带给人希望，鼓励孩子去追寻梦想。《造梦的雨果》讲述了小男孩雨果想要修复爸爸留下的机器人而发生的一系列故事，致敬表现主义电影先驱乔治·梅里爱。《奇迹之屋》讲述了一个家庭五代人从船难幸存者到杰出演员家族的历程。《寂静中的惊奇》双线叙事，讲述由博物馆串联起来的男孩班、小女孩罗丝和神秘女演员的故事。

> 斯·奥台尔著，《蓝色的海豚岛》，新蕾出版社，7~10岁

内容与写作特色：探讨原住民的命运以及人与自然的关系。太平洋中有一个海豚形状的岛屿，岛上以前住着印第安人，他们搬离后，只留下卡拉娜。为了生存，她经历千难万险，在岛上孤独地生活了十八年。作品用第一人称展开叙述，讲述了女孩在岛上谋生的不易，表达作者对开拓者和逝去文化的怀念。

> 杰奎琳·凯利著，《达尔文女孩》，晨光出版社，8岁以上

内容与写作特色：小说探讨了女性独立和追求梦想的议题。故事发生在1899年的美国得克萨斯州小镇芬特雷斯，卡莉的母亲希望她成为淑女。她在和爷爷一起观察动物和植物、发现新物种的过程中，逐渐明白自己将成为什么样的人。故事发生在美国社会大转变的时代，一个女孩的人生经历折射出那个时代女性社会生活的重大改变。书中所有引言都来自《物种起源》，让故事具有知识性。

> 马景贤著，《小英雄与老邮差》、约翰·班奈特著，《云雀男孩》、安·戈卢别娃著，《他来自俄罗斯小城》、吉卜林著，《小吉姆的追寻》《十字军

骑士》、迦多尼著，《匈奴与我》等，马景贤，贵州教育出版社，9岁以上

内容与写作特色：这套书选择了一些关键的历史背景，来写大背景下的小人物，用时代背景下孩子的日常来反映历史对于普通人的影响，展现人物面对磨难时的勇敢与坚毅。书后附有“历史宝盒”，将故事的历史背景图文并茂地呈现出来，引发孩子们进一步思考。

> 帕特丽夏·C.麦基萨克著，《自由的画面：黑奴女孩克洛蒂的日记》、克里斯蒂安娜·格雷戈里著，《伟大的旅程：叶卡捷琳娜的皇家日记》《尼罗河的女儿：克利奥帕特拉七世的日记》等，人民文学出版社，11岁以上

内容与写作特色：日记体的历史小说。以有代表性的人物自述展开故事情节，日记和故事都是文学虚构的，但故事发生的历史背景和史实细节是真实的，拓展孩子的世界视野，让孩子感受历史规律。

> 阿敏·马卢夫著，《阿拉伯人眼中的十字军东征》，民主与建设出版社，11岁以上

内容与写作特色：中东是一个政治、宗教和经济矛盾及其突出的地域，社会环境极其复杂，并且牵涉世界各国。这本书通过小说的形式展现了中东的复杂历史。

> 法兰斯瓦·普拉斯著，《欧赫贝26国幻游记》，北京联合出版公司，12岁以上

内容与写作特色：历史地志与幻想小说的结合。书中有26个虚构的国家，26段幻想旅程。这些虚构的国家带有现实中国度的某些影子，作者手绘地图，将每个国家的山川河流和风土人情讲得言之凿凿。

5. 诗歌与童诗

诗歌[1]是孩子最早接触的一种文学体裁，不少父母在给孩子做胎教时，就

---

[1] 这里的诗歌为广义的诗歌意义。

会唱念诗和歌谣了。

婴幼儿期时，孩子以聆听的方式听诗，获得对于简洁的、有节奏感的、韵律性的语言感受。2岁左右，孩子可以开始跟读诗歌与童谣，用自己的声音体会诗歌的语言节奏；进入小学阶段，诗歌是语文课必不可少的学习内容。而随着课纲和语文教学要求的变化，以古诗为基础的古文学习越来越重要。学不好古文，语文成绩就无法整体提高。

广义的诗歌，包含了诗经、楚辞、乐府诗、古体诗、南北朝民歌、唐诗、宋词、元曲、现代诗等。从内容上看，包含叙事诗、抒情诗、行旅诗、送别诗、边塞诗、山水田园诗、咏史诗、咏物诗、悼亡诗等。不论主题和诗体如何，诗都具有节奏和音调，具有音乐的美感。

6岁前，孩子主要通过聆听与朗诵感受诗歌语言文字上的美感；进入小学后，孩子可以学习格律，包含平仄与四声的规律，理解诗歌中表现出的“情”与“志”。

学习诗歌，尤其是中国的诗歌，反复地吟诵非常重要，书读百遍其义自见。

选购建议

> 遵循孩子的语言发展规律，优先选生僻字少的，先是五绝和七绝，再到五言和七言。

> 从主题和内容上，优先选择山水田园、自然风光、咏物、叙事和抒发友情的。在孩子有一定的古体诗储备以后，再引入宋词和乐府诗这些音乐性更强的诗歌类型。

> 选择具有游戏性或者与其他学科相关联的诗集，例如《二十四节气里的花与诗》《藏在地图里的古诗词》等；

> 多阅读专门为孩子创作的童诗。

童诗是写给孩子的诗，因为阅读对象是儿童，诗歌所反映的内容、文学语言和艺术构思等都更加符合儿童的阅读习惯。

儿童诗也包含了童话诗、散文诗、寓言诗、题画诗等不同的体裁。童诗创作经常使用明喻和暗喻、对比、假设、摹声、拟人、排比、重叠和夸张的写作手法。

比较著名的儿童诗作品有《一个孩子的诗园》《金美玲子物语》《蝴蝶·豌豆花》《火车钻进灰蒙蒙的早晨》《写给人类孩子的诗》《很黑与很白》等。

由于诗歌的文字少，音乐韵律和修辞手法明显，而孩子本身具有良好的观察力和想象力，写诗也就成为了孩子较为擅长的文学创作体裁。

近年来，不少出版社将孩子们的诗集结出版，例如果麦出版的《孩子们的诗》。阅读这些作品，有助于我们理解孩子认识和思考世界的方式。

6. 散文

散文是作者抒发真情实感、写作方式较为灵活的记叙类文学体裁。散文和诗歌一样，是小学语文课文里最常出现的文学体裁。但散文的篇幅相对于小说而言较短，更注重遣词造句，以及这些词句表达出来的意义。散文容易被解构和解读，因此也是语文考试中阅读理解题的主要考察对象。

散文的故事情节弱，孩子并不喜欢看，需要父母和老师加以引导。随着年龄长大，孩子们慢慢能体会文字美，和流露出的真情实意，便会开始主动地阅读散文。

散文可细分为叙事散文、抒情散文（写景散文）和哲理散文。儿童主要阅读的是叙事散文和抒情散文。

选择散文作品，可以先了解作家，根据作家找作品。但凡是入选了语文教材的作品，其作者，例如鲁迅、茅盾、老舍、叶圣陶、朱自清、冰心、林语堂、汪曾祺等，他们的其他作品也都可以找来给孩子阅读。挑选时注意作品集的内容，是否符合孩子现阶段的阅读水平，一般这类书都会标注“语文课纲”要求或者“小学生必读”字样。

除了根据作者来选书，也可以选择《给孩子的散文》或《享受散文的陶冶：24堂经典散文阅读课》《跟着大师学写作》这种经过出版社选编的系列书。

阅读散文时，可以准备一个摘抄本，让孩子把出现的好词好句摘抄下来，经常拿出来读一读，并运用到自己的写作中去。

第四章

知识书和学科教育

本章中，我们将了解与学科教育和兴趣相关的阅读，以及相应的童书。

涉及的学科从自然科学到社会科学，从哲学到数学，十分广泛。

不管从应试教育、通识教育还是学科教育的角度考虑，知识书的阅读对孩子来说都必不可少，知识书也是市场上销量仅次于儿童文学的童书类别。

虽然知识书重要且占比大，却很少有人专门推荐知识书。好像这样的书只要知识点讲对了就行了，其他的并不重要。不少人认为，知识书是非虚构类的图书，看着都差不多。

实际上，知识书并不只是有知识点就行，孩子不仅要在知识书里学知识，还要获得科学的精神，了解科学研究的方法。不同展现形式的知识书，在阅读效果上千差万别。

除了要选择适合的知识书，用尊重科学、不随意敷衍的态度引导阅读也很重要。如果孩子的问题太多，父母不仅可以和孩子就已有的问题进行讨论，鼓励他们表达自己的想法，也可以为他们创造条件，用户外观察和实验的方式拓展孩子的阅读内容。

第一节　知识书的阅读计划

在早期阅读中，孩子阅读的知识书可以分为两个主要的类别：

一是“学习方法”类，包含学习工具，观察、分析、评判、总结的思维方式，以及能运用于学习与生活的技能；

一是“知识本身”，包含基础概念、哲学概念和与生活强相关的学科知识等。

这两类知识书的阅读目标，都是让孩子形成对于各学科的广泛爱好，并形成独立思考、能辨是非的能力。

表4-1 知识书的阅读计划表

细分年龄	阅读目标	图书类型	计划阅读种数	阅读方式
1~3岁	了解数学、科学的基础概念 感知科学现象	纸板书	4~5种	自主阅读
3~6岁	了解科学价值和科学精神 了解科学家，拓宽视野 理解最常见的科学现象	知识类绘本 操作类知识书	10~30种	亲子共读
4岁以上	哲学 学会观察与提问	哲学绘本 知识问答书 自然观察图书	2~3种 2~3种 4~5种	自主阅读
6岁以上	理解各学科之间的联系， 获得广泛兴趣， 理解科学与生活的联系	思维训练书 跨学科知识书	4~5种	自主阅读
8岁以上	了解常见的自然科学知识、 人文历史社会知识、 政治经济知识， 学会批判与分析	百科全书 分学科知识书 科学游戏书	10~50种	自主阅读
10岁以上	掌握学习工具和方法 理解科学逻辑和实验方法， 学会用学科知识解决问题	学习方法类 思维导图等	4~10种	自主阅读
10岁以上	了解科技发展趋势 理解社会现象	学科知识 科学杂志等	5~20种	自主阅读

第二节　哲学与数学

哲学和数学是独立于自然科学和社会科学外的两个重要学科。

哲学在儿童阅读中经常被忽视；而数学，如果不是因为考试需要，主动去学的人较少。

这两个学科的内容都比较抽象，对于孩子而言，学习起来有难度，但只要找到合适的书，掌握恰当的方法，孩子也能从中获取乐趣。

1. 哲学内容的书籍

哲学是一切学科的起点，讨论本源与社会道德。

儿童学哲学的目的是学习思辨，慢慢形成自己的世界观、人生观和价值观。

周国平曾讲：“儿童的求知欲，他们的自由游戏心态，非常合乎哲学问题产生的情境。在我看来，儿童的本源思维、灵性思维、直觉思维、纯粹思维更像一种非二元对峙或分离的现象学哲学思维，可能比汲汲于俗世功利的成年人更容易接近世界的真相，一如儿童洞穿“皇帝新装”的把戏，尽管儿童的哲学表达比成年人稚嫩，但他们提出的哲学问题的深度完全不亚于成年人。所以，对儿童开展哲学启蒙教育并非不可思议，恰恰是根植于儿童的哲学天性。同样，引导儿童学习和思考哲学问题的方法，也可以从他们的哲学天性中寻求答案。”

孩子是天生的哲学家，4岁左右时他们不仅思考自己，也开始思考世界。他们头脑里满是问号，不停地问“为什么，为什么”。

如果父母不正视这些提问，总是敷衍了事，孩子的探索精神就会慢慢地被消磨殆尽。如果这些问题涉及个体与社会、亲子关系和自我认可，如果得不到及时、合理的解答，孩子有可能终生困扰。[1]

---

[1] 哲学书阅读要从孩子日常的困惑出发，用图文结合和举例的方式讲给孩子听。因此，书的内容和形式非常重要。

哲学是抽象的概念，只看文字，孩子是无法理解的。先现象、后理论的学习模式在哲学的学习上十分适用。

6岁以前，使用绘本和漫画解释哲学。

6岁以后，用举例分析的方式给孩子讲哲学。这些哲学书中通常会有一个充满困惑的主人公，解答主人公的困惑就是给孩子答疑解惑。

图4-1 儿童哲学书是怎么讲哲学的[1]

哲学学科可以细分为哲学史、马克思主义哲学、现代哲学、美学、现象学和人生哲学等众多分支领域。但孩子主要关注的是现代哲学、美学、知识论和人生哲学的领域。

跟孩子讲哲学，不需要涉及流派及其代表人物，只解释一些和孩子日常生活相关的哲学命题即可。

---

[1] 图片来自阿内-索菲·希拉尔著，《思考世界的孩子》，浙江少年儿童出版社。

目录

所有人是不是都一样？	P.2
为什么一切都在不停地发生变化？	P.16
长大意味着什么？	P.30
是不是所有人都做梦？	P.46
为什么有时候我会特别恼火？	P.60
为什么兄弟姐妹之间会吵架？	P.74
为什么和平相处那么难？	P.88
彼此信任是什么意思？	P.102
为什么有的人很坏？	P.116
为什么有的人在流浪？	P.130
什么时候我才不被当作小孩？	P.144
幸福是什么？	P.158

目录

为什么大家不一样？	P.1
为什么要打架？	P.17
出生之前我在哪儿？	P.33
为什么我不能随心所欲？	P.49
为什么会害怕？	P.65
世界是怎样诞生的？	P.81
这不公平！	P.97
为什么要上学？	P.113
为什么有的人无家可归？	P.129
为什么会有坏人？	P.145
我自己有爸爸！	P.161
死是怎么回事？	P.177
写给父母	P.193

图4-2 哲学都在给孩子讲什么[1]

给孩子的哲学书大部分是图文并茂的，书中设置多个角色，这些角色分别发表自己对于问题的看法。这种创作模式，也是引导父母和孩子在阅读过程中一起交流，进行思想的碰撞。

图4-3 典型的儿童哲学图书

[1] 图片来自马修·德·罗比耶、玛丽·欧碧楠等著，《加斯东，问个不停的小孩：关于世界的哲学课》。

图书推荐：

> **苏菲·弗洛、卡特琳娜·普罗多–祖贝尔著，《加斯东，问个不停的小孩：关于人生的哲学课》；马修·德·罗比耶、玛丽·欧碧楠等著，《加斯东，问个不停的小孩：关于世界的哲学课》，天天出版社，4~8岁**

内容与特色：故事主角叫作加斯东，他对为什么会害怕，为什么要上学，为什么不能随心所欲，为什么有的人无家可归等充满了疑问，也对出生之前在哪儿，世界怎么形成等终极问题感到困惑。爸爸妈妈通过日常对话向加斯东解释这些问题，激发孩子更深层次的思考，帮助孩子构建人生观和世界观。碎片式的图文组织方式，适合刚接触哲学的孩子。

> **阿内–索菲·希拉尔、格温尼拉·布莱著，《思考世界的孩子》（全2册），浙江少年儿童出版社，6~10岁**

内容与特色：探讨了59个关于世界、关于自我的哲学问题，书中内容大多取自孩子们在班级中的谈话。图书内容用漫画的形式展开，句子简短容易理解。

> **碧姬·拉贝著，《哲学鸟飞罗系列》（全10册），接力出版社，6~10岁**

内容与特色：主要探讨负面信息与行为，教孩子规则和为人处世。

> **哲也著，《童话庄子·逍遥游》，台海出版社，7~12岁**

内容与特色：以寓言、童话讲哲理，感受“清净无为”“顺应天道”“逍遥齐物”的老庄哲学。

> **周国平选编，《给孩子的哲理》，中信出版社，10~14岁**

内容与特色：由周国平选编并撰写导读，汇集36本西方哲学的经典内容，按26位哲人顺序和固定的哲学主题分类，带领孩子建立哲学观念和体系。

> **佛朗莎·勒罗著，《小艾多的世界》，浙江大学出版社，10~14岁**

内容与特色：心理学家创作，解释孩子和父母相处的处世哲学。

> 米歇尔·皮克马尔著，《少儿哲学丛书》（全6册），新星出版社，9~12岁

内容与特色：用寓言故事、童话和神话，来解释古往今来的哲学知识，帮助孩子思考与提问。

> 小山薰堂、宫岛茂树等著，《14岁懂社会》，新星出版社，12岁以上

内容与特色：多元的价值观念和生存智慧，厘清人们对于社会的种种误解，探讨的议题对于孩子今后的职业发展和社会生活具有指导意义。

> 里夏德·达维德·普雷希特著，《哲学家与儿童对话》，生活·读书·新知三联书店，10岁以上

内容与特色：探讨“我”“道德”“美”“正义与自由”等话题，采用对话形式展开，笔调亲切，内容有趣。

> 贝里斯·高特、莫拉格·高特著，《学哲学的孩子更聪明——儿童哲学启蒙实践指南》，人民邮电出版社，10岁以上

内容与特色：通过游戏探究“公平和规则”“友谊和关系”“善与恶”“心灵哲学”“认识论”“形而上学”，引导孩子思辨。

2. 数学书籍

如果说哲学是思想的基础，数学就是方法和手段的基础。数学学科包含了研究数量、结构、变化、空间以及信息等内容。

儿童学习的数学知识只是整个数学学科的很小一部分。这些数学知识，主要归属在基础数学、应用数学和逻辑三个领域。其中，基础数学指的是数与形和四则运算；应用数学指的是将数学知识运用于生活中，重点在财商教育和掌握经济常识；逻辑指数理逻辑，与文学中的文法逻辑相对应，是孩子们思考数学问题的思维方法，对应的图书类型是数学游戏书。

孩子的数学能力发展是阶段性的，孩子不会跳过其中一个发展阶段直接进入下一个发展阶段。

> 2岁：表象思维阶段，开始初步有数与量的概念。

> 4岁：表象思维阶段，开始能理解加法。

> 7~9岁：符号认知与阅读能力阶段，包括归纳总结能力、分析推理能力和空间想象能力的练习

> 10~12岁：数学推理逻辑思维阶段，运用数学知识处理现实世界中各种复杂问题并应用于其他学科。

数学无处不在，不管是算术还是几何，都是抽象概念。这些数学内容要转变为孩子可以理解的具象概念，并且和生活实际结合起来，孩子才能够更好地掌握。为了做到这一点，我们经常使用游戏的方式进行数学学习。

图4-4 儿童数学书

图书推荐：

A. 数学感知、知识和常识

> Naon教育研究所著，《奇迹幼儿数学》，九州出版社，3~6岁

内容与特色：采用情境数学的方式教最基础的数学原理，用108个数学游戏完成幼小衔接。

> 英国尤斯伯恩出版公司编著，《揭秘数学》，接力出版社，3~6岁

内容与特色：用翻页和游戏的方式让孩子了解生活中的数学、计数与数字、数学运算、分数、几何图形等知识点。

> **安野光雅著绘，《走进奇妙的数学世界》，北京联合出版公司，6~10岁**

内容与特色：数学绘本。用图画和故事讲集合、组合与分离、序数和基数，一一对应、测量，数值单位、函数的映射关系，点、线、面的关系，进位、三角形、拓扑学应用等知识。

> **DK公司著，《DK玩出来的百科：动手玩转数学》，国家开放大学出版社，4~8岁**

内容与特色：利用翻转和推拉纸卡片学计数和几何，以下棋（桌游）的方式学习运算规律和1–12乘法表的技巧。

> **刘薰宇著，《给孩子的数学三书——原来数学可以这样学》，团结出版社，10岁以上**

内容与特色：教孩子数学学习方法及解题方法。书中大量使用了图解法求解数学谜题。

B. 数学思维与逻辑

> **迈克·戈德史密斯著，《DK儿童数学思维手册》、约翰尼·鲍尔著，《有趣的科学——数学魔术师》（全2册）、约翰·伍德沃德著，《有趣的大脑训练手册》、詹姆斯·哈里森著，《DK智力训练手册——思维练起来》、帕斯卡尔·米凯龙著，《DK智力训练手册——记忆转起来》等，科学普及出版社**

内容与特色：找到数学和生活相关联、有趣味的地方展开数学知识。用游戏进行互动，引导孩子思考。

> **伊凡·莫斯科维奇著，《迷人的数学：315个烧脑游戏玩通数学史》，湖南科技出版社，10岁以上**

内容与特色：用315个游戏帮助孩子提升数理逻辑。书中有很多数学背后的故事，兼具趣味性、互动性和艺术性。

C. 数学应用

> **卡莉娜·卢瓦尔、洛朗丝·比诺著,《数学星球》,中国人口出版社,6~10岁**

内容与特色：梳理数学学科发展史，用人文科学的眼光看待数学。

> **童心布马著,《万物有数学》(全8册),北京日报出版社,6~10岁**

内容与特色：将93个数学概念运用于生活，讲解数字与运算、几何图形、统计与概率、量与计量4大基础领域在生活中的应用。

> **英国DK公司著,《DK数学很简单》,中国大百科全书出版社,6~10岁**

内容与特色：讲解STEM中的数学，数学与科技的联系。

孩子的数学学习内容一直在发生变化，但无论年龄大小，核心都是学习方法和逻辑训练。

第三节　自然科学类

知识书也可以叫科普书，而说到科普，人们自然而然想到的是自然科学。自然科学相比于人文历史更容易被孩子理解。

自然科学的图书很多，讲的大多是相似的内容，所以如何避免重复购书就成了选书时的核心诉求。

一、理解知识书中的插图

0~12岁的自然科普图书一般都有插图，这些插图对于内容和科学知识的理解起到了重要作用。

知识书会出现的插图类型主要有6种，每一种的作用各不相同。

图4-5 6种常见的知识书插图

因为不少图书都会以插图作为噱头，而有精美插图的科普书往往价格更高，所以了解这些插图的意义可以帮助父母辨别哪些插图是值得多付费并且对孩子现阶段的认知是有益的。

二、自然科学知识不止一面

非虚构类（Non-fiction）因为没有虚构情节，就是实实在在讲科学知识，总让人误解一个话题下给孩子准备一本书就好了。实际上，知识不但是无穷无尽的，即使是某一个知识点，也有不同的侧面和许多的切入点。

孩子从感受自然开始，到了解知识点和观察，再到实验验证、理解原理，这是一个具有逻辑性的学习过程，每个环节了解的都是一件事物的不同侧面。

三、自然科学图书的阅读逻辑

自然科学的阅读应该先从细节入手，再多而广，等有足够的知识储备后，再次进行深入地阅读。孩子的知识学习一定要有可被感知的切入点，孩子喜欢刨根问底，即使是三四岁的孩子也喜欢把一件事或一种现象彻底了解清楚。

百科全书也必不可少，可以为孩子提供宽广的知识内容，便于孩子理解知识之间的相关性和体系，作为工具书，也是孩子查询知识的好帮手。

表4-2 自然科学类童书的阅读计划

年龄	学科内容	图书类型	特点	预计阅读种数
3岁以上	太空、海洋、自然、动植物、垃圾分类等具象的科学内容	翻翻书 立体书	互动设计能帮助孩子理解自然、机械的内外部结构及其关系，提升阅读的乐趣	5~10种
4岁以上	跨学科通识	图画书	有特色的图文组合方式	5~10种
4岁以上	孩子感兴趣的知识 动植物与自然现象	图画书	通过一个具体的主题，让孩子了解如何观察、分析和探究。	5~10种
6岁以上	理解结构和联系	游戏书	通过动手动脑的方式，让孩子在游戏中理解科学的内容和逻辑。培养孩子的科学兴趣，获得成就感。	5~10种
8岁以上	科学理论书 思考方式与角度	百科全书 经典读物	获取尽可能广泛的知识，可以作为工具书	5~10种
10岁以上	科学发展趋势 物理、化学、生物等学科	文字书	学会分析和思考，掌握学校教学不会讲到的专业知识	5~10种

想要解释清楚一件事情，通常要运用到多个学科领域的知识，因此，给孩子选书，也可以选择跨学科的知识书，让孩子具备联想和知识综合运用的能力。

四、游戏是自然科学的最佳学习方式

科学学习最有效的方式之一，是孩子可以自己参与观察和论证的过程，从表象到原理都能够深入地理解。

图4-6 儿童自然科学图书

1. 系列科普书

这种分类方式源自出版社经常使用某一种呈现方式集合自然科学的知识内容。也就是说一个系列中，可能出现多个学科，但这些学科知识都由一种特定的方式呈现出来，如果孩子喜欢并能够理解这种知识呈现方式，就可以挑选整个系列进行阅读。

> 法国伽利玛少儿出版社著,《第一次发现丛书·手电筒系列小百科》（全4册）, 接力出版社, 3~6岁

特点：利用纸质手电筒，探索黑暗中或隐藏的世界。把阅读的自主权给孩子，让他们能够自己探索。由于所选的都是黑夜或者隐秘的环境，也有助于孩子克服害怕的情绪。

> 克里斯·奥克雷德等著,《少儿揭秘科普翻翻书》（全12册）, 未来出版社、陕西人民教育出版社, 3~6岁

特点：内容涵盖多个学科。通过大开本和翻页设计，展示全貌和细节。

> 英国迪纳摩公司著,《小小探险家》（全10册）, 未来出版社, 2~4岁

特点：其中涉及自然科学的有《不可思议的身体》《生机盎然的海洋》《奇奇怪怪的虫虫》《五花八门的交通工具》《神秘

浩瀚的太空》《千奇百怪的恐龙》《忙忙碌碌的农场》《生机勃勃的雨林》《各种各样的动物》。书中大量使用翻页设计，给孩子提供碎片化但符合幼儿认知的知识信息，薄纸板页，适合孩子翻阅。

> **芭芭拉·泰勒著，《超级炫酷3D立体大百科：恐龙王国大探秘》，长江少年儿童出版社，4~8岁**

特点：每册5个3D弹出场景，多层纸艺结构，分层透视便于了解事物的生存环境和空间关系。

> **美国国家地理学会著，《美国国家地理儿童小百科》（全6册），四川少年儿童出版社，4~8岁**

特点：书中图片来自于美国国家地理的拍摄图片，展现动物的真实生活场景。

> **珍·格林、安娜·克莱伯恩等著，《揭秘万象科普图典》（全4册），长江少年儿童出版社，5岁以上**

特点：全套100多个机关，包含翻翻页、转盘、折页、书中书和胶片透视页等互动形式，胶片透视页能清晰展示内部构造，激发孩子的主动探索。对于知识内容的讲解非常细致，较多数据呈现。

> **帕特·雅各布斯、珍妮弗·普林、安妮特·康恩等著，《纸上景观》（全10册），中信出版社，5岁以上**

特点：采用纸板模切工艺，可以玩撕纸游戏，撕出一个立体的科普画面。内容展现的形式像档案，不同事物都用类似的维度去表现。

2. 自然观察和科学通识

学会观察我们所处的世界，用身体和感官去感受，是孩子进行科学知识学习的重要步骤。良好的感受力能提升孩子的理解力。

图书推荐：

A. 天文

> 多米尼克·瓦里曼著，《太空猫：星际穿越》，长江少年儿童出版社，6~10岁

特点：以太空猫博士为主角，带领读者进行宇宙之旅。插画形式新锐。

> 科林·斯图尔特著，《星光的速度》，辽宁少年儿童出版社，6~10岁

特点：涉及物理学、声学、光学及天文学等多个学科领域，像展开一幅生动的宇宙科学图景。

> 凯尔茜·奥赛德著，《当我们看星星时，我们看见了什么》，北京联合出版公司，10~14岁

特点：知识含量大，涵盖了星座、银河、恒星、行星、小行星、流星、彗星、深太空等天文学常识，并将历史、神话故事和天文科学相结合。

B. 动物及微生物

> 西比勒·莫特尔·林克文、弗雷德里克·贝特郎图，《细菌小不点儿人体历险记》，花山文艺出版社，2~4岁

特点：以红色细菌的人体冒险之旅展开内容，翻页的形式让幼儿与书进行互动。

> 凯瑟琳·巴尔著，《10个我喜欢你的理由：巨大的鲸鱼》，长江少年儿童出版社，3~6岁

特点：用10个理由高度概括地讲清楚一种动物的特点和习性。

> 德尔菲娜·高达著，《千千万万只蚂蚁》，北京联合出版公司，3~6岁

特点：书中仔细讲述了蚂蚁的分工与协作、外观与习性，同时也用蚂蚁的微观社会投射和比较人类社会。

> 沃依切赫·格拉伊科夫斯基著，《蜜蜂》，浙江教育出版社，3~6岁

特点：讲述蜜蜂的种类构造、授粉繁殖、与人类的渊源和交集、养蜂人和蜂箱的结构、蜜蜂文化和趣闻等内容，　让孩子们了解微小生命的巨大意义。

> **欧文·戴维著，《了不起的猴子》《甲壳虫的秘密》等，长江少年儿童出版社，7岁以上**

特点：从品种、习性、相关的文化知识讲透一个物种。

> **罗伯特·麦什著，《大开眼界科普玩具书：重返恐龙时代》，上海文化出版社，6岁以上**

特点：立体书，内含知识小手册、拉页、立体页、口袋页、X光片，让孩子通过观察和互动全方位地认识恐龙。

> **凯西·威利斯著，《植物博物馆》、珍妮·布鲁姆著，《动物博物馆》，世界图书出版公司，8岁以上**

特点：将动物分类、植物分类与展馆分类相联系，给孩子一种全新的思考方式，也让孩子理解博物馆中的展品陈列逻辑。

> **弗乐·斗盖著，《动物的爱情》，北京联合出版公司，7~14岁**

特点：以人类的“爱情”概念讲自然界中动物求偶追逐、交配繁殖等行为，以及动物的群体生活。

> **埃莱娜·拉杰克著，《微观世界：谜一样的小生命》，北京联合出版公司，7~10岁**

特点：书中展示了10个放大的微型生态系统，近100种微型生物，有拉页可放大局部进行观察。

> **弗洛伦斯·皮诺著，《微生物的秘密战争》，电子工业出版社，7~12岁**

特点：介绍细菌、寄生虫和病毒，它们的生存方式和危害，以及人体如何通过疫苗等方式抵御这些微生物的侵袭。

C. 植物

> **莉莉安娜·法比辛斯卡著，《真菌伞下的秘密》，文化发展出版社，6岁以上**

特点：真菌小百科，包含真菌物种以及与它们有关的知识。

> 全羲植等著，《给孩子的常见植物识别手册》、朴是龙等著，《给孩子的常见动物识别手册》，吉林美术出版社，6岁以上

特点：教孩子识别常见的动植物，可以用于临摹绘画。

> 沈兆媛著，《给孩子的自然图鉴：植物图鉴》，中信出版社，7~10岁

特点：科学的生物分类，细密的图画，展现自然的美感。

D. 人和人体知识

> 凯特·戴维斯著，《探秘人体》，中信出版社，4~8岁

特点：RGB艺术与科普结合，戴上三色滤镜，一图可以三看，便于观察层次和细节。

> 丹·格林著，《大脑历险记》，长江少年儿童出版社，7~10岁

特点：用历险的叙述方式，讲述大脑的构造和功能分区，以及如何运转。

> 安纳斯·芙吉拉著，《如何制作一个哥哥》，浙江教育出版社，7~10岁

特点：从孩子渴望哥哥的角度切入，讲述祖娅和鳄鱼朋友一起做哥哥的过程，同时展现人体知识。

> 约翰·范登著，《不可不知的人体》，长江少年儿童出版社，7~12岁

特点：以漫画形式讲解身体构造和循环原理。

> 艾丽斯·罗伯茨著，《DK人体大百科》，电子工业出版社，10岁以上

特点：涵盖了人体的九大系统、四大基本组织、细胞的结构和功能，人类的进化和繁衍、生殖发育等各项内容，以及人体疾病发病机制及诊疗等内容的百科全书。

E. 进化与自然环境

> 克里斯托弗·劳埃德、帕特里克·斯基普沃斯著，《墙书：自然通史》，江苏凤凰少年儿童出版社，4~8岁

特点：以时间表展开，数张图片围绕在时间轴上下展示自然演化进程，使用时可摊开贴于墙上。

> **米莉·玛洛塔著，《地球上最孤单的动物》，四川美术出版社，4~8岁**

特点：展示43种濒危动物的生存状态、生活习性和困境。用人类的孤单情感和动物的孤独相联系，让孩子感受动物们的悲惨处境。

> **今泉忠明编，《遗憾的进化》（全3册），南海出版公司，8~12岁**

特点：进化中保留的种种缺陷造就了动物们的生活，用这个角度切入，颠覆孩子以往的认知方式，有助于孩子从不同角度思考问题。

> **申赋渔著，《逝者如渡渡》，新星出版社，8~12岁**

特点：展示物种消失的过程，以及人类是如何变得越来越孤单的。

> **肯尼思·利布莱希特著，《雪花的答案：冰冻艺术中的科学》，电子工业出版社，10~14岁**

特点：雪花是物理、化学和数学运算的综合结果。从细微处讲大科学。

3. 日常生活内容科学书

了解科学知识，从了解生活中常见的科学现象开始。科学知识的有用性会促进孩子理解和记忆。

图书推荐：

> **英国DK公司著，《DK那些重要的事》，中国大百科全书出版，4~8岁**

特点：以幼儿视角看与生存相关的地球科学和人类知识等。这本书的作用等同于一套《十万个为什么》。

> **雅克·吉夏尔著，《人体城市》，浙江少年儿童出版社，4~10岁**

特点：将人体系统和城市运行系统交织类比，展现两个体系的共性，带给孩子新的思考角度，也让孩子更加深入地理解人体和城市。

> **大井喜久夫、大井操、铃木康平著，《自行车的物理学》，江西人民出**

版，6~10岁

特点：讲解所有与自行车相关的物理原理，以及这些原理是如何运用在自行车的制造和使用中的。把难以理解的力学知识变得更容易理解，适合作为力学学习的入门书。

> 盛口满著，《水果的秘密》《蔬菜的植物学》《谷物的智慧》《餐后骨头大考察》，中国友谊出版公司，6~9岁

特点：以日常饮食展开动植物知识，将一日三餐和生物学知识联系起来。这些内容的阅读能让孩子理解一些农业的概念，避免孩子四体不勤、五谷不分。

> 小石新八主编，《身边的科学》、儿童俱乐部编著，《身边的科学：我放大了100倍！》，中国水利水电出版社，8岁以上

特点：解释常见事物（创造发明）的奥秘。对每一个研究对象的制造过程进行图解，细节中存在着科学原理，知识量较大。

4. 发明创造科学书

大部分孩子——尤其是男孩——喜欢捣鼓小发明。以发明创造为内容的知识书有助于孩子了解物理、化学和生物学科是如何运用于创造过程的，也有助于培养科学的学习方法。

图书推荐：

> 玛乌戈热塔·梅切尔斯卡著，《不可思议的发明》，贵州人民出版社，5岁以上

特点：这本书介绍了历史上的各种古怪发明，以及它们的发明步骤和方法。这本书特别的地方在于，其中大多是失败的发明。失败是成功之母，了解失败是为了成功，总结教训，获得新思路。

> 埃米莉·霍金斯、汤姆·亚当斯著，《发现号特快》，中信出版社，7~10岁

特点：用故事的形式记录改变人类历史进程的12次伟大的交通发明，用侦探游戏的方式进入创造发明的过程，和主人公一起思考。

> **萨宾·包加多尔著,《告诉我!科学与发明》,上海辞书出版社,6岁以上**

特点:这是一本附带贴纸、问答式的科普书,侧边页有标签对内容进行分类。

> **布莱恩·莱弗利、迈克·戈德史密斯、菲利普·斯特尔著,《改变人类历史的交通工具》(全3册),长江少年儿童出版社,6岁以上**

特点:书展开后是1.4米的超长拉页,以交通工具为线索,建立科学、历史与生活的认知体系。

> **莫妮卡·库林、比尔·斯莱尔著,《写给孩子的科学发明课》,台海出版社,6岁以上**

特点:针对单个发明创造揭示其过程和方法。

> **朱莉·法里斯、伊莎贝尔·托马斯等著,《DK发明简史》,四川科学技术出版社,8岁以上**

特点:包含108个发明和发明故事。每项发明不仅叙述得非常完整,之间的相互关系也被总结出来,使得整本书的知识内容形成一个完整的体系。

> **大卫·麦考利、尼尔·阿德利著,《DK万物运转的秘密》,电子工业出版社,8~14岁**

特点:展示了数百种机械运转的原理以及它们与生活的联系。

> **小书虫读经典工作室著,《科学大王:我爱发明》,天地出版社,11岁以上**

特点:多角度全方位地解释“发明”是怎么回事,展示科学研究的规律和方法。

5. 科学游戏与实验

科学实验是科学研究中必不可缺的一环,也是孩子们了解科学的重要方式,科学游戏书尤其适合那些对于科学没有兴趣的孩子。

图书推荐：

> 罗伯·科尔森著，《问题解决力养成STEAM科学盒子：机器人》《问题解决力养成STEAM科学盒子：弹珠轨道》《问题解决力养成STEAM科学盒子：太空》，陕西人民教育出版社，6岁以上

特点：选取孩子感兴趣的内容，讲解基础知识，提供制作方案，配套手工材料，孩子可以发挥自己的创造力。

> 英国伦敦科学博物馆著，《玩出来的科学家》，湖南少年儿童出版社，6~12岁

特点：七个科学问题、七个数学概念和七个艺术话题交织在一起，通过手工和实验的方式，让孩子手脑并用，理解科学的创意和艺术的科学。

> 伊丽莎白·A.舍伍德等著，《365个科学游戏》（全2册），九州出版社，4~8岁

特点：365个游戏方法，调动身体感知觉和肢体运动，感受自然中的科学力量。

> 卡罗尔·沃德曼著，《工程师在做什么？》，北京联合出版公司，5~8岁

特点：书中有多个在家就能完成的简单小实验，让孩子能自己动手探索工程学奥秘。

> 安提亚·赛安、艾克·冯格等著，《101个神奇的实验》（全4册），长江少年儿童出版社、少年儿童出版社，6~12岁

特点：十分钟动手实验，从材料到理解“为什么”和“怎么做”，可操作性强。

> 柯林·斯图尔特著，《制作彩虹、陨星坑和弹珠婴儿》《设计机械臂、柠檬电池和太阳能烤箱》《揭秘蒸汽机、呼吸机和磁悬浮》《计算利息、地球运动速度和蛋糕的黄金比例》，接力出版社，8~14岁

特点：书中选取的实验具有学科交叉的性质，贴合当下科技的发展趋势。有从原理、实验到结论的完整流程，可独立成课，在家或学校进行实践。

6. 百科全书和经典著作

百科全书内容翔实，可以用来直接阅读，也能作为工具书使用。

图书推荐：

> **英国DK公司著，《DK儿童海洋百科全书》《DK儿童自然环境百科全书》《DK儿童人体百科全书》《DK儿童科学百科全书》《DK儿童图解百科全书——化学元素》《DK儿童百科百问百答》《DK儿童图解百科全书——岩石与宝石》，中国大百科全书出版社，6岁以上**

特点：涵盖各个科学领域，内容经过多次出版反复校验。使用大量真实照片，图文并茂。

> **艾莉丝·戈特利布著，《看见科学：给孩子的万物探秘书》，接力出版社，7~10岁**

特点：涵盖生命、地球和物理等知识领域，着重于展示科学的趣味性。通过手绘图的细节，表现出宏观和微观的不容易被发现和注意的科学知识。

> **德尔芬·葛林宝著，《给孩子的环保生态小百科》，陕西人民出版社，10岁以上**

特点：讲解关于环境保护的知识，将永续生活和未来生活设计的概念融入其中，让环保和孩子的生活更贴近。书中设定了任务，让孩子带着疑问和任务去阅读。

> **英国DK公司编著，《DK博物大百科——自然界的视觉盛宴》，科学普及出版社，11岁以上**

特点：覆盖5000多个动植物物种，图片以特写形式展现生物的特征。适合喜欢刨根问底，关注细节和规律的孩子。

> **比尔·布莱森著，《万物简史》；苗德岁著，《物种起源》；李劲松著，《天工开物》；李亮著，《天体运行论》；接力出版社，8~12岁**

特点：适合少儿阅读的版本，以专业理论书，搭建扎实的知识框架。

> **安娜贝勒·克雷默著，《科学家如何思考：达尔文与物种起源》，贵州**

人民出版社，10~14岁

特点：从思维方法和过程的角度讲述进化论的发现。

7. 科学发展趋势和新技术运用，化学与物理的前沿知识

图书的出版周期比报纸、杂志和新媒体出版的周期长，漫长的出版过程使得图书内容具有一定的滞后性。及时阅读新技术与科技趋势的出版物就显得尤为重要。

图书推荐：

> 罗伯特·温斯顿著，《有趣的化学——这就是元素》，科学普及出版社，8~12岁

特点：讲述孩子易于理解的与生活相关的元素知识。举例时选取孩子感兴趣的内容，比如哈利·波特与炼金术，狗狗身上含有的化学元素等。

> 北京大学化学与分子工程学院编著，《分子共和国》，中国大百科全书出版，10岁以上

特点：赋予化学元素个性，把它们当作鲜活的生命来讨论，并回归生活，讲述元素在生活中的作用。

> 琳达·刘易斯著，《Hello Ruby儿童编程大冒险》，浙江人民美术出版社4~8岁，

特点：以故事和游戏来理解编程逻辑。

> 希瑟·莱昂斯著，《小创客的第一课：给孩子的编程启蒙书》，中信出版社，4~8岁

特点：书中包含400多个知识点，涵盖计算机、网络安全、隐私保护、移动支付、未来家居、智慧城市等内容。

> 克雷格·斯蒂尔等著，《DK编程真好玩：9岁开始学Python》，南海出版公司，9岁以上

特点：通过游戏和应用程序制作案例，掌握Python编程技巧。

> 严伯钧著，《六极物理》，接力出版社，10岁以上

特点：涉及弦理论、黑洞、奇点、引力波、平行宇宙、时空弯曲、量子纠缠等前沿物理问题的研究。

> 史蒂夫·琼斯、齐亚丁·萨达尔等著，“懒蚂蚁·青少年科普丛书”（全9册），重庆大学出版社，10岁以上

特点：介绍相应学科的基础理论，快速了解里程碑式的人物和学科突破。

第四节 人文社会类

在前面，我们曾提到绘本有促进孩子社会化的作用。绘本的作用主要在社会情感和行为两个方面，想要理解社会规律和更多的生活常识，孩子还得阅读人文社会类的知识书。当孩子逐渐过渡到独立阅读为主的阶段，政治、经济和历史都是和自然科学一样重要的阅读内容。

一、学科通识类

我们所讲的学科通识，就是将各个学科的知识按照一定的逻辑组织在一起，便于孩子全面而深入地理解某一个问题。

更具体地说，生活中很多问题无法用一个学科的知识解释清楚，学科通识类的书就是通过不同学科的相互配合和补充，讲清楚生活中的社会科学。

图4-7 儿童社会科学图书

图书推荐：

> 若埃尔·若利韦著，《几乎所有的》，北京联合出版公司，3~8岁

特点：超大开本，版画形式，画面中的图案都画得很大，特征明显、风格复古。内容覆盖13个大类，都与孩子的日常生活密切相关。书的主体部分是图画，一个主题下的物品都摆在画面里，只写名字。书的结尾处有词汇表来解释这些词汇的人文历史知识。

> 亚历山德拉·米热林斯卡、丹尼尔·米热林斯基著，《地图》，贵州人民出版社，4~8岁

特点：以地理环境切入，讲城市、国家与大洲的人文历史、名胜古迹和重要事件。超大开本，插画细腻，风格独特，读图阶段的孩子通过观察地图也能获得较多的知识，形成宏大的地域观念。

> 贝特朗·菲舒著，《人类简史（绘本版）：给孩子的世界历史超图解》，中信出版社，6~10岁

特点：设计有地图、时间轴、历史大事件和拉页细节图，多维度呈现历史。以人类发展为主线，涵盖自然地理、风俗文化、国家城市等多方面知识。

> 理查德·普拉特著，《常识——有用无用的知识百科》，北京联合出版公司，7岁以上

特点：打破学科壁垒，讲述贴近生活的30个主题，讲述潮汐节气、绳结记事、远古文字、信号代码、管弦乐队等知识，选取的知识点看上去冷门且没有用处，但都与人文历史的学科逻辑相关，让孩子知晓知识的来龙去脉。

> 索菲·斯特迪著，《象博士的人文课》，陕西人民教育出版社，4~8岁

特点：从象博士的生活出发，讲解大象的生理知识，并跟随大象的脚步，了解世界各国的饮食、流行服饰演变、当代著名建筑和现代家具设计等知识。

以上这些书都从多个角度，将历史、风土人情、社会发展联系起来，让孩子获得对于世界的整体感受，形成多角度的思维方法。

二、历史类

儿童历史书以讲述历史人物和事件为主，主要反映和探讨三个方面的内容：

> **由古至今的风土人情和国家地理；**

> **历史背景下的社会现象、政治和经济时局；**

> **历史环境中的人、人物命运和生活方式。**

1. 世界史

阅读世界史，可以了解他国的历史和世界历史发展的进程，目的是拓展全球文化视野；可以了解历史发展规律，以及知晓作为历史的创造者的“人”是如何在历史中发挥作用，彰显自我价值的。

图书推荐：

> **伊万·波莫著，《我们，我们的历史》，光明日报出版社，4~8岁**

特点：跨度13亿年，展现6大洲的人类社会兴衰，附人物档案和游戏。强调平凡人物而不是英雄人物的作用。

> **彼得·胡斯著，《时间线》，中信出版社，5~8岁**

特点：超大开本，细节丰富。以时间为线，绘制出历史、地理、人文的思维导图。

> **希利尔著，《希利尔讲世界史》，贵州教育出版社，9~14岁**

特点：采用编年体的写史方法，从万物起源到二战结束，以重要历史人物和事件为节点，把不同国家地区在同一时间发生的历史事件放在一起讲解，形成对于某个时间点，世界历史的整体感受。

2. 中国史

阅读中国史，最主要的目的是了解中国文化和民俗，形成文化自豪感。

图书推荐：

> **知中编委会著，《太喜欢历史了！给孩子的简明中国史》，中信出版社，6~10岁**

特点：去脸谱化的历史态度，分朝代讲解，有时代背景、衣食住行和历史事件。页面中设置趣味典故、成语讲堂及大事记，具有一定的互动性。

> **林汉达等编著，《上下五千年》，少年儿童出版社，7~12岁**

特点：记录中国5000年历史发展的关键事件和人物。从远古神话和民间故事开始，不局限于历史，广泛涉及哲学、军事、艺术、教育等领域，展现中华文化的不同层面。

> **申赋渔著，《中国人的历史：诸神的踪迹》，新星出版社，10岁以上**

特点：借由中国神话中的神展开，探究神的历史背景和社会因素，让孩子理解中国文化的根源。

> **江瑞芹主编，《中国历史长卷》，天津人民出版社，8~14岁**

特点：使用精准的时间坐标，维多利亚风格的插图，展现中国科技、政治、民族、文化的历史进程。中国史和世界史在页面上上下对应，可以竖向读，也可以横向读。

3. 学科史

阅读学科史主要是了解学科的发展历程，了解学科发展中作出贡献的人和主要事件。

图书推荐：

> **老多著，《贪玩的人类：写给孩子的人类科学史》，湖南少年儿童出版社，6~10岁**

特点：展现从原始工具制作到现代科技发展的历史，集中表现“贪玩”是人类科进步的动力。

> **罗伯特·温斯顿主编，《DK科学历史百科全书》，中国大百科全书出版社，10岁以上**

特点：将各个年代的重要科学发现和发明分章讲述，配图为艺术作品和摄影作品，带给孩子全面的科学发展历史图景。

儿童的历史知识书经常采用卷轴式的制作方式。如果家里有足够的白墙，可以将卷轴展开贴在墙上，增强孩子对于历史长河的直观感受。

三、城市、国家与民族文化类

从家庭、社区、城镇乡村、省市到国家，社会的组织形态和地理环境、历史发展密不可分。这些知识也是孩子作为生活于“社会”中的人应该知晓的。

孩子阅读这类书，了解文化的多元，理解差异和共性，促进孩子形成高包容度和公正的品格。

选书时，可以优先选择具有中国民俗文化和生活习惯特征的图书。

图书推荐：

> **马特·拉莫特著，《7个孩子的一天》，花山文艺出版社，4~8岁**

特点：记录7个分别来自意大利、日本、伊朗、俄罗斯、印度、秘鲁、乌干达的孩子，他们从早到晚一天的生活，反映不同文化和社会背景下的日常生活。

> **小海著，《故宫里的博物学》，故宫出版社 / 中信出版集团，7~10岁**

特点：以清代乾隆时期的皇家动物图鉴《清宫兽谱》《清宫鸟谱》《清宫海错图》为蓝本，以博物学的探究方式，给孩子们讲中国明清历史时期的文学、艺术、自然和民俗知识等。

> **尼克·柯雷恩著，“跟爸爸一起去旅行系列”《中国地图》《世界地图》，山东省地图出版社，4~8岁**

特点：从自然、人文、美食三个维度了解国家和城市，突出它们之间的相互联系。

> **斯塔熊文化著，《藏在地图里的古诗词》（全4册），山东省地图出版社；郝志新主编，《藏在地图里的二十四节气》，山东友谊出版社，6~10**

岁

特点：将地理和诗词文化、二十四节气相关联，带孩子探索地理气候之外的文化意义。

> 斯图尔特·希尔著，《世界奇迹是怎样创造的》，接力出版社，6岁以上

特点：三层翻翻书设计，揭秘12座宏伟历史遗迹背后的故事。

> 澳大利亚孤独星球出版公司编著，《50种方法环游世界》，接力出版社，7~14岁

特点：孩子可以体验50种各式各样的交通工具，游览65个城市和地区，发现世界各地的风景。孩子可以选择路线，并在下一页发现此路是否畅通。

这些书经常用不同国家孩子的生活来表现社会文化差异，目的是为了更加贴近孩子看待生活的视角。

如果想了解陌生的城市、国家或者一种从未领略过的文化，去目的地旅行是最直接的方法。这些书也用了这个思路，所以父母经常会发现这类书的书名里有“旅行”二字，通过阅读把孩子带到目的地。

四、人、职业与社会类

这一类书让孩子了解社会构成、人在社会中的角色，从而树立志向和职业观。

1. 社会中的人

孩子也是社会的组成成员，从与家庭成员相处，到与同学、老师打交道，社会生活中的每一个人都脱离不了群体存在。这些书往往选取名人事迹作为内容，不仅介绍名人，给孩子树立榜样，也反映了当时的时代背景下，处于社会洪流中的一份子，这些人的抉择和命运。

图书推荐：

> **瑞秋·伊格诺托夫斯基著，《无所畏惧：影响世界历史的50位女科学家》，接力出版社，6岁以上**

特点：讲述19世纪至20世纪初的女性科学家的故事。用这些女性科学家的事迹反映时代发展中女性地位的改变，鼓舞女孩追求自己的梦想。

> **徐鲁著，《写给中国孩子的100个科学家的故事》《写给中国孩子的100个文学家的故事》，二十一世纪出版社集团，8岁以上**

特点：以时间发展，介绍各个领域里的名家以及相关常识。

> **阿拉斯泰尔·汉弗莱斯著，《伟大的探险》，中信出版社，6岁以上**

特点：再现21位探险家的史诗旅程，鼓励孩子们不惧困难，勇敢探索。

2. 职业

孩子的志向如果能在十六七岁时便形成，那么孩子的专业选择和人生发展都会以一条相对清晰的路线发展，也更容易获得成功。但现实是，孩子往往因为学业压力，一头扎进教材和教辅资料里，到了大学毕业面临求职时还不清楚自己想要从事什么样的事业。

如若希望孩子早早树立志向，首先还得有一个了解和选择的过程。这不是件容易的事情，因为人尤其是孩子容易随着时间而不断改变自己的想法。那么，从小了解各行各业的职业也是阅读的一项必修课。

孩子本身也对这些内容充满兴趣，他们从小就用过家家游戏的方式来扮演某种职业，这个过程，也让孩子的社会化更进一步。

图书推荐：

> **郑素泳、金钟民著，《人和工作：我最好的第一堂社会认知课》，吉林美术出版社，5岁以上**

特点：介绍与人们日常衣食住行学紧密相关的职业，以及从事这些职业的“人”和职业精神。

> 米莱童书著，《好奇心时报》，电子工业出版社，7~14岁

特点：以报纸的形态，介绍科学家的生活日常和闲杂轶事。

> 班诺·塔迪夫著，《体育全知道》，北京联合出版公司，7~10岁

特点：了解体育比赛规则，理解体育精神，理解体育运动的社会和文化意义。

> 卡罗莉娜·拉封著，《我们，我们的服饰》，光明日报出版社，4~8岁

特点：以服饰的发展、功能和审美探究服饰文化背后的人文地理知识。

3. 社会科学研究

社会科学研究指的是人类心理、社会行为和人类学习和生活的规律等议题。阅读这些图书，可以让孩子对于人与人相处中的疑问得到更加深入的解答。

图书推荐：

> 迪特·博格文、博尔德·莫尔克-塔瑟尔图，《猛犸爷爷：写给孩子的人类简史》，湖南美术出版社，7~12岁

特点：以远古时期，一家人的生活展开人类相处、学习和生活的知识内容，帮助孩子们了解世界和人类的起源。

> 伊林、谢加尔著，《人怎样变成巨人》（全3册），北京联合出版公司，10~14岁

特点：以设问-推理-揭晓答案的方式编排，讲述人类是如何与自然斗争，怎样学习和工作，怎样认识改造了世界的。

> 雅娜·贝尔-克劳泽、克里斯蒂娜·克雷彻曼著，《互联网是什么？那些你早就想知道的事》，新星出版社，6~9岁

特点：了解互联网的诞生，互联网对生活的帮助和影响，以及使用互联网的技巧。

> 马库斯·威克斯著，《DK青少年人文科普百科：心理学百科》，电子工业出版社，10岁以上

特点：用信息图表和问题设置的方式解释心理学以及心理学的应用，尤其针对青春期的心理发展。

> 克里斯·伊尔、克里斯托弗·索普著，《DK青少年人文科普百科：社会学百科》，电子工业出版社，10岁以上

特点：用信息图表和问答解释社会制度、工作与休息、媒体等社会学的重要内容，让孩子理解人与社会的关系。

五、经济学类

儿童为什么要学经济学？

父母带孩子出门游玩，无论是去公园还是商场，总有人给孩子送免费的东西。这些真的是免费的吗？我们都知道这是用个人信息换取的，事后要面对各式的推销电话。如果父母不让孩子拿，孩子能理解吗？为什么有的东西贵、有的便宜？为什么有的同学爸妈赚钱多，有的却很少？怎么解答这些问题影响着孩子未来的金钱观。

上小学后，不少父母会给孩子购买手机，网贷、直播打赏层出不穷，怎么教会孩子管理自己的钱财呢？

这就需要从小培养孩子的财商，让他们了解一些经济学知识。

图书推荐：

> 马丁·詹金斯著，《孩子的经济学财商启蒙绘本：金钱》，云南科技出版社，4~8岁

特点：了解金钱的发展历史，认识金钱、管理金钱，培养财富观。

> 博多·舍费尔著，《小狗钱钱》，中信出版社，8岁以上

特点：关于金钱的童话，以故事引导孩子从小学会支配金钱，像富人那样思考。

> 日本野村控股公司监修、青山邦彦绘，《创造未来的工作就在这里：证券公司图鉴》，福建教育出版社，6~9岁

特点：以实例将经济学知识变得直观易懂，了解证券行业，进而了解金钱在社会上的流向，促进孩子理财观念的形成。

> **李晓鹏著，《资本论：少儿彩绘版》《国富论：少儿彩绘版》，接力出版社，10岁以上**

特点：了解政治经济学、哲学、科学社会主义和资本主义的关键著作，这两本是根据小学生理解能力做的删减版。

> **泉美智子著，《10岁开始的经济学》（全6册），中信出版社，10岁以上**

特点：用故事解读经济活动背后的逻辑。

> **马库斯·威克斯著，《DK青少年人文科普百科：经济学百科》，电子工业出版社，10岁以上**

特点：图文结合解释经济学是什么，经济学对生活和环境的影响如何产生。这本书尤其关注货币、供需关系、贸易、企业运营和贫困问题。

阅读这些书时，父母可以跟孩子一起就书里的内容，联系生活中的实际问题进行探讨，看看孩子怎么想、怎么说。

第五节　思维练习

思维方式和学习方法的优化需要大量地练习。思维练习内容的图书，与教辅有些类似，同时更注重趣味性和规律性：通过调动孩子的肢体和左右脑进行游戏，孩子爱上学习。

思维练习的过程，就是综合分析、比较分类、抽象和概括的过程，有归纳演绎、辩证批判、逆向思考、分解、推理、对比等技巧可以掌握。

我们可以用推理游戏的方法让孩子掌握这些能力。用悬疑小故事吸引孩子注意力，让他们循着线索一点点拨开迷雾、破解谜题，并在这个过程中增强孩子的学习自信。

图4-8 思维训练类的童书

图书推荐：

> 保罗·马丁著，《真相只有一个》（全3册），北京科学技术出版社，3~6岁

特点：整套书都以破案过程为内容，锻炼孩子信息对应、方位分析、多重条件排除、时间线整理、路线整理、图文信息对比的能力。

> 英国尤斯伯恩出版公司编著，《学霸思维游戏·学习力》，接力出版社，4~10岁

特点：60个思维游戏，涵盖文化与历史、逻辑与推理、科学与实验、语言与阅读、艺术与创意五个领域。锻炼观察力、记忆力、想象力、创造力和思考力。

> 亚历克斯·弗里斯等著，《这就是数理化》（全8册），中信出版社，8岁以上

特点：涵盖中学考点，以生活切入，漫画式的画面，解释物理、数学、化学、生物四门学科的思维方式，比如推理、建模和实验方法。

> 美国沃克曼出版公司编著，《美国少年学霸超级笔记：英语》《美国少年学霸超级笔记：数学》、《美国少年学霸超级笔记：科学》，接力出版社，8岁以上

特点：用手账形式系统梳理每门学科的核心概念和知识架

构，穿插生活实例和图表，帮助孩子学会提炼要点，构建知识体系。

> 斯特凡妮·埃洛梅－拉肖著，《思维导图30练：给小学生的思维导图实践手册》，北京日报出版社，6岁以上

特点：介绍思维导图的原理、阅读方法、设计思路与绘图步骤，提供30个实例练习，针对性训练孩子的阅读、复述、概括、提炼、细节、联想和画图能力。附有思维卡和贴纸等辅助工具。

> 索尼国际教育公司著，《神奇的逻辑思维游戏书》，北京日报出版社，7~10岁

特点：根据小学数学教学目标，筛选题目，给出解题思路。

> 东尼·博赞著，《思维导图（全彩少儿版）》，化学工业出版社，10岁以上

特点：介绍思维导图的使用方法，以及如何使用思维导图做笔记和制定学习计划。

> 罗伯特·艾伦主编，《逻辑之美》《思辨之趣》《推理之道》，晨光出版社，6~10岁

特点：共有观察、推理、想象和计算相关的3000道题，让孩子针对这些能力进行精准的练习。

第六节　英语阅读

英语学习父母最担心的是：自己英语不好，怎么能让孩子在没有英语环境的情况下学好英语？

语言学习依赖不断地练习而获得进步。父母创造的环境会影响孩子，但终究还是要依靠孩子自己的努力。

图4–9 情景式的英语单词书

> 婴幼儿时期，英语的学习主要依赖于童谣“磨耳朵”，使用英文童谣集，跟着音频学习。但刚开始时，少使用工具，尽可能让孩子听到父母的声音，父母说的话就是孩子的语言环境。发音不标准也没有关系，孩子的语音会在接下来的阶段通过听力练习进行校正。

> 3~6岁，选择一些场景式的英语词汇书，让孩子快速记忆、提高词汇量。有条件的家庭可以选择分级阅读读物体系化地学习英语发音，牛津阅读树、培生分级阅读、大猫系列等都可以，先选一阶试读其中几本，判定是否符合孩子的阅读能力和内容偏好，再购买全套。

> 小学中低年级，使用英文桥梁书和漫画书提高孩子的学习兴趣。

> 小学中高年级，可以开始看英语语法的故事书，让孩子对语法体系有一定认识。

图书推荐：

> 梅丽·麦金农著，《英语单词大书》，北京联合出版公司，2~8岁

特点：这是一本按照孩子最常见的生活场景进行主题式分类的单词书，相比于其他同类书籍，这一本的插画可爱，细节丰富，87只小老鼠隐藏在场景中，记忆单词过程伴随着找一找游戏，单词学习变得更有趣味。

> Dawn Sirett, *1000 Useful Words*, DK, 4~10岁

特点：同样是主题式单词书，同样有观察力游戏，DK的这

一本更进一步，每页的学习开展伴随着提问、逻辑梳理或故事线，适合孩子从学习单词到练习造句的过渡。

> ***Grammar Tales Box Set*, Scholastic，5~9岁**

特点：学乐（Scholastic）出版社出版的这套书，以名词Nouns、动词Verbs、形容词Adjectives，甚至逗号Commas等标点符号作为故事主角，有助于孩子更深入地理解英语这门语言。

第七节　用游戏的方式学习

玩是孩子幼儿时期最重要的功课，玩具书和休闲放松的读物自然必不可少，这些类型多样的玩具书给孩子的阅读增添了趣味，增强动手能力和对生活本身的热爱。

一、游戏书和DIY

书的材质是纸张，儿童游戏书大多与“纸艺”相关。孩子通过图像的形状、大小和层次变化，以及文字谜题就可以进行游戏。

1. 益智游戏书

（1）扮演游戏书

这类书会提供一些纸质或者磁铁的小工具，让孩子跟着书中的情节进行扮演、模仿。

图4–10 过家家的玩具书

图书推荐：

> 保罗·汉森著，《我妈妈的手提包》，长江少年儿童出版社；P.H.Hanson，Workman Publishing，海豚传媒，2~6岁

特点：外观像手提包一样有提手，内有7个夹层，每层装有不同的物品，这些物品可以打开、转动，或有触感可以抚摸，孩子可以使用这些道具假扮角色，亲身体验大人的生活是什么样的。

假装游戏（pretend play）[1]也可以理解为“过家家游戏”，是童年最重要的游戏类型。扮演游戏的图书为孩子提供了游戏中所需要的道具和情境。

（2）贴纸书

贴纸书需要孩子做撕下来粘贴上去的动作，能锻炼小手指的精细运动。但将贴纸贴到适合的位置并不是随便一帖，而是要学会观察外观，进行形状匹配，然后按一定的空间逻辑和规律，找到贴纸在页面上的正确位置。

贴纸的质量关系着贴纸书的阅读质量，好的贴纸揭下来时不会皱成一团，且黏性适中，粘错位置时还能揭下来重贴。

图书推荐：

> 英国尤斯伯恩出版公司著，《尤斯伯恩英国幼儿经典全景贴纸书：自然·动物卷》（全6册）、《尤斯伯恩英国幼儿经典全景贴纸书：探索·游戏卷》（全6卷）、《尤斯伯恩英国幼儿经典全景贴纸书：认知世界·生活卷》（全8册），接力出版社，3~6岁

> 伊莎贝尔·托马斯、玛莉卡·法夫尔等著，《长长的贴纸地带：极地探险》《长长的贴纸地带：浪漫巴黎》《长长的贴纸地带：摩登伦敦》《长长的贴纸地带：雨林探秘》，花山文艺出版社，4~8岁

---

[1] 假装游戏提供了社会行为模仿的条件、角色扮演的情境、与人沟通和社交能力提升的机会，对孩子的游戏与叙事能力、假设推理、抽象思维、创造性问题解决、数学思维、生活常识获得都有促进作用。

> 小豆童书著,《垃圾分类贴纸游戏书》, 人民邮电出版社, 4~8岁

> AMEET工作室著,《乐高城市1001贴纸趣收藏》, 国家开放大学出版社, 7~10岁

(3) 印章书

印章书指附有印泥和印章的书，孩子可以使用书中的材料直接在书上作画。因为印章上刻好了固定图案，所以孩子是通过几何图形的重复、叠加等操作来绘画。

图4-11 《英国幼儿经典趣味图章游戏书》等，接力出版社，4~8岁

(4) 连线、搜索与迷宫书

这类书主要锻炼孩子观察和分析能力，方位感和巡线运动的感知觉。

使用这类书，要先看清楚游戏提示，有的书画面是平面的，有的是立体的，立体的又分为视觉效果是立体的和有立体（pop-up）结构的。

图4-12 《宇宙超级迷宫》，天津人民出版社，5~10岁

图书推荐:

> ***Over 50 brain games*, Usborne Publishing，4~8岁**

> **亚历山德拉·阿特莫斯卡著，《名著思维游戏书》（全3册），接力出版社，4~8岁**

> **AMEET工作室著，《乐高哈利·波特超级大搜索》，国家开放大学出版社，4~8岁**

> **丸山千寻等著，《迷宫大侦探皮埃尔：保卫帝国迷宫塔的宝藏》《迷宫大侦探皮埃尔：寻找被盗的迷宫石》，湖南美术出版社，7~10岁**

2. 桌面游戏

桌面游戏是一种面对面的桌上游戏，比如“大富翁”和棋牌。

在国外，制造桌面游戏的公司有时也会称自己为出版社。桌游有学习化、教育化的发展趋势。

图4-13 桌游形式的童书

图书推荐：

> ***Spin and Play Counting Games*、*Spin and Play Animal Games*, Make Believe Ideas, 4~8岁**

特点：每个跨页都有一个常见的儿童桌游，筛子固定在书中间可以拨动。孩子能边玩边学习动物单词和数字。

> **大卫·迪恩著,《世界城市(卡牌记忆游戏)》、北斗儿童地理著,《世界国旗(卡牌记忆游戏)》,成都地图出版社, 4~8岁**

特点：利用卡牌配对进行记忆游戏，卡片也可作为认知卡使用。

> ***Guess Who? Spot The Bad Guy!*, Victionary, 6岁以上**

特点：卡片式的侦探游戏，25张角色卡，50张线索卡。孩子通过观察卡片中谁触犯了法律、谁做出了英雄行为，比记忆力和反应速度。

3. 语言与文字游戏

语言文字的游戏书，主要是锻炼孩子的表达能力，也就是看图说话、编写故事的能力。

（1）看图说话卡片游戏

图书推荐

> **马克·布塔方著,《哇,高楼》,天津人民出版社, 3~8岁**

特点：本书有12张双面拼图卡，书店、建筑工地等24个场景。孩子的游戏过程是组合这些卡片，搭起高楼，然后用自己的语言讲一个故事，解释为什么要这样拼搭。

> **马克·布塔方著,《出发啦！小火车卡片游戏盒》,北京联合出版公司, 3~8岁**

特点：本书通过火车车厢接龙的方式来设定故事情节发展。

> **安妮·拉瓦尔著,《故事盒子》、艾拉·贝利著,《幽灵的故事盒子》,花山文艺出版社, 3~8岁**

特点：孩子将双面拼图卡片按照自己的想法任意摆放，再根据图画内容口述故事。

（2）与书中的内容互动

图书推荐

> ***Story Path*** **, Templar, 5~9岁**

特点：书中提供数百个故事组合，孩子可以决定故事的走向。

> ***Read All About It!*** **, Laurence King, 8~14岁**

特点：以杂志的创作方式呈现，孩子可以按照书中的指引进行图文创作，完成一本属于自己的杂志。

4. 纸艺游戏

孩子玩纸从一两岁时的撕纸就开始了，而后才学会折叠和使用剪刀。

大部分折纸书考虑安全和使用的便捷性，不用剪刀也可以直接将图案取下来，并提供了虚线让孩子照着折。

（1）折纸和剪纸

折纸和剪纸这两种活动可以锻炼孩子的手眼协调和手指灵活性。以书的形式呈现时，会配有相应的方法介绍和步骤指引。

图书推荐

> **《撕纸玩》（全2册），晨光出版社，2~6岁**

特点：用撕纸游戏替代孩子抽纸的行为。这套书中的撕纸游戏不需要任何经验和技巧，撕下来后进行折叠就可以做出立体造型。

> **《无敌纸飞机》，九州出版社，3~6岁**

特点：书中有详细的折纸步骤，并附有200多张纸。

> **日本公文出版社编著，《公文式教育——最好玩的剪纸书》，连环画出版社，3~6岁**

特点：这套书从剪直线和曲线开始，锻炼手部协调动作，进而让孩子掌握使用剪刀的诀窍。

（2）立体纸艺

立体折纸有助于孩子理解从平面到立体的变化过程，了解立体结构。

图书推荐

> **纸贵满堂编，《简易立体折纸》，南海出版社，3岁以上**

特点：这本书提供方法和材料，让孩子可以经过撕→折→拼→贴的简单步骤，折出好看的简单造型。

> **中村开已著，《惊掉下巴·中村开己动态纸玩具》，晨光出版社，4~10岁**

特点：本书不仅教孩子做立体造型，也让孩子在折纸的过程中理解力与运动。按下或抽动纸片，造型便会做出相应的动作。

> **班内迪克特·勒·罗亚黑著，《我们的世界：交通工具自己做》《我们的世界：世界发明自己做》《我们的世界：世界建筑自己做》，长江少年儿童出版社，5~10岁**

特点：这套书将知识和折纸相结合，图案纹样具有艺术感。

5. DIY手工书

这类书让孩子在做手工的过程中，提升精细运动和创意能力。除此之外，还可以消磨时间，让孩子不觉得假期无聊。

图书推荐：

> **埃兰·范·里斯著，《KLUTZ专注力训练-毛线球玩偶创意课》等，西安出版社，4~10岁**

特点：KLUTZ品牌的手工书的形式多样，有制作羊毛毡、粘土、橡皮，甚至电路和收音机等等。

图4-14 Klutz品牌的手工书

> **Abigail Wheatley, *Children's Sewing Kit*, Usborne, 6~12岁**

特点：这是一套刺绣书，书里提供了针线，孩子只要照着书中的提示就可以完成一幅刺绣作品。

6. 生活常识和"奇怪"的知识

（1）生活与时尚

这类书用与生活息息相关的内容、生动有趣的方式，给孩子把日子过得有趣的灵感。

① 对于美的追求

人人都爱美，孩子也不例外，爱美不是坏事，尽早给孩子美的引导，让孩子在网红审美面前多一点判断力。

图书推荐：

> **郑海永著绘，《爱美之书：写给孩子的时尚演变史》，电子工业出版社，6岁以上**

> **玛拉瓦·易卜拉欣著，《女孩指南：动感青春期50课》，甘肃少年儿童出版社，9岁以上**

> **让-克劳德·弗洛克著，《生活三部曲：生活的样子》《生活三部曲：生活的意味》《生活三部曲：美好的生活》，北京联合出版公司，7岁以上**

② 食育[1]

书于食育最大的作用是介绍各种各样的食物，包含对应的动、植物的生长知识，食物的制作过程，孩子从这个过程中产生节约粮食、尊重劳动的观念。

图书推荐：

> **达格玛·冯·克拉姆、罗特劳特·苏姗娜·贝尔纳著，《四季厨房》，江西人民出版社，7~10岁**

特点：按照四季分类，伴随着一家人的食物制作，同时也向读者提供了食谱、制作步骤、配有插图的食材介绍和烹饪小贴士等。语言文字上充满了烟火气，虽然是国外的作品，但也能让孩子感受到一家人一起制作食物、品尝食物带来的温暖。

图4–15 《四季厨房》

（2）幽默解压的书

孩子都爱看幽默搞笑的书，这些书帮助孩子释放压力，教给孩子生存的智慧。

就像孩子需要看幽默的绘本一样，父母不应阻止孩子看这些看上去没有意义的书。尤其是在无所事事的假期，或是心里烦闷的时候，孩子应该有释放自

[1] 食育指的是良好饮食习惯的培养。不仅需要从婴幼儿期起教给孩子食物、食品相关的知识，还将这种教育，延伸到艺术想象力和人格培养上。

己的方式。

图书推荐：

> **大卫·奥多尔蒂著，《危险无处不在》（全三册），北京联合出版公司，8~12岁**

特点：教孩子怎么成为一个危险学家，特别适合那些对于危险没有感知或者对危险过于敏感，害怕尝试的孩子。

> **马西莫·比杜塔里著，《假期大作战：27 1/2个学玩计划帮你充实度过假期每一天》，天津人民出版社，8~12岁**

特点：给孩子27个有趣的点子，来充实无聊的假期生活。这27种活动覆盖科学知识与历史知识的学习、角色扮演、身体锻炼及竞技和制作食物的社会实践等。

> **皮埃尔多米尼格·巴卡拉里奥著，《100个勇敢者游戏·生存冒险》，电子工业出版社，7~12岁**

特点：用50个任务发现50份珍宝，培养孩子们的执行力，让孩子放下电子用品，提升社会生存的能力。

> **James Campbell, *The Funny Life of Pets*, Bloomsbury, 7~12岁**

特点：养过宠物和想养宠物的孩子进行对话，让孩子们知道怎样照顾动物。

第五章 审美教育

本章，我们针对美育展开论述。

想要提升孩子的审美能力和创造力，只靠绘本阅读可不够。艺术是多元的、有生命力的，即使孩子不成为艺术家，也需要懂得一二。

近些年来，审美教育一直被提倡，也一直被忽视。如果美术和声乐不能为考试加分，父母就不会要求孩子为之付出努力，而街舞和表演在不少父母眼里属于不务正业。不少家长表面上说只是让孩子多个爱好，心里却在为比赛结果暗暗较劲。

孩子不朝着成为艺术家努力，那学习艺术还有什么用处？

大家一直都在诟病生活中随处可见的工业设计、建筑设计、服装设计的丑，其实就是艺术教育和其他学科教育割裂的结果。

审美教育不等同于艺术创作，审美是思想、情感和认知的和谐统一，是为了让孩子们获得辨别美丑的能力，这种能力不只用来辨别物品的美丑，还包括人性和心灵的美丑。审美的最终目的就是为了滋养心灵，实现心灵美和情感美。

去艺术馆欣赏艺术作品，聆听音乐剧和歌剧，尽可能多地使用不同材料进行艺术活动，都是提升艺术审美和创造力的手段。

但对大多数家庭而言，居住地缺少艺术展览资源，开展艺术活动也因为各种因素受到制约。再者，如果目的只是让孩子获得良好的艺术审美能力，那么能够欣赏美和评价美就足够了。

艺术图书为孩子们提供了了解艺术的便捷方式。

前文说到阅读绘本对于审美的作用，但培养孩子的艺术审美和艺术创作能力，光靠阅读绘本还不够，还得借力专业的儿童艺术图书。

第一节　儿童艺术行为发展的规律

在开展审美教育之前，父母要了解儿童的艺术行为发展规律和过程，以免揠苗助长或错失孩子审美发展的关键期。

在没有异常天赋和特殊练习的情况下，孩子们一般都会按照下文所述的阶段发展。

一、美术行为发展

美术教育家罗恩·菲尔德在他1962年出版的代表作《创造性与心理成长》中，分析了儿童美术发展经历。

> **涂鸦期（2~4岁），是基于肌肉运动的最早的图画，随后成为心理活动的表征；在这个阶段，儿童的绘画要经历一个从乱线涂鸦、有控制涂鸦到命名涂鸦的过程。乱线涂鸦是一种无控制的涂抹，各种各样的涂鸦包括无序乱涂、纵向乱涂和画圈，儿童在涂抹的过程中获得动觉经验；有控制的涂鸦表现为重复性画线或涂抹；命名涂鸦则是将涂鸦所获的图形与某个事物联系起来，并用该事物的名称来给自己的涂鸦之作命名。**

> **前图式期（4~7岁），此阶段，儿童观察事物表现出强烈的自我中心倾向，并开始对事物进行象征性描绘，例如用圆圈代表人的头。儿童所画的图形没有表现出远近、立体感，而且能将自己看不到却知道的东西也画出来。**

> **图式期（7~9岁），儿童在这一阶段的绘画表现为用几何线条的图式来表现视觉对象，图画的内容受个人经验和兴趣的影响。儿童所画图画有以下特点：突出自己认为重要的部位；符号和图式的运用经常发生变动；表现出空间感。**

> **写实萌芽阶段（9~11岁），这一阶段儿童的绘画开始脱离图式，转向对事物进行写实。图画中具有一定的空间感，表现出一定的透视关系，出现重叠形式，并开始运用色彩来进行表现。**

> **拟写实阶段（11~15岁），这一阶段儿童的绘画从自发的活动过渡到理性的活动。儿童在绘画时，力图逼真地表现事物，但并不十分逼真和完整。图画中出现明暗透视，且能根据远近和心境来运用色彩。**

以上观点也被国内大多数美术教育机构采纳，并在这个基础上进行调整形成各自的美术教育理念。父母也可以由此判断孩子的美术发展阶段。

二、表演艺术行为发展

在音乐、舞蹈等表演艺术的发展领域，孩子遵循“感受→理论与模仿→大量重复练习→创作”的发展模式。

4岁以前，孩子主要以感知和欣赏为主，并尝试模仿；5岁左右的孩子可以开始学习理论并进行模仿，通过大量练习掌握基础和方法，进而发挥创意进行创造。

与造型艺术依赖于视觉和精细运动不同，表演艺术主要依赖听觉和大运动，这使得婴幼儿也能感受到表演艺术的乐趣。

但音乐和舞蹈的创意比造型艺术难得多。婴幼儿可以借由掌印画等形式创作出作品，但婴幼儿无法通过随意击打乐器奏出美妙的音乐。美术教育培训也是一样，老师总有办法引导孩子创作出不错的作品，而乐器学习总是不断重复弹奏乐章，单调而无聊。

为了让孩子对艺术产生浓厚的兴趣，不宜过早开始接受特长培训，而应当先在家中给孩子足够的审美材料，感受艺术的美。

第二节　儿童美育的主要艺术门类

艺术≠美术。

中国古代有礼、乐、射、御、书、数“六艺”之说，现代艺术的发展，又为“艺”增添了许多新的内容。有些艺术门类对于儿童来说太难，下面这几种刚好适合孩子。

一、造型艺术

造型艺术包含绘画和雕塑、书法、建筑和摄影摄像等造型艺术，是视觉的艺术，和图书形态匹配度最高。

其中，建筑和摄影 / 摄像这种专业度比较高的艺术门类要考虑力学、光学等科学知识，具有更强的应用性，有助于提升孩子的综合能力。

二、表演艺术

表演艺术包含音乐和舞蹈等。音乐和舞蹈是依赖声音和肢体的艺术。阅读相应的图书主要是为了扩展知识面，引发话题和兴趣。有发声功能的音乐书，可以让孩子们一边聆听音乐，一边了解音乐和舞蹈背后的故事。

三、以儿童戏剧为主的综合艺术

提到戏剧，大家可能脑海里浮现的是爷爷奶奶辈观看的曲艺节目。实际上，戏剧有很多种类，不管是中国传统的曲艺，还是歌剧、舞台剧、音乐剧，都有各自的趣味和观众。它是肢体、道服化、音乐、语言表达和文本创作的综合艺术，其他艺术形式的学习成果可以综合地反映在戏剧编导和演出中。参与儿童戏剧，看似复杂，但分解到各个环节，可以按部就班地执行。即使是害怕面对观众的孩子，也可以在儿童戏剧里找到自己擅长的“工作”。儿童戏剧也是“假装游戏”的一种高质量呈现方式[1]。

但儿童绘本戏剧的培训市场鱼龙混杂，花了昂贵的培训费用，孩子也有可能没有真正参与进去。不少绘本戏剧的汇报表演，会让孩子假唱，道具也是使用现成的。孩子没有参与情节的设定（剧本的编写或者改写），没有肢体表演或口头的表达，也不参加道具的制作和舞台的布置，能力就得不到锻炼。

实际上，儿童戏剧是一种重过程而非汇报表演的艺术形式，在家庭和学校都可以实现。

为了更好地参与儿童戏剧，父母可以带领孩子了解戏剧相关的知识，阅读能够进行戏剧表演的绘本和儿童文学作品。

儿童戏剧的六步法大致如下：

第一步：挑选适合戏剧表演的绘本或文学作品，并进行阅读。

---

[1] 孩子们随时随地进行着“假装游戏”，两岁前后，他们会开始假装吃饭、假装喝水，通过假装游戏的方式学习和模仿，习得基本的生活能力；等到4岁左右，他们还能和朋友们一起假装看电影、假装做饭，并且会使用道具去解决问题，将想象中的世界外化出来。

第二步：和孩子们一起讨论和分析，并想象更多书中没有表现的内容。

第三步：根据儿童的年龄阶段，改编内容并设定要表演的剧情。

第四步：敲定台词和音乐律动。

第五步：排练，并制作道具。

第六步：舞台布置，挑选适合的时间进行表演。

在流程的第一步，戏剧的导演和制作人（可以是老师也可以是家长）要设想戏剧以什么样的形式表现，是哑剧、音乐剧、舞蹈剧还是综合形式，是独幕剧还是多幕剧，甚至只是一次简单的游戏。

为了表演得更好，父母或老师可以和孩子一起阅读相关书籍，了解背景知识和技巧。不是所有的绘本和儿童文学都适合做戏剧表演，适合的图书具有以下特点：

首先，这些书中有性格鲜明的人物。人物之间会开展对话，对话简洁明了，符合孩子的口头表达习惯，具有口语的特征和韵律感。这些对话转变为台词的过程不需要做过多的修改。

其次，故事情节跌宕起伏，有充分的戏剧冲突，并且可以分解为开端—发展—高潮—结局几个部分。

同时，故事有鲜明的背景，转化成舞台表演时能变成易于辨识的背景布景。背景的切换不宜过多，需要与故事的起承转合相对应，一个节奏一个背景画面；如果是独幕剧，背景需要保持不变。

最后，故事进程中，角色有幅度较大的肢体动作，这些动作对情节推进有意义，孩子能够运用在表演过程中。

适合独幕剧表演的作品有：《鳄鱼怕怕　牙医怕怕》《打瞌睡的房子》《小猪小象情商启蒙绘本》（全8册）《好饿的毛毛虫》等。

适合多幕剧表演的作品有：《我们一起猎熊》《小白找朋友》《奥莉薇》《布鲁斯旅馆》《咕噜牛》《金发姑娘和三头恐龙》《你千万别上当啊》，宫西达也恐龙系列等。

第三节 儿童艺术书有哪些，怎么读

在英美国家，Phaidon Press、Thames&Hudson、Laurence King、Prestel、Tate、Ivy Press、Taschen等专业艺术出版社包揽了大部分儿童艺术书的出版。撰写这些儿童艺术书的作者大多就是艺术家，并不会因为创作的是儿童书就降低艺术标准。国内的儿童艺术书原创较少，现有的出版物大部分也是引自这些出版社。

一、艺术图书的阅读计划

艺术书的种类众多，未免遗漏，可以先做一个简单的阅读计划，了解孩子可以读哪些艺术书，用什么方法来读。

表5-1 艺术图书的阅读计划表

细分年龄	阅读目标	图书类型	计划阅读种数	阅读方式
0月龄+	节奏和韵律感知	童谣纸板书 带音频的音乐书	5种以上	父母唱念
3月龄+	图像 审美启蒙	艺术家闪卡	≈3种	悬挂于婴儿车、床，可转动卡片
12月龄+	形状与线条	艺术主题纸板书	3~5种	引导下的自主阅读
18月龄+	律动与协调	动词较多的纸板书	2~3种	父母示范，孩子模仿
3岁+	艺术的多种玩法	动手动脑的艺术活动书	5~10种	父母引导孩子进行自主阅读
3岁+	音乐欣赏 认识乐器	音乐发声书 音乐常识书	3~5种	通过聆听感知不同乐器的演奏和音乐篇章
3岁+	艺术兴趣	艺术家和艺术作品的绘本	3~10种	亲子共读，阅读前后找相关艺术作品进行欣赏

续表

细分年龄	阅读目标	图书类型	计划阅读种数	阅读方式
6岁+	了解艺术理论、流派和艺术家	艺术理论书	3~5种	通过欣赏作品理解理论知识
6岁+	创意与创作	DIY游戏书 艺术活动书	5~10种	通过自己动手创作来理解艺术，发展创意

如果想进一步了解儿童艺术教育，父母可以阅读《你的孩子和他的艺术》《创造与心智成长》《艺术教育哲学》《艺术视觉的教育》这几本书。

这些书清晰地阐述了孩子的艺术学习与个性发展之间的联系，也提出了每一个发展阶段可以在家使用的解决方案。

1. 艺术感知（婴幼儿）

婴幼儿时期是孩子审美形成的关键期，许多孩子在五六岁时就形成了相对稳定的审美观念。为婴幼儿创作的艺术图书既有针对婴儿视觉启蒙制作的艺术闪卡，也有由艺术作品延伸创作的基础概念认知书。

（1）艺术家闪卡和视觉启蒙书

这类图书已经在前面的幼儿书篇章讲到过，这里不再赘述。

（2）造型艺术相关的纸板书

在阅读的过程中，孩子不只是了解艺术家和艺术作品，还要感受到美。在阅读时，父母不需要刻意给孩子介绍背景知识和艺术理论，而应该多问问孩子这些作品给他们带来了什么感受，萌生了什么想法。

图书推荐：

> 英国费顿出版社编，《费顿艺术启蒙认知》（全4册），湖南美术出版社，1~3岁

特点：这套书呈现了约瑟夫·艾尔伯斯、亚历山大·考尔德、亨利·马蒂斯和埃尔斯沃斯·凯利四位艺术家的作品，分别教孩子们形状、数字、颜色和反义词。

孩子们通过“动态雕塑”的各个单独存在又相互组合的金属片来认识数字，进行数学和艺术启蒙。随着孩子慢慢长大，渐渐明白动态雕塑的创新性——考尔德为雕塑作品加入了第四维即时间的概念，让孩子能够观察现象、在意境中感受时间的流逝。

这类书用更有艺术感的内容帮助孩子进行基础认知。

（3）表演艺术相关的纸板书

婴幼儿的舞蹈近似于律动。

图书推荐：

> **斋藤槙著，《和企鹅一起做体操》，花山文艺出版社，1~5岁**

特点：这套书中有两只小企鹅，它们带领小朋友们一起做体操，一起认识头、脖子、胳膊、脚、肚子等部位。书配有乐谱及体操视频，方便在家使用。

同样类型的书还有艾瑞·卡尔的《从头动到脚》和入山智的《可爱的熊猫体操》。

> **马加利·勒·于谢著，《法国幼儿音乐启蒙发声书》，甘肃少年儿童出版社，2~6岁**

特点：用故事和发声音效把孩子带入管弦乐、铜管乐、摇滚乐和莫扎特经典曲目的欣赏中来。

2. 艺术入门（3~6岁）

婴幼儿阶段主要是通过阅读感受艺术，3~6岁时孩子开始真正地接触艺术知识。

图5-1 给3~6岁孩子的艺术书

有哪些艺术书适合3~6岁孩子呢？以下列举五种类型。

（1）将无法通过视觉欣赏的艺术转化为可视觉感知的艺术

图书推荐：

A. 用眼睛欣赏声音

> **罗曼娜·罗曼尼辛、安德里·利斯夫著，《声音之书》，接力出版社，3~6岁**

特点：声音除了可以听，也可以用眼睛看，这本书的奇妙之处在于将声音以色彩的艺术定格在纸上，启发孩子思考有声与无声，试着用心灵去聆听。

B. 先古典后现代

> **吉纳维芙·赫斯比著，《我的第一本古典音乐启蒙书》，北京科学技术出版社，4~8岁**

特点：这套书经久不衰，因为内容丰富，且古典音乐更适合做音乐启蒙。

C. 感受音乐的细节（高低音的音乐感受、片段与整片、音乐节奏、声音大小）

> **陈蓉·乔吟著，《耳朵先生音乐绘本》（全5册），长江少年儿童出版社，2~6岁**

特点：用比喻和类比的方式，通过故事画面向孩子展现音乐的细节。例如，《魔法跳跳床》以蹦床做比喻，通过距离的方式，表达高音和低音的差别；《我是不是太小了》通过不同的接收对象，表达"大"与"小"的相对概念；《织毛线的猫》用织毛线织出来的线条表现音乐的声音轨迹。

D. 聆听世界各地的音乐

> **苏萨纳编，《儿童音乐之旅》（全4册），吉林美术出版社，3~8岁**

特点：这套书介绍了来自世界各地的音乐，分为伊甸园、八音盒、雪姑娘和猴面包树4个部分，搭配原声音乐，有助于拓展孩子音乐欣赏的广度。

E. 聆听大自然中的音乐

> **约翰·丹佛著，《约翰·丹佛自然音乐绘本》（全5册），九州出版社，3~6岁**

特点：这部作品改编自“乡村音乐之王”约翰·丹佛的作品，用美国乡村风格的温暖图画表现音乐内容，让孩子感受自然风格的美。

> **杰西卡·柯特尼–缇克著，《万物有声》，湖南少年儿童出版社，3~6岁**

特点：用细腻的笔触描绘大自然的色彩和细节，搭配维瓦尔最有名的协奏曲《四季》，春夏秋冬各一个按钮可以播放音乐。孩子从音乐和图画两个角度感受自然界的灵性与美感。

（2）了解艺术对于生活的价值

① 艺术的实用功能

以建筑艺术为例，建筑不仅是住所，也是艺术的呈现，这些艺术书展现建筑适应环境，人适应环境并创造建筑的过程和行为。

图书推荐：

> **吉尔斯·拉沃什著，《如果你住在这里》，花山文艺出版社，4~8岁**

特点：作者运用浮雕剪纸造型艺术，经过手绘、拼贴、上色等多个步骤，展现世界各地建筑的精妙，并展示建筑背后的生活。

② 艺术的疗愈作用

艺术可以作为心灵疗愈的方式，也可以成为表达自我的方式。肆意地挥洒颜料、大汗淋漓地跳舞都是解压的好办法。

图书推荐：

> **马里恩·杜查斯著，《鲍勃是个艺术家》，北京联合出版公司，3~6岁**

特点：这本书采用水彩画、指纹画、滴画等多种表现形式的极简主义风格，图画与故事情节调和，以不经意的艺术启蒙让孩子发现自己的“天赋”。用颜色和形状体现情绪，带领孩子学会认识、表达并排解悲伤难过的情绪，进一步增强面对其他负面情绪时的处理能力。

（3）了解艺术家并体会艺术作品

图书推荐：

> **法乌斯托·吉尔贝蒂著绘，《先锋艺术家小传漫画系列》（全6册），北京联合出版公司，3~6岁**

特点：选取备受争议的先锋艺术家，让孩子跟上时代发展的脚步，理解当代艺术的特点，而这些俏皮、古怪的当代艺术符合孩子们求新求异的心理。

> **Shana Gozansky, *My Art Book of Love*、*My Art Book of Sleep*, Phaidon, 2~6岁**

特点：这一系列作品，用诗歌的语言配合艺术家的作品，画面和文字给孩子们带来爱与睡眠主题下的舒缓情绪。

（4）用艺术来了解基础概念

这一类型的童书是婴幼儿启蒙的纸板书的延续。

图书推荐：

> **Yasmeen Ismail, *Draw & Discover*, Laurence King, 3~6岁**

特点：通过艺术的方式，让孩子了解情绪、相对位置关系以及动作和反义词。孩子可以根据书中的提示进行绘画。

> **大卫·A. 卡特著，《书里藏着好多虫》（全6册），新蕾出版社，2.5~6岁**

特点：使用纸艺和空间艺术，将最简单的常识与概念教给孩子。

图5-2 大卫·A.卡特创作的立体书

3. 玩转艺术（3~6岁）

3~6岁的孩子开始有意识地进行创作，选书时要注意书中的创作方法和内容在家中是否能够实现。

艺术游戏书的代表作品有英国Usborne出品的“365个艺术创意”系列。

这系列书囊括了创意绘画（手指画、吹画、棉纸画等）、纸艺、布艺手工、立体玩具制作、编织、粘贴、缝纫等多种艺术创作形式，并且介绍各种手绘技法：勾线、涂色、拓印、喷洒、拼贴。

在这个领域，有一位不得不提的艺术大师——埃尔维·杜莱，他将光影艺术、肢体艺术和声音艺术巧妙地结合在一起，为2~8岁儿童创作了形式丰富的艺术活动。他的书不费颜料，不用剪刀，不把家里搞得乱糟糟，也能轻松玩转艺术。

他的代表作品有“点”系列、“百变创意玩具书”系列、纸雕游戏大书和《洞洞洞》等。“点”系列主要有《点点点》《变变变》《会画画的点点》《点点大冒险》《会说话的点点》等；“百变创意玩具书”系列主要有《手指小虫你在哪儿》《触摸想象大探险》《上下搭配变魔术》《乡村黑夜变白天》《颜色宝宝找妈妈》等近30种图书。

图5-3 埃尔维·杜莱作品

此外，《我的创意绘本·五味太郎50%》也是适合3~6岁孩子的艺术创作游戏书。

4. 全方位地了解艺术（6岁以上）

孩子经过绘本阅读和艺术游戏，到六岁左右时就可以进行系统地学习艺术了。

阅读这些图书，能帮助孩子们了解艺术理论，并在纸上进行练习和创作。

（1）艺术总论

艺术书与知识书一样也有百科式的。这类图书的内容丰富，性价比高，有助于提升孩子的艺术视野。

图5-4 适合6岁以上孩子的艺术书

图书推荐：

> 英国费顿出版社编，《儿童艺术大书·白色版》《儿童艺术大书·黄色版》，湖南美术出版社，7~10岁

特点：涵盖5大艺术门类，60位艺术家，116件艺术名作的经典艺术启蒙书。介绍了绘画、雕塑、装置、摄影、行为艺术这五大艺术门类，细分了丝网印刷、集成艺术、行为艺术、波普艺术等艺术形式和流派。书中以提问的方式，让孩子参与进来，观察和思考。

> 索菲·斯特迪文、让-弗朗索瓦·马丁图，《象博士的艺术课》，陕西人民教育出版社，3~10岁

特点：以大象马塞尔公路旅行的经历展开，介绍他在旅途中的所见：在排练的音乐家邻居，来办展览的艺术家，试镜的电影演员等。音乐、现代艺术、电影艺术和游戏、时装设计都体现在大象的活动中，让孩子更加清晰地了解艺术与生活的联系。

（2）认识艺术的不同门类

图书推荐：

> 英国DK公司编著，《DK少儿电影大百科》《DK少儿美术大百科》《DK少儿舞蹈大百科》《DK少儿音乐大百科》，科学普及出版社，7~10岁

特点：这套书以丰富的照片素材和全面的文字叙述，介绍各个艺术门类的主要知识，并列举相应的作品，把每个艺术学科的方方面面展现出来。

> 迈里格·鲍温、蕾切尔·鲍温著，《了不起的音乐学院：给孩子的40堂音乐启蒙课》，中信出版社，7~10岁

特点：将音乐创作的要素学习进行分解音乐大师“课程”，以上课方式和设计思维讲解音乐艺术的细节，并让孩子参与其中形成自己的见解。

（3）介绍单个艺术家生平和艺术流派的艺术书

从单个艺术家和艺术流派了解艺术，不再是走马观花，而是对艺术的深入学习，帮助孩子真正理解艺术创作。

图书推荐：

> 克里斯蒂安·诺比亚尔、安东尼·乌尔曼编，“Dada全球艺术启蒙系列”《你好，中国画！》，中信出版社，7~10岁

特点：Dada全球艺术的中文版，涵盖古典艺术至现当代艺术的重点人物，中信出版社在引进出版这一套书时，同时出版了中国版，介绍中国的名作与名画家。每一本书的绘画风格和书籍介绍的艺术家风格一致。

同样类型的书还有江苏凤凰美术出版的《遇见艺术家系列：大卫·霍克尼》《遇见艺术家系列：阿尔贝托·贾科梅蒂》。

> 布丽塔·本克著，《谁是马蒂斯？》《谁是米罗？》《谁是康定斯基？》《谁是毕加索？》，湖南美术出版社，7~10岁

特点：这四位艺术家经常出现在童书中，他们的作品具有符合孩子审美，易于被孩子理解的特征。这套书以个人的发展过程介绍他们的艺术人生和关键事件。毕加索说他一生都在像孩子那样画画，他的画作具有立体几何空间感；马蒂斯说要用孩子的眼睛观察世界，他的画作色彩疯狂而明亮，让孩子们产生直观的心理感受。

> 帕特里夏·盖斯著，《蒙娜丽莎》《宫娥》《文森特·梵·高》，郑州大学出版社，5~10岁

特点：这套书的特殊之处在于设计了翻页和立体结构，让整本书变成了艺术小剧场，给孩子更加直观的艺术感受。

> *13 Architects Children Should Know*、*13 Art Illusions Children Should Know*、*13 Art Movements Children Should Know*、*13 Art Mysteries Children Should Know*、*13 Fashion Styles Children Should Know* 等，Prestel，10岁以上

特点：这一系列按照艺术形式和流派进行分类，对艺术作品进行解读，书中有相应艺术门类发展时间线、人物和重要作品的介绍。

> **埃莉斯·华莱士著，《如果达·芬奇是伶盗龙》，中信出版社，6岁以上**

特点：这本书以孩子们感兴趣的恐龙对比艺术家，探讨恐龙社会和人类社会的艺术创作，激发孩子的求知欲。

（4）艺术审美方法

艺术审美方法就是评价艺术作品的角度和评判标准。

图书推荐：

> **美国国家艺术馆著，《艺术之眼》，北京联合出版公司，7~10岁**

特点：这本书不仅解读艺术家的作品，从自然研究、日常生活、质疑传统等角度评析作品，还提供了40多个互动游戏，将每个艺术家的作品的特点总结出来，并请孩子们模仿。

5. 超越艺术的跨学科游戏（6岁以上）

6岁以上的艺术活动，不只是难度更大的绘画和手工。

这一阶段的艺术活动跨多个学科，把艺术和数学、工程力学等各个学科结合起来，让孩子能用项目制学习的思维展开思考，锻炼解决问题的能力。通过这些活动，孩子既会充分考虑美感，也能从科学的角度去考量可行性。

图书推荐：

> **丽莎·里根著，《我的疯狂发明书》，北京联合出版公司，7岁以上**

特点：这套书将艺术创作和创造发明结合起来，引导孩子把头脑里的想法画在书上，同时强调在创作时考虑艺术性和科学性。

> **安娜·韦尔特曼著，《这不是一本数学书》，花山文艺出版社，7岁以上**

特点：这其实是数学书，是科学书，也是艺术书。通过艺术创作理解数学的公式和定理，画出各种奇妙的数学几何图案。这本书让孩子了解数学在艺术中的应用，以及如何用艺术方法创作具有教学规律的作品。

> **凯瑟琳·英格拉姆著,《寻找沃霍尔》,浙江人民出版社,7~10岁**

特点:这本书以沃霍尔为引子,采用寻找与发现的形式,将与艺术有关的信息隐藏在12个著名场景之中,这些场景包括54俱乐部、弗里达·卡罗在现代艺术美术馆回顾展开幕式,“帅鲍勃”的艺术场景等。

6. 创意绘画(6岁以上)

下面提到的这些书不和其他学科产生关联,也有意想不到的精彩,引导孩子发挥创意,把自己的想法展现出来。

图书推荐:

> **贾森·福特著,《超级英雄的超级手册》,北京联合出版公司,7岁以上**

特点:书中介绍各种各样的绘画方法、线条的创作以及活动,引导孩子思考超级英雄应该是什么样子的,并鼓励孩子在书的空白位置直接画出来。

> **Christine Weidemann,*A Year in Art: The Activity Book*, Prestel, 9岁以上**

特点:这本书邀请孩子像写日记那样,通过艺术创造纪录365天的生活。每一个跨页都有一幅艺术作品,提供艺术赏析,并以该艺术作品的创作特色引导孩子的创作。

> **Julia Kaergel, *Let's Write! Design Your Own Fonts*, Prestel, 9岁以上**

特点:以设计思维,鼓励和引导孩子思考文字的书写艺术,自己创造字体。作者为孩子们提出了使用这些字体的建议。

> **《胡写乱画:遇见安迪·沃霍尔》《胡写乱画:遇见达利》《胡写乱画:遇见蒙德里安》《胡写乱画:遇见梵·高》,西安交通大学出版社,5岁以上**

特点:这是一套鼓励孩子模仿艺术家的创作模式进行创作的

大开本创意书。

> **Nicky Hoberman, *Art Out of the Box*, Laurence King, 7岁以上**

特点：这是一套卡片游戏书，读者选择主题卡和技法卡，发挥想象用这些卡片中的提示进行艺术创作。游戏具有竞技性和团队性。

第六章

0~6岁的高效亲子阅读方法

本章，我们将了解和0~6岁孩子进行亲子共读的方法。

时间、步骤、具体的阅读方法，怎样让家人都参加进来，本章都会一一讲述。

选到适合的书只是家庭阅读的第一步。

不少家庭每年花费大量的金额购书，书却被束之高阁或者被孩子撕烂，没有达到阅读的效果。

亲子共读的实现主要受以下三个因素的影响：

> **时间因素**

表面上，父母总觉得自己腾不出时间陪孩子阅读——作为上班族，没有足够的休息时间；作为家庭主妇（夫）被家务和孩子的哭闹、屎尿屁包围，身心俱疲。

实际上，大多数人对阅读需要投入多少时间没有概念。

转换一下思路，如果亲子共读能让家庭成员身心放松，如果儿童阅读可以为家庭主妇（夫）减轻育儿负担，大家就会觉得有大把的时间可以利用。

> **混淆“念书给孩子听”和“亲子共读”**

第一章已经讲过“讲故事”和“亲子共读”的差别，这里不再赘述。

讲故事的过程都是父母在努力，当然会觉得很累。如果能让孩子真正地参与进来，增加亲子之间的有效互动，这不仅让阅读变得有趣，也会让父母觉得更加轻松。

> **知识背景的因素**

儿童书几乎包含了所有图书的领域，哲学、数学、社会科学、自然科学、艺术等内容都会出现在儿童书中。此外，儿童书还有感知觉开发和情绪社交的模块。为了和孩子一起好好读书，父母不得不解决自身知识体系的问题。

鉴于以上三种因素，下文针对阅读活动的时间规划、参与人员、阅读方法给出建议。

第一节 怎么安排阅读时间

时间规划包含两个部分：一是阅读活动的整体规划，二是每一次阅读活动的时间安排。

1. 根据年龄安排阅读时长

家长需要根据儿童在不同年龄段的视觉发展特点和保持专注力的时间，合理安排每天的阅读时间量。

表6-1 建议的每个年龄段平均每天阅读时间[1]

年龄段	平均每日阅读时间	阅读重点	注意事项
4~6个月	5~10分钟	可悬挂的书 父母亲的亲子共读时间	少量多次
6~10个月	5~20分钟	可直立摆放或悬挂的书 图案对比度高、 韵律性强的书	少量多次 每次5分钟左右
10~18个月	10~30分钟	优先语言发展类的图书 优先动手操作的图书	充分的自主探索时间
1.5~2岁	20~45分钟	优先语言发展和思维游戏	充分的自主探索时间
2~4岁	20~60分钟	优先故事性强的图书	引导孩子安排 阅读时间
4~6岁	30~90分钟	优先社会生活内容的书	尊重孩子的时间安排
6~8岁	30~90分钟	通识内容的阅读	优先兴趣阅读
8~12岁	45~90分钟	文学和学科阅读	优先兴趣阅读

由上表可知，幼儿的阅读时间不是越长越好。

[1] 孩子们在幼儿园、托儿所的阅读时间不算在内，集体的阅读行为和独自阅读对于孩子阅读能力的培养方向不同，孩子的信息接收方式也不相同。

孩子有良好的吸收能力，并不意味着吸收能力没有上限。就像吃多了会积食，过多的知识和情感输入会影响消化、阻碍吸收。如果孩子经常待在家里，每天都阅读时间超过两三个小时，不愿意参加其他活动，父母反而需要警惕。

通过婴幼儿期的阅读习惯培养，孩子们逐渐形成自己的阅读偏好。为了高效地利用时间，父母可以和孩子约定：哪些书孩子自己看，哪些进行亲子共读。

2. 根据阅读时间安排阅读内容

阅读活动应该安排在一天中的哪个时间点？是不是一定要在睡前？

小于18月龄的婴幼儿，应该在白天进行阅读，尤其要选择孩子精力充沛、精神状态较好的时段。小月龄的孩子睡眠时间零碎，各项生活习惯还在逐渐形成的过程中，父母不必为了培养孩子的阅读习惯，而特意规定每天阅读的时间。或者说，要根据孩子的作息习惯变化而调整阅读时间。

对于大于18月龄的孩子来说，有几个时间点适合阅读。

选择一：睡前。

阅读相比于其他的活动，更加需要安静的环境。对于6岁前的孩子，温馨、熟悉、有安全感的阅读场所非常重要，床就提供了这样一个绝佳的场所。

睡前阅读，要尽量避免选择情节过于激烈、易引起孩子负面情绪共鸣的内容；如果是令人愉悦的内容，也不能让孩子兴奋到咯咯咯大笑；脑力耗费过大的知识性内容，如果有互动提问的环节，需要孩子进行深入思索的，也不建议在睡前进行（需要思考的书也许会让孩子很快入睡，但睡前的脑力劳动就像睡前疯玩一样，达成的效果是让孩子筋疲力尽而入睡）。

睡前阅读可以优先选择节奏舒缓、画面宁静的图画书，主题以情感、日常生活为主；也可以读一些轻微喜剧效果的图画书，让孩子的思绪不受限制，带着愉悦和幸福的情绪入睡。读完这些跟生活贴近、与梦想有关的故事，父母可以和孩子就一天的生活做分享和讨论，增进相互理解。

图书篇幅的选择上，可以根据孩子入睡时间调整，但最好能在15~30分钟内读完，以免睡前准备时间过长。

选择二：晨起后

如果父母是晚出晚归型的上班族，孩子又习惯早起，便可以将阅读时间安排在晨起后。

清晨的时间有限，需要选择更有趣味的图书。语言文字上要注重韵律感，故事情节紧凑，篇幅不要过长，5~15分钟就能完成阅读。诗歌、童谣这类能够大声朗读甚至唱出来的童书最适合晨读。朗诵和吟诵是中小学生晨读的重要内容。习惯养成后，孩子上小学仍然会受益。

选择三：饭前/饭后

有的孩子喜欢在吃饭前后阅读，许多幼儿园也将自由阅读时间设置在饭前饭后。吃饭对于孩子而言是一种休息，孩子把阅读放在这前后，从一个侧面反映出在孩子们心里阅读是一件没有压力的事情，是他们完成一个上午或一个下午“工作”后的放松方式。

吃饭时间是家庭聚集的时间，父母大多只有在这个时间才会和孩子坐在一起好好说说话，这也是孩子们自发地选择这个时间的原因。父母不妨利用这个时间，和孩子坐在一边阅读一边消食。

选择四：集中在周末

亲子共读不一定要每天进行，以每周固定的频率进行也好过完全不做。有的家庭里，父母早出晚归，连跟孩子的基本沟通都做不到。这种情况就需要把握周末和休假的时间。

为了更好地抓住空余时间，父母可以选择一些开本较小、便于携带或者亲子之间具有共同话题的图书，减少父母和孩子因为意见不一致所耗费的时间。

白天的阅读时间，或者说正式的阅读时间，可以多阅读人文社会通识和艺术科学相关的内容，让清醒的大脑充分地工作。

3. 阅读一本书的具体方法

那么，每一本书的阅读流程是怎样的，需要耗费多久时间？

如果只是简单地翻看和操作，通常3~5分钟就可以完成一本书的阅读。我们从“听故事”也可以发现，一般的绘本音频，只朗读内容的基本上5分钟内就可以读完；但亲子共读并不是简单地把内容念一遍，互动过程比内容朗读花费的时间更多。

纸板书的页数一般4~12页为主，绘本16~48页为主，大部分32页左右。孩子每出现一个兴趣点，就要多花半分钟停留，如果要对这个部分进行讲解，就需要再多花1~3分钟。这样算下来，整本书的阅读时间一般在15~30分钟。如果孩子本身擅长讨论，要由图书延伸更多的知识内容，那么读好一本书会需要45分钟甚至一个小时。

像“I SPY”和迷宫类型的图书，一般有6~10个跨页，每一个页面孩子都需要1~3分钟解锁，读完整本也需要15~30分钟。每一个难题，超过3分钟不能解决，孩子就会求助或者失去兴趣。父母也可以由此判断所选图书的难易程度是否适合孩子目前的能力。

孩子读书时，他们会不断反复阅读，不断地观察和探索。每本书一次可以只花两三分钟，就进入到下一本书，再到下下一本书，然后又回过来看刚刚看过的。对于孩子来说，有时候一次完整的阅读是由好几本书共同组成的。

整体的阅读流程，亲子共读的部分可以遵从四个步骤。

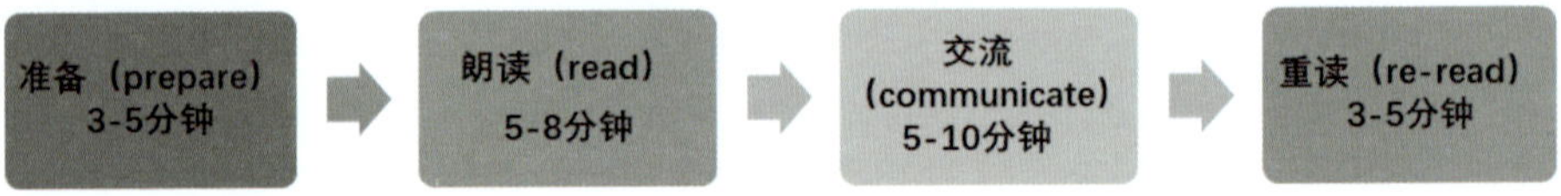

图6-1 亲子共读的步骤

步骤1：准备

准备既包括父母的准备，也包括孩子的准备。

父母需要先通过阅读封面、封底和指导手册，了解图书的大致内容，以便预见阅读过程中可能发生的问题。必要时可以通过网络和工具书查找相关资料，丰富阅读的素材。

不少阅读机构建议父母先通读一遍，我并不建议父母完全了解书籍内容后再和孩子一起阅读。

过于周全的准备，会减少阅读的惊喜和趣味，对于父母来说也是时间的过度耗费。孩子除了听父母讲，他们也会关注父母怎么讲，以及父母对于这个故事的感受。用他人的感受和经验，来调整自己的想法是孩子学习的重要方式。多次阅读后，父母的反应趋于平静，孩子就很难从父母的话语和表情里看出这本书带给父母的真实感受。过于熟悉的内容也会使得父母难以把控尺度，将共读的过程变成阅读教学。

孩子的准备主要指孩子要回到他们习惯阅读的区域，安静地坐下来，放下手中的其他事务。无须强制2岁以前的孩子一心一意地阅读，但父母必须确认孩子收到了即将开始阅读的信息，大脑做好了收集讯息的准备。即使孩子同时在把玩小玩具，也最好将孩子抱在怀里，确保孩子的目光可以持续地落在书页上。

步骤2：朗读

做好了阅读前的准备，接下来就是大声而语速缓慢地朗读了。通常父母要先快速地带着孩子翻一遍书，一起对整本书有大致的印象，然后开始一页一页地精读。这样做是确保在第一遍翻页时孩子能够完整地看一遍书，不会因为后续讨论中断阅读而无法对全书形成整体印象；这样也可以在第二次精读时更加有针对性地进行阅读。

但孩子的行为不可控，尤其是表达欲望比较强的孩子，第一次翻页时，就会迫使家长停下来仔细讲解。因此，针对3~6岁表达和思维比较活跃的孩子，建议采用另一种阅读流程，即跳过翻一遍的过程，直接开始精读。

朗读过程中，语速和声调非常关键，尽量放慢语速，配合孩子读图的节奏。每个孩子的阅读能力都不一样，父母可以等孩子自己主动翻页。尝试了几次，父母就会知道孩子的阅读速度如何。

步骤3：交流

交流的过程和朗读的过程是交错进行的，父母需要根据孩子的情况随时停下来。

有时，孩子会停下来细致观察画面的内容；有时，孩子会针对某一个细节提出疑问；有时，孩子不会直接提问，而是突然将书页往回翻或者来回翻其中几页。

如果孩子在翻页后没有露出满足的神情，也就表明孩子并没有通过自己观察图画和文字内容解决内心的疑问。这时候父母就要鼓励和引导孩子表达出自己的想法。

步骤4：重读

讨论结束后，还应该让孩子独立再看一遍。

对于部分孩子来说，精读前概览全书不适用，那么这个过程可以移到精读完成后，让孩子从自己的视角再将书整体翻阅一遍。如果孩子在这个过程中遇到较多的疑问，父母可以在一旁答疑解惑。

父母引导的自主阅读，又有另一套阅读流程可以参考：

第一步，父母同样需要做好准备工作，以备不时之需。

第二步，则由儿童单独完成。他们自己独立翻看书籍，可以快速地翻也可以慢慢地读。

第三步，孩子会向父母提出疑问，父母则为孩子解答或者示范操作过程。

第四步，孩子继续独立阅读，在遇到问题时再向父母寻求帮助。

第三步和第四步循环往复，直至孩子完成这次阅读。

第二节　建立家庭阅读区域

好的阅读环境对于阅读的实现和效果也很重要。

将阅读空间融入客厅和睡房，或无论房子的哪一个角落都可以。只要有明确的阅读区域概念，给孩子固定的阅读场所，就能极大地提升阅读行为的稳定性。而且，建立阅读区域，也是培养孩子收拾整理和独立选择的必要条件。总之阅读的仪式感可以让孩子意识到阅读的重要性，提高他们的注意力。

1岁前，孩子的阅读基本在床上完成。在孩子具备行走的能力前，父母亲就要思考在家中设置阅读区域。

6岁以前，因为阅读过程不只是眼睛看和嘴巴念，肢体也要活动起来，因而需要更大的空间。书桌椅对这个年龄的孩子还不适用。

找一块空地，客厅沙发前、儿童床边的地上，或者封闭的阳台都可以，让孩子有充分舒展的空间。

这个空间需要良好的采光，无论是自然光还是灯光都要注意光线不能太强或者太弱，也不要将玩具和其他物品在阅读区堆得到处都是。单从功能上游戏区和阅读区可以合二为一，做好收纳即可。

这个区域还要能够避免电视的干扰。如果其他家庭成员一定要在孩子看书的时候看电视，需要确保孩子阅读时是背对着电子屏幕的。

有了阅读区，父母还要考虑购置书架和如何摆放图书。

1. 如何选择书架

书架最好采用杂志架或绘本架，落地摆放，孩子可以轻松拿取。

中国儿童6岁平均身高约115~118厘米，不同地域和性别会有一定差距。父母可以参考平均身高，结合自己孩子的生长发育趋势，设定书架的高度。

针对6岁前的阅读需求，可以单独购买专用的绘本架，一般高度不超过120厘米。图画书尺寸较大，每一层的高度建议在35厘米左右，层高可以有高有低，以提高书架的使用率。

这样的绘本架价格在一两百元到四五百元不等。木质书架和塑料书架各有优缺点，木制的书架容易长虫，而塑料的承重不好，容易漏书到下层。

如果不想多花钱买绘本架，直接将书摞在地垫或者书桌上也可以。正常的书架，这个年纪的孩子还不会使用，因为以孩子们的力量和精细动作程度很难把书插进书柜。[1]插进书架后，图书只露出书脊，书脊可以提供的信息较少，幼儿也很难找到自己想要的书。

绘本架的容量很小，如果家里书多，又不想做大尺寸的书架，就要准备一些收纳箱，收纳近期不经常看的书。

如果不介意成本，父母也可以定制书柜，将儿童从小至成年的书籍摆放需求一次性计算好，结合不同年龄段的阅读需要做整体设计，既可以将书籍插在书柜中，也可以加入一些支撑物展示图书的封面。

---

[1] 将书插入书柜这个动作，需要孩子一只手拨开书架上已有的书并且扶住不倒下，一只手把要放进书架的书插进去。儿童书的重量决定了孩子需要较大的力气才能完成这个动作。

书架设计时可以考虑给每一层书架层板设计一定斜度，让书本往书架里面倾斜。条件允许时，甚至可以定制可调节层高的书柜，来适应儿童书千奇百怪的开本。

待儿童到五六岁左右，就可以给孩子使用正常的书桌和书柜，让孩子养成良好的阅读坐姿和分类习惯。

学习桌可以从3岁用到成年，与其说是为了纠正坐姿，不如说给孩子提供一个独立阅读和学习的空间，赋予了学习过程仪式感。学习桌的幅面较大，可以购买桌上挂架和书架增加储物效率，学习椅底部的收纳空间也都可以利用起来。

2. 如何做书籍的整理和摆放

在书店，为了让顾客方便购买，工作人员会对书柜内摆放的图书进行分类，再贴上柜标、层标。这种分类不仅体系化而且考虑了大部分人的选购方式。在家中，将图书分类摆放需要考虑孩子的个性和选择方法，不需要像书店和图书馆那样对图书进行学科细分。

以下几种分类的方式可供参考：

> **按照书的互动方式分类，先将适合亲子共读的和适合孩子自主阅读的书分开，再把故事内容、知识内容、互动操作书和思维游戏书这四类分开。**

> **根据孩子喜爱的图书元素分类，把公主王子、恐龙、交通工具元素的分别排放。**

> **按照作者姓氏首字母顺序排列，虽然孩子们记不住作者的名字，但能记住画面和风格，他们可以从作者的创作风格进行判断。**

第三节　让家庭成员都参与儿童阅读

养孩子不是母亲一个人的事情，在阅读这件事上也是如此。

男性和女性的知识获取和思维方式存在差异，每个家庭成员的教育背景也不相同，更多家庭成员参与其中，能帮助孩子拓展知识和思维方式。最重要的是，亲子共读可以增进情感。

但让父亲和祖父母参与进来，要解决时间、勇气和方法三大问题。

以爸爸的角色举例，大部分父亲自尊心很强，不愿放下身段和孩子互动。这时，母亲可以做好协调和准备的工作，让父亲能够有勇气尝试和坚持。

首先，家人都要鼓励爸爸参与阅读。爸爸不带娃的时候，妈妈总是习惯指责，但指责只会让人逃避，不能解决问题。不妨试试和孩子一起使劲地夸奖爸爸，让孩子主动说出“爸爸，和我一起来看书”。

然后，挑选爸爸擅长的内容。不善言辞的人，在自己感兴趣有知识储备的领域也可以滔滔不绝。

上述方法也适用于其他家庭成员。

家庭成员之间的相互鼓励很重要。如果正好在阅读本书的你，并不是亲子阅读的主要参与者，别忘了经常鼓励和赞美一直陪伴孩子阅读的人。

不经常参与阅读的家庭成员在选书时，要注意这几点：

> **少选互动问答环节多的书。书后列出问题是为了帮助父母找到话题和孩子交流。但对缺乏经验的人来说，这些问题容易让父母形成依赖，也会让孩子觉得家人总是抱着某种目的跟他们一起阅读。**

> **那些看上去过于天马行空和有着奇妙反转的书也不适合新手。因为他们通常无法预测故事的走向，而在孩子面前出丑。**

> **内容清晰显而易见，故事情节老套的书更适合新手。家人能陪伴孩子，孩子就已经从心理上得到了满足。作为一个新手，对自己来说什么书容易就挑什么书，技巧可以从实践中慢慢获得。**

> **还有一点很重要，就是不要挑选超越祖父母认知范围的书。前文提到了关于祖孙情感的绘本，这些可以优先由老人和孩子们进行共读。当家庭成员在亲子共读中参与得越来越频繁，他们也会感受到阅读带来的轻松、愉悦。**

当某个家庭成员和孩子存在矛盾时，与其找一本书，看书里把爸爸或者爷爷奶奶描述得多棒，还不如让孩子和这个家庭成员一起阅读有趣的书。

第四节　分享的魔力

一千个读者眼中有一千个哈姆雷特，交流可以让孩子知道别人的观点，补充自己所没有体会到的深意。

在幼儿园的分享活动中，孩子经常会提起自己在家阅读的图书；如果在家刚好读到了在学校阅读的内容，孩子会兴高采烈地转述同学的看法，并给出自己的评判。如果缺少同龄人交流阅读内容的机会，孩子们聚集在一起时还是会讨论，不过内容变成了超级英雄和动画片。

有些书孩子在家不爱看，但到了集体的环境中，有老师的引导，为了和同伴们有共同话题，会试着阅读原本没有兴趣的内容。

在小学阶段，由于语文学习的要求，老师会经常举办阅读分享活动，作为班会活动的一种。但在幼儿园阶段，孩子的分享更依赖于父母的介入。

父母可以参与幼儿园的图书分享活动。有的幼儿园会请父母作为助教到学校分享，并请父母提供书籍放在幼儿园供孩子们阅读。从前在书店工作时，看到凡是出于这个原因来买书的，基本上会选择页数多又便宜的书，比如365天故事、好品格故事、童话精选。这些低价的选编作品，绘画水平低，文字也不出彩。如果所有家长都这样做，那么孩子在幼儿园的图书室就看不到好书了，孩子们也将错过和同龄人一起进步的机会。

虽然孩子在幼儿园的阅读应该由园方负责，但如果园方向家长发出邀请，父母也无须纠结，可以挑选图画多文字少，知识性和话题性强的图书让孩子带到幼儿园。

如果家中藏书丰富，可以选择对孩子确有好处，但父母不会和孩子一起读的书，让老师和同学们代替父母的角色，完成这些书籍的阅读。

父母们也可以在孩子所在的幼儿园和小区内分享书籍，三五好友去公园游玩时，也可以搭起小帐篷，一起阅读。

不少社区都有社区阅览室，但往往变成了老年人的棋牌室。家长们完全可以主动地将阅览室用起来，召集孩子们一起做故事分享活动。一个小区的家长们同心协力带来孩子水平的整体提升，对孩子们都有好处。

第五节　让孩子愿意阅读的更多方法

选对了图书，时间和环境也适合阅读，但孩子还不爱看书怎么办？也许是沟通和阅读的方式有问题。

一、换一种沟通方式

孩子不爱阅读，也许是一开始就用错了沟通方式：

> **请用“我们一起来读书吧”代替“我来给你讲一本书吧”。**

> **请用“你想和我一起读书的时候来找我”代替“我等会忙完再和你读书”。**

> **请用“你的想法也很有趣呀，我还以为只可以……”代替“不是这样的，我刚才不是说过吗”。**

> **请多问“如果你是××，你怎么办”，少问“他们这样对不对呀？”。**

> **请多问“你觉得这是为什么呢”，少问“是不是啊/对不对啊”。**

> **请多说“其实我也不知道，但我们可以一起弄明白是怎么回事”，少说“反正你以后会学的”。**

…………

父母需要时刻提醒自己，孩子才是阅读的主体，不要替孩子设想所有的可能性，也不要模仿学校的教学方式。父母的问题越多，孩子主动思考就越少。阅读中的交流不是为了问答，而是和父母平等地互诉心事和想法。

如果父母总想着教会孩子什么，孩子自然不愿意读书。准确地说，孩子不愿意与喜欢说教的父母一起做任何事儿。

读书时，父母也不需要变得“无所不知”。敢于展现自己的知识盲区，并不是让孩子看低父母，反而能给孩子“学无止境”的观念。没有人能了解所有知识，但每一点努力都能让人进步，孩子的探索欲望就会被激发出来。

这样，孩子进入小学和初高中的学习，当父母没办法再提供那么多帮助的时候，自己也能够找到解决问题的方式，比如求助老师和同伴、使用工具书和在线搜索等。

但与此同时，请记得经常告诉孩子，如果他们需要帮助，父母任何时候都会竭尽所能提供帮助。

二、指读的方法

以往，幼儿阅读的起步是从挂图开始的，父母拿着棍子或者用手边指边教孩子读。如今，闪卡和认知书各有花样，唯一不变的是父母总忍不住用手指读。

指读是一种有效的识字方式，让孩子在阅读过程中不易漏字和漏行。但早期阅读中不建议经常使用。因为早期阅读的目的并不只是认字，语言要融入语境、代入情感去学习。幼儿掌握知识和能力需从细微处入手，模式化的教学他们很容易适应，也很容易固化。过度指读可能造成孩子词汇量大，但不会表达。

另外，在指读的过程中，父母容易把阅读的节奏调慢，变得没有波澜起伏、没有情感，也影响孩子对内容的整体把握。图画书的内容和文字相互补充和互相推进，指读时手会遮挡图画，妨碍孩子对画面的欣赏和理解，进而影响对整本书的理解。

那么哪些情况下可以指读？具体怎么做？

> 孩子处于识字敏感期时

孩子的识字敏感期（一般在4岁前后开始），孩子自发地想知道文字的读音和意义。

> 指示阅读进度

用手指段落和区域，让孩子知道父母口中所表达的，和书中的文字与图画的对应关系，把控阅读节奏。口头表达、书面语言和图画三个要素对应起来，同时理解这三者之间的关系和表达出来的意义，有助于孩子在头脑里形成深刻印象，更有效地阅读。这也是为什么许多孩子6岁前从未刻意认字，上学后也能够学好语文。

孩子因为讨论或者父母读得太快没有跟上节奏时，父母也需要用手指进行指示，提醒孩子注意。

> 孩子忽略了图画中隐藏的重要信息时

这时，父母可以稍作等待，提示孩子去观察画面。如果孩子还是发现不了，内容的理解出现了问题，父母就可以用手指示相应内容。如果不影响主线情节，父母不必指出而应该让孩子慢慢去发现。

在家庭阅读中，当孩子没有表现出需求时，不需要一字一句指着读。剥离了情感、情节和知识内容的单个文字对于孩子来说没有意义。

快乐阅读还是学习速成，全看父母的取舍。

如果担忧孩子的识字问题，无法说服自己放弃指读方式，可以在第一遍完整的阅读后，复读书本时再进行指读。

三、释放孩子表演的天性

早期阅读不只是“读”，还可以调动五官和肢体去感受和展现。童书为孩子提供了“表演”的主题和素材，而“表演”的方式也能促进孩子们对于图书内容的理解。

1. 吟唱

父母的语音、语调给孩子安全感，让他们获得最初的语言素材。而唱的方式让文字的节奏感和音乐美感表达出来，情绪更加富有张力，孩子更容易被吸引。

发声书、点读笔、故事机等工具虽然为父母减轻了负担，但从父母嘴里发出的声音对孩子的作用不可替代。

不少父母因为自己五音不全、普通话发音不标准，或声音不好听而排斥给孩子读书，更别说用“唱”的方式了，但这些其实都不是孩子关注的关键内容。孩子在听父母唱读时，首先关注节奏、声调和情绪的变化，然后是大意，最后才是具体的文字。

诗歌、童谣和韵文最适合“吟唱”。有一些绘本里的角色会出现唱歌的行为，亲子共读时父母和孩子也可以一起把这些文字唱出来。

唱的方式适合用来“磨耳朵”，增加孩子的兴趣。这种方式适合低龄的孩子，但对于即将上小学和已经上小学的孩子，唱读诗歌需要转变为吟诵。因为唱的时候，曲调改变了平仄和四声，反而不利于孩子进一步学习。

2. 舞蹈

用“舞蹈”的方式将书中的人物和动物动作、神态表现出来，这种方式适合动词较多的幼儿书，也适合故事角色动作性强的绘本。这些动作包含奔跑、扭脖子、转圈圈、单脚站立等大动作，也有少量的精细动作。

和孩子边阅读边做动作，可以让孩子保持持续的注意力。互动时，父母可以将自己的动作做得夸张一点，从大动作过渡到精细动作，并展示每个动作的差异。

“动起来”是大人和孩子打成一片的最好方式。当父母和孩子一起学毛毛虫爬、学猴子跳的时候，大人的架子自然而然就放下来了。和孩子阅读时总觉得尴尬的父母一定要试试这个办法。

3. 角色扮演与互换

图画书之所以能作为儿童戏剧的蓝本，离不开故事情节的跌宕起伏和人物形象刻画的传神。在家“表演”不需要追求舞台效果，过程比结果重要。

一本故事结构清晰、语言文字简洁的图画书，阅读两三遍以后就可以和孩子一起计划怎样分角色扮演。3岁左右的孩子就已经能胜任扮演游戏了。

在进行游戏时，孩子享有角色的选择权。孩子很可能着迷于某一个角色，希望不断地扮演同一个角色（他们通常会选择正面的、具有强大力量的角色，而不愿意扮演弱小、失败的角色）。父母不必介意这种重复性，等孩子足够熟悉后，他们也会接受父母提出来的互换角色的建议。

这个过程不仅好玩，也让孩子自然而然学会表达，在互换角色的过程中学会换位思考，揣摩不同角色的思维方式和行为特点。

4. 场景模拟

“角色扮演”在于语言表达和人物揣摩，那么“场景模拟”（或者简单理解为过家家）注重的是故事发展背景、场景和道具，以及它们对于故事发展和人物行为的影响。这其中也包括制作角色玩偶等手工活动。

在角色扮演的过程中，读者化身成一个角色，表现故事情节；在场景模拟里，读者更像是导演和制片人的角色，拥有上帝视角，预知每个环节的发展，并做好设定。

艾瑞・卡尔、李欧・李奥尼等作者的图画书有手指偶和玩偶等周边产品，可作为场景模拟的道具。经济条件允许的家庭可以选购一些在活动中使用。

父母可以带孩子利用废纸和旧衣物搭布景和做道具。这个过程需要融合绘画、剪纸、贴纸甚至缝纫等活动，让孩子充分地玩起来。

四、读知识书的方法

幼儿的学习需要从细节进行切入，他们无法按照应试教育的方式阅读：先来一个总论，然后把重点知识一个个分解掌握。

学校教育采用单人授课多人听课的模式，必须用高效的方式让更多的孩子掌握知识，而家庭的阅读正是要补充学校教育无法胜任的地方。

在家进行的学科启蒙，首先得与生活相关，即从解决生活中的问题入手。这样孩子们才能被知识类书籍吸引。

启蒙的方式除了讲解，也可以利用常见物品进行演示。当父母遇到自己的知识盲区时或单靠口头讲述解释不清时，以下两种方法可供参考。

1. 利用互联网

天文地理和化学反应等知识可以通过视频动态地展现，一款制作精良的天文应用软件可以展示星球运动的轨迹和状态，让孩子更充分地理解知识。

使用互联网查找图文和视频资料前，父母最好先跟孩子沟通。在完成思考和讨论的过程后，再去寻求外援，以免孩子养成遇到问题不经思考就去找现成答案的习惯。

2.购买现成的材料包进行现场演示

幼儿园教学会使用各式各样的科学实验材料包，这些物料很容易买到。父母在购买时可以多备几份，因为第一次实验往往很难成功。失败了也无须气馁，因为对于孩子来说，坚持不懈的科学精神比观测某一个具体的科学现象更重要。

第七章 小学阶段的课外阅读实践

本章将针对已经进入小学的孩子提供能力评估和阅读方法，帮助孩子全面提升阅读能力，并指出学拼音和汉字的常见误区。

进入小学后，孩子逐渐向完全自主阅读过渡，阅读范围越来越广，阅读内容越来越深，也越来越不受父母管控。那么，小学阶段的课外阅读需要注意哪些问题？父母应该如何把关和引导？

如果孩子0~6岁的阅读都按部就班顺利进行，孩子到了小学阶段基本上已经具备良好的阅读习惯和学习方法。父母只需要准备充分的阅读素材，适当引导避免偏科，限制孩子接触不良读物即可。

如果孩子起步较晚，入学前并未形成阅读习惯和掌握阅读方法，也不用担心。小学阶段是孩子阅读的第二个关键期，也是最重要的习惯和能力养成期。

第一节　判断孩子的阅读能力

距离孩子上小学半年左右，父母就可以开始逐渐调整孩子的阅读方式，并对孩子的阅读能力进行观察、判断，及时补足短板。

这种观察和判断不以识字量为标准，拼音和偏旁部首也不需要在家里给孩子特别补习。不少父母担心孩子比别人落后，如果孩子即将就读的小学的大部分同学都提前学习，的确可能出现老师加快教学进度的情况。这种问题的解决办法是给孩子报幼小衔接班，让有教学经验的老师来进行专门的教学，而不是在家自己教孩子。一方面，这些学习内容枯燥无趣；另一方面拼音和偏旁部首等基本知识家长早就忘了，几乎不可能和学校老师教得一样好。

为小学入学而作的阅读准备应该关注孩子的阅读能力。

阅读是一个信息的处理过程。孩子围绕书本传达的信息，进行一系列复杂的身心活动，最终获取并且能使用信息，具体来说主要是以下几个方面的能力：观察与感知力（信息抓取）、记忆力（对重点信息进行记忆）、理解力（分析和理解信息）、创造力（运用信息）。

一、观察与感知力（信息抓取）

为了判断孩子的观察与感知力，可以在阅读图画书的过程中有针对性地提问。最基础的问题包括“出现了什么人”“他们在哪里”“他们在干什么”“他们感觉怎么样”，以及“他们和之前有什么差别”等。

思维练习书适合用来考察这种能力。选择适合5~6岁使用的思维练习书，观察他们解决相似图案找不同、在众多事物中找取目标事物、走迷宫等活动的速度等。

另外，也可以观察孩子是否能自己发现文字之间的差异，尽管孩子的识字量有限，但6岁的孩子已经能发现文字组成结构的差异。

二、记忆力（对重点信息进行记忆）

考察记忆力的最好方式，就是请孩子复述所阅读图画书的故事梗概。

在孩子复述的过程中，故事表达的完整性、重点情节的还原度以及主旨和作者原意的贴合度等可以作为考察的重点。可以让孩子一直保持复述的习惯，持续整个小学阶段。不断地复述，不断地完善讲述的细节，孩子在这个过程中学会提炼信息，也能掌握高频词和重点词。

知识类图书的复述可以采用父母针对孩子的日常生活提问的方法，观察孩子是否能联想到阅读过的图书，对具体细节进行描述，并在关键知识上不发生记忆误差。

三、理解力（分析和理解信息）

评价孩子的理解能力，可以通过向孩子询问情节发展等问题来进行，6岁左右的孩子对于下文的预测，已经可以做到和图书的内容推进高度一致。当孩子讲完自己的想法，父母可以引导孩子更详细地说出“你为什么这样认为”。

四、创造力（运用信息）

创造力在阅读上的体现主要是孩子可以利用他们所获取的信息，在理解和记忆之后，运用到与他人的沟通表达和生活中去。

在口语表达上，父母可以关注孩子是否会使用新词汇进行更准确地表达。

通过阅读知识类图书，父母可以观察孩子从书里了解到的哲学观念、数学思维和科学原理，能否与生活联系起来并进行运用。

此外，父母也可以从孩子自发挑选的书籍来判断孩子的阅读水平。6岁左右的孩子开始为复杂情节着迷，并且关注人物的命运。

第二节　小学低年级的阅读要点

阅读能力突出的孩子，进入小学后会逐渐地告别阅读图画书，自发地阅读信息量更加丰富、文字更多的图书，也有部分孩子会将绘本阅读作为爱好保持到小学结束，甚至终身喜欢阅读图画书。

大部分图画书适合2~8岁孩子，如果孩子到了小学一年级还喜欢绘本是很正常的事情，但父母要关注孩子在读什么样的图画书。小学生阅读图画书，除了情感需要，要么文字量增加，要么主题越来越复杂，需要孩子进行更深入地思考。

同时，亲子共读的占比应该逐渐减少，让孩子慢慢适应自主阅读。和内容选择一样，如果孩子因为情感需要想和父母一起共读，父母一方面要坚持共读，一方面要找出孩子没有安全感的原因。

如果孩子在6岁前后没有表现出良好的阅读能力，或家长在孩子入学后老师要求阅读才开始规划孩子的课外阅读，那么有两条路径可供孩子选择：一种是跳过绘本阅读，以分级阅读和桥梁书为主，有目的地提升阅读能力，针对语言文字和知识增长进行阅读习惯的培养；另一种是像3~6岁的孩子一样，花大量时间阅读绘本，先让孩子有兴趣。前者的进展快，适合理解和思维能力较好、不抵触阅读的孩子；后者进展慢，适合不喜欢阅读、理解能力弱的孩子。当然，这两者也可以同时进行。

一、阅读绘本，提高词汇量

小学阶段的绘本阅读和入学前的绘本阅读不一样，父母需要和孩子一起设定明确的目标——提高词汇量。

课标要求小学低年级的语文课外阅读量大约为5万字（不包括背诵诗词），换算成文图比例1∶1左右的图书，只有十来本；转换为绘本，有一百来本。不管阅读何种书，孩子都要在这5万字的阅读中积累词汇和语法。

读图到读文的转变，词汇量起着至关重要的作用。孩子在学前的阅读中慢慢熟悉文字的外观，开始将字形和字音进行关联。但他们还需要进一步强化，明确字音、字义和字形之间的对应关系。

绘本是如何拓展词汇的呢？

首先，在阅读的过程中，孩子不需要停顿下来问字音和字义，也无须翻看字典，借由图画就能顺畅地读完整本书。图画和文字的对应关系，让孩子对这些文字的意义进行猜测和理解。

其次，图画书的文字在创作时，讲究精练和口语化，并且会尽量使用生活中的高频词少用生僻字和难字。这与孩子提升词汇量的逻辑一致。

给小学生挑选绘本，有三点要注意：

> **有趣有益，内容的趣味性强，有强烈的冲突和戏剧效果。如果父母不知道如何判断，那么给孩子翻看一下，看看孩子会不会马上被吸引。**

> **主题均衡，不同的主题和领域都要涉及，以拓展不同类型的词汇。**

> **话题先行，阅读前和过程中和孩子就生活中的现象和事件进行讨论，引起孩子的思考。**

小学生阅读绘本，还需要学会预读书本，让孩子了解正文以外的内容，例如创作背景、作者生平和书籍封面、书脊、封底等信息，并学会通过掌握这些信息理解即将阅读的正文内容。

在方法上，父母们可以使用以下的“三遍读书法”（需要注意的是，尽管图画书是图文的形态，但在这一阶段，文字是主要阅读对象，图画对于孩子来说是辅助内容）。

第一遍阅读过程——父母读

第一步，父母逐段逐句逐字指读，不漏字不漏行，注意断句。

第二步，突出重点词汇。突出的方式除了提高声调和音量，放慢节奏，还有多进行重复。

最开始，父母要突出和重复的是拟声词和叹词，也就是模仿声音和啊、唉、呀、哼、呸、哎哟、咳、哦、喂、嗯等表现情感和情绪的词汇。

紧接着，突出实词，即有实际意义的词：名词、动词、形容词、数词、量词、代词；从表示主要人物称呼的代词、事情发生地点的名词以及表示人物动作的动词开始，再引入形容词和量词。

孩子有一定的实词积累量后，再把虚词即无实际意义的词汇作为重点词汇反复输入，包括时间、频率、范围、语气、程度的副词，表示时间、原因、方式、目的、对象、比较的介词，以及表示逻辑和联结的连词等。

什么词汇是一本书的重点词汇呢？

有的图画书本身已经设定好了关键词汇，即在文本中重复出现和特意标识不同字体字号的文字内容。图画书有明显的表达风格和语汇重点，父母可以通过阅读指导手册来了解，如果绘本没有搭配指导手册，父母可以先寻找相关的资料或自己粗略读上一遍。例如，《大卫，不可以》使用了不同的词汇表达对行为的否定，《我爸爸》有丰富的形容词和副词修饰人物；而《从头动到脚》有大量动词和名词。

第三步，完整阅读，中途不提问和讨论。

第四步，父母提问，讨论主题和人物行为，让孩子发表自己的看法。

第五步，孩子提问，父母解答阅读后孩子的疑问，包括对不认识的字词和句子的疑问。

第二遍阅读过程——跟读

第一步，孩子跟读，父母读一句，孩子读一句。

第二步，完整阅读，中间不中断不提问。

第三步，阅读后针对发音问题进行纠正，并由父母带着孩子一起寻找资料解答内容和相关知识的其他疑问。

第三遍阅读过程——孩子独立阅读

第一步，孩子全程自己完成阅读，可小声默读也可以指读。

阅读过程保持不中断，遇到不能理解的内容时，孩子通过读图，利用图画所表现的内容辅助理解。如果有不认识的字，可以让孩子把这些字用笔画圈或者画下划线，并快速回到正文中继续阅读后面的文字，尽量少停顿。

父母不要干涉阅读过程，不必着急纠正孩子的错误。

第二步，在阅读结束以后，进行阅读拓展活动和总结。

> **画图练习。根据所读图书的内容，查找资料，用图画和文字符号表现自己对于图书内容的理解。这种拓展，并不是机械地抄写书中内容或临摹图画，而是以图画的形式展现文字的内容，孩子可以画“文字”，充分发挥自己的创意，让自己作为书中角色的一员，或假装自己是作者，表达自己想如何改变故事发展和画风。**

> **总结生字生词。将标注的生字记录到生字本上，父母可以通过谈话引导孩子在日常生活中使用这些词汇。**

以上这些阅读的步骤并不需要每一步严格遵循，强迫孩子会适得其反。用分享的方式进行，孩子会更容易接受。

如果孩子的识字量达到800字以上，却还只想读绘本，要警惕孩子是否对读文字书有排斥心理。部分孩子在学校学了拼音之后，原本能自己阅读的也变得离开拼音就不能阅读，这时父母一定要坚定地只提供没有拼音的桥梁书让孩子阅读。经过两到三个月的练习，大部分孩子都能够改变阅读习惯。

通过这样目标明确的重复阅读练习，一到两年时间，孩子的语文将会有显著的提高。

在实践过程中，父母需要多一些耐心，不因重复出现的错误责备孩子。越是落后的孩子越需要父母的关怀和支持。

二、拼音和自然拼读法

要不要阅读拼音书一直存在争议，课外阅读中拼音使用到底利大于弊，还是弊大于利是一个争论不清的问题。

拼音书会减慢孩子单次的阅读速度，造成记住声音记不住字形，脱离拼音就无法阅读的问题；但要快速大量地识字，掌握发音系统的规律是最快的，尤其是汉语中大量的形声字、形似字和多音字，都需要通过发音区分。

近些年，不少人倡导以甲骨文学汉字，也就是通过文字的外形和意义联系字音进行汉字学习。

1. 用甲骨文学汉字

学前用甲骨文学汉字能让孩子用符号的概念去了解文字意义，了解汉字演变过程。

但甲骨文经过漫长演变发展至今，形成现在使用的文字，其字形和意义也发生了巨大的变化，依赖这种方式学习汉字瓶颈明显。

在使用甲骨文学汉字的过程中也要注意多义字。大部分具有多个意义的汉字，起源时的意义与现在常用的意义并不相同，父母和老师应该让孩子了解生活中最常使用的意义。

有一些甲骨文字卡或者识字书会标注对应的英语单词，此时要关注英语单词匹配的是汉字的动词意义、名词意义，还是副词或形容词的意义，以免孩子对词汇的使用方式产生疑问。

毫无疑问，小学低年级要系统学习拼音并且熟练掌握。因为拼音输入法早已成为主流，使用字典等工具书时也要用到。写作时，拼音可以作为不会写又想表达的文字的替代，以免中断写作思路。

那么什么时候开始学拼音？孩子拼音学得不好有什么办法提升？

学拼音的前提是孩子已经有一定的识字量，认识一些独体字和象形字，再使用拼音帮助孩子快速地掌握具有相同发音规律的汉字。《现代汉语常用字表》中的最常用汉字是2500个，次常用是1000个。刚进小学的孩子只要认识大约500个生活常用字即可，有了这个基础，孩子就很容易通过学校的拼音学习快速地识字。

学不好拼音的孩子，往往阅读量和识字量很低，正是因为认识的字太少，把拼音作为学习目标，反而不能活学活用。

小学低年级教材近几年也做了重大的变革，课文排布的顺序是先学简单字再学拼音；二年级开始只对难字和生字做注音。这也明确拼音作为一种学习工具，是方法而不是目的。

发音的学习好比数学的公式和定理，是人类生活通过漫长发展而自然存在的东西，只有规则没有原因。这种知识适合在学校的集体环境进行学习，父母大可不必为难自己。

识字过程除了拼音，字形和字义的规律也有助于孩子掌握生字。

比如，背诵化学元素周期表看似很难，但因为这些表示元素的汉字具有一定规律，并不难记忆。所有的金属元素都有金字旁，所有的气体都有“气”字头，不认识的字可以读半边。如果能跟孩子讲，氧气是我们呼吸需要的气体，汞出现在常用的水银温度计里，那么孩子带着兴趣能非常快速地掌握前20甚至前30个化学元素。

如果一定想给孩子看拼音书，建议选择只对生字和难字做拼音注释的拼音书。

总而言之，越是有良好的阅读基础，越是可以让孩子快速地通过拼音提升识字量；越是没有基础，越要去打好基础，先从甲骨文学汉字或从了解字形学、字义的方式积累识字量。

2. 自然拼读法学单词发音

自然拼读法是非常有用的英语学习工具，但过早引入这种方法，容易造成孩子认识单词却不会表达的现象。

在使用自然拼读法前，孩子可以先用阅读场景式单词书（主要针对词汇认知和词义）和童谣磨耳朵（主要针对发音）的方式增加词汇量，通过阅读英文原版图画书形成语感，观看英语动画掌握常用对话。再引入自然拼读法时，孩子用拼读法去复习已经掌握的词汇的发音，就可以很快地发现规律。

说到自然拼读法自然要说分级阅读。

为了让孩子更好地获得阅读能力，很多父母会给孩子选择分级阅读，有的甚至会选择多套分级读物。不仅是英文学习，汉语学习也出现了“亲近母语”等分级阅读体系。

分级阅读可以作为教材使用，牛津阅读树、培生分级和RAZ都被国际学校或培训机构所使用。各个分级标准各不相同，不管选择哪个标准、哪种读物，没有好坏之分，只有适不适合自己孩子。有的孩子喜欢故事性强的，有的孩子喜欢科普内容，有的喜欢跟读，有的喜欢静静地看，有的喜欢就问题和父母讨论。这都不妨碍孩子获得阅读的能力。

即使不使用分级阅读，孩子只要用心阅读绘本和知识书，到了小学阶段认真听课，英语和语文水平也不会差。

那么，分级阅读有无必要一定入手一套呢?

分级阅读是为了更有体系和效率地帮助孩子学会发音规则、积累词汇和句型，了解语法，进而获得独立阅读的能力。分级读物的难度根据词汇量、词汇难度、语法、文章结构、人物塑造和主旨理解的难易程度等进行划分。

分级阅读的优势是帮父母解决如何去给孩子选书、安排阅读进程的问题。对于没有时间或者不懂绘本和儿童知识书的父母来说，在买书这个环节能省时省力省钱。由于分级读物是体系化的，也可以让孩子养成定时定量的阅读习惯。

在选择分级读物时，父母要量力而行。一般来说，前几阶的阅读都需要父母参与，如果父母时间有限，不要选择体系过于庞大的分级读物，例如可以优先选牛津阅读树家庭版而非学校版，也可以选择阅读“Step into Reading”这样的分级读本，只读其中自己感兴趣的内容而不需要全系列读完。

分级阅读因为有明确的阅读路线，优点突出，但缺点也很明显。如果家长本身就比较功利性，那么“刷级”这件事可能会让孩子压力很大。尤其是当父母选择类似“ladybird”的分级读物时。但对于小学生而言，“ladybird”的分级阅读提供了听说读写的全套学习内容，专为英语非母语的孩子创作，作为课内学习的补充很合适。

第三节 引导小学中高年级的孩子进行阅读

进入小学三年级以后，大部分孩子都能够自主阅读。这时，孩子已经完全融入了小学的学习环境，老师和同学对孩子的影响大于父母的作用。

一、阅读方法

进入中高年级，孩子的学习任务繁重，阅读的功利性目标也越来越重。与此同时，语文考试对于课外阅读的要求也逐年提高。

孩子们需要沿着古汉语（古代文学）和现当代文学两条轴线展开汉语阅读，沿着经典阅读（文学阅读）和报刊新闻（即关注时事和生活用语）阅读两条轴线开展英文阅读。

两年100万字的阅读量对于孩子来说并不轻松，但没有小学时的积累，初高中的阅读理解会更加让孩子为难。

1. 理解基本语法，积累语句和段落

小学中高年级的孩子在继续积累字词的同时，可以开始了解基本语法，阅读大段大段的文字。孩子对于语法的感知其实从在妈妈肚子里听外界的声音就开始了，但一直到小学中高年级才从语言使用规律的角度进行专门的学习。

孩子可以准备一个摘抄本，遇到喜欢的段落随时记录，并在晨起或睡前朗诵这些内容。

2. 提升阅读速度，不指读

进入完全自主阅读阶段以后，孩子阅读时眼睛看到就能够顺利地读出来，也就不需要再进行指读了。

指读和大声的朗读会减慢孩子的阅读速度。如果想要提升孩子对信息的抓取效率，就要采取其他的方法。以下方法可以参考：

（1）快速视物练习

给孩子们设置锻炼快速视物的游戏。最简单的就是在纸上画“Z”字形折线，眼睛盯着折现的轨迹进行快速移动。

（2）使用辅助工具

用一支笔在要读的内容上快速移动，孩子的眼睛跟随着笔移动。比起指读，这种方式可以一行或者多行地进行，这支笔相当于是指示器，提醒孩子阅读进度，提升专注力。

也可以给孩子准备小小的空白卡片或书签，用来遮挡已经阅读过的内容。这张卡片的作用就是避免回看，要求孩子集中注意力，做到读过就留下印象。

（3）改变翻页的方法

用左手手肘和手臂环绕整本书，左手的大拇指和食指捏住右边页面的上方的书角进行翻页，这样翻页的速度更快，也可以让书本更稳定不移动。

（4）计时阅读

父母默默记下孩子阅读500字、800字以及1000字文章所需的时间，在阅读后和孩子进行讨论，观察孩子读后抓取的信息是否充分，以及对主旨的理解程度。然后再在孩子开始后续的阅读前给一些意见，例如主旨句一般在文章的什么位置等。

十来岁的孩子光靠内驱力可不够，用计时的方式给孩子一些压力能从外部促进孩子提升阅读效率。

3. 学会读一本书

孩子要真正学会阅读一本书，那就不能忽视正文以外的其他部分。

书的封面、封底、目录和附录页作为书籍的一部分，有的概括了书的内容，有的展现了内容的组织结构，有的拓展了阅读内容。孩子学会使用这些信息就能快速地分辨书里有哪些自己所需的信息，设定好阅读的方式。

阅读文学作品，经常摘抄好句好段；阅读知识书，用思维导图的方式进行笔记和总结，这些都是阅读的方法。

4. 通过阅读，模仿写作

孩子的生活经验有限，除了生活本身以及大自然给予的灵感。孩子们的大部分写作灵感都源自他们的阅读经验。孩子从摘抄的过程中感受他人的创作方法，接下来就要自己进行模仿创作。

孩子可以通过“阅读—笔记—再阅读—模仿写作”的路径，使用相同的框架和故事结构去写不一样的故事；或者抓住人物塑造的方法，为特定人物写不一样的故事。

从阅读到模仿写作的路径参考下图。

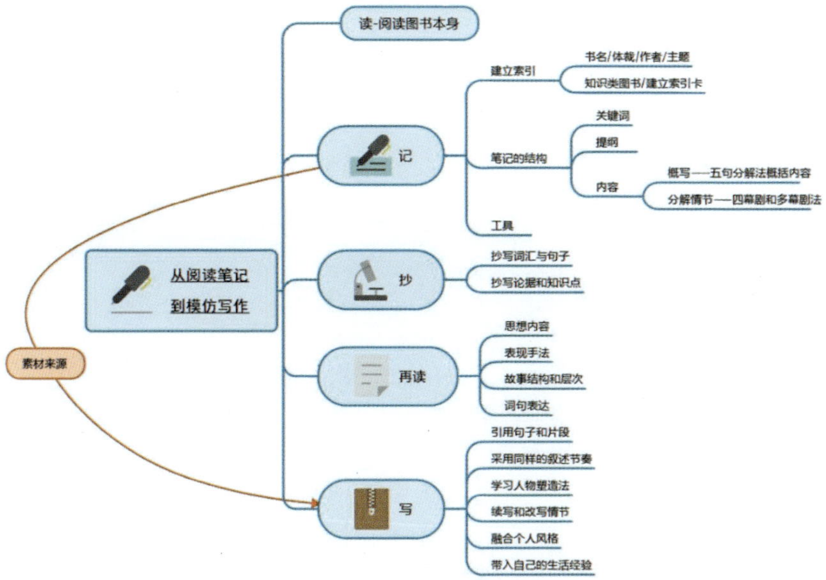

图7-1　孩子从阅读到模仿写作的过程

二、预防偏科

孩子越大越对自己感兴趣的领域表现出喜爱，对于不感兴趣的领域可能丝毫不去触及。父母要做的就是给孩子更广泛、更有趣的内容，谨防孩子偏科。

在学科的阅读上，孩子还是要多读跨学科的知识书和科学内容的游戏书，在扩展孩子阅读广度的同时，让孩子把不同的学科联系起来，形成一种具有适应力的学科学习能力。

高年级的孩子可以阅读学科相关的理论读物，从阅读经典开始了解各个学科的发展和应用。

三、家校协同推进阅读

在小学中高年级孩子的阅读中，父母的作用虽然被弱化，但仍要关注孩子的阅读进程。

首先，关注孩子的阅读走向。谨防孩子过早阅读甚至沉迷网文，警惕情绪悲伤、负能量的青春文学和其他不良内容。

再者，为孩子准备一些轻松的读物，让孩子从沉重的学习任务中摆脱出来，学会兼顾学习和生活。

父母要适当地和老师沟通，了解学校里的阅读风气。家校共同努力，鼓励孩子积极分享阅读感受，这包括读书笔记的书写和课堂分享。

对于学校布置的分享任务，父母应当竭尽所能地为孩子提供帮助，告诉孩子可以用哪些方式获得相应的素材，并让孩子在父母面前演绎要分享的内容。

同时，父母也应把握好尺度，不偷看孩子的写作内容；尊重老师和孩子们的相处模式，不轻易否定老师的教学和孩子的努力。

附录

1. 推荐给父母的阅读书单
2. 部分童书作者一览
3. 儿童文学发展部分年表

附录1：推荐给父母的阅读书单

1. 婴幼儿养育

劳拉·A.亚娜、珍妮弗·舒著，《美国儿科学会新生儿婴儿护理全书》，北京科学技术出版社

伯顿·L.怀特著，《从出生到3岁》，北京联合出版公司

T. 贝里·布雷泽尔顿、乔舒亚·D. 斯帕罗著，《布教授有办法》（全3册），化学工业出版社

路易丝·埃姆斯、弗兰西斯·伊尔卡著，《你的1岁孩子》《你的2岁孩子》《你的3岁孩子》，北京联合出版公司

琳恩·默里著，《婴幼儿心理学》，北京科学技术出版社

2. 教育理念和理论

让·皮亚杰著，《教育科学与儿童心理学》，教育科学出版社

马克·沃恩编著，《夏山学校的百年故事：献给当代的教师、校长和家长》，教育科学出版社

玛丽亚·蒙台梭利著，《童年的秘密》《发现孩子》《有吸引力的心灵》，中国妇女出版社

岸见一郎著，《不管教的勇气》，晨光出版社

阿尔弗雷德·阿德勒著，《儿童人格形成及培养》，上海三联书店

艾莉森·高普尼克著，《园丁与木匠》《孩子如何学习》《孩子如何思考》，浙江人民出版社

3. 家教方法

孙瑞雪编著，《捕捉儿童敏感期》，中国妇女出版社

简·尼尔森著，《正面管教》，北京联合出版公司

村上绫一著，《培养孩子的理系脑》，晨光出版社

让娜·西奥-法金著，《如何养育有学习障碍的孩子？》，生活·读书·

新知三联书店

薇薇安·嘉辛·佩利著，《游戏是孩子的功课：幻想游戏的重要性》《孩子国的新约——不可以说：“你不能玩！”》《沙滩上的男孩：通过游戏建立友谊》《孩子的天使心：倾听小小孩善良的声音》《男孩和女孩：娃娃家的超级英雄》，晨光出版社

劳伦斯·科恩著，《游戏力：笑声，激活孩子天性中的合作与勇气》《轻推，帮孩子走出退缩和焦虑》《游戏打闹》，中信出版社

达娜·萨斯金德、贝丝·萨斯金德著，《父母的语言：3000万词汇塑造更强大的学习型大脑》，机械工业出版社

黛布拉·W. 哈夫纳著，《从尿布到约会：家长指南之养育性健康的儿童》，上海社会科学院出版社

罗恩·利伯著，《反溺爱》，中信出版社

附录2：部分童书作者一览

部分幼儿书作者[1]

作者 | 绘者	代表作品
梅·福克斯 海伦·奥克森伯里	《十个手指头和十个脚趾头》
露西·卡曾斯 （Lucy Cousins）	《小鼠波波去书店》《小鼠波波坐飞机》、*Hooray for Fish*
入山智	“小鸡球球”系列、《绿熊和红熊》《幸福的颜色》
大卫·麦基	《花格子大象》《艾玛的新朋友》 《谁是聪明的宝宝？》《魔法师麦瑞克》
尼娜·兰登	《猜猜我是谁捉迷藏游戏书》（全4册） 《家庭树》《变色龙失踪案》
桑德拉·博因顿	《猪猪宝贝》《疯狂的河马！》《开心的河马，生气的鸭子》《恐龙在跳舞！》《你是一只奶牛吗？》
皮特·霍拉塞克	《小老鼠，快跑》《小火车，轰隆隆》《草莓是红色的》《黑色的？白色的？》《不一样的猫》
乔·洛奇	《冰冰和波波：一起睡觉》《冰冰和波波：忙碌的一天》等
卡伦·卡茨 （Karen Katz）	《宝宝的肚脐眼在哪里》《宝宝爱春天》 *No Biting*、*Counting Kiss*
阿曼达·伍德 莫里斯·普莱格尔	《动物朋友手指推拉书》（全3册）
梅·福克斯	《绿绵羊在哪儿》《晚安，宝贝》《动物宝宝，你好呀！》

[1] 指所创作作品的适读年龄主要为0~3岁的作者

续表

作者 | 绘者	代表作品
莱斯莉・帕特里切利	《婴儿好习惯养成图画书》
罗德・坎贝尔	《亲爱的动物园》《毛茸茸的小鸡》《淘气小狗亨利》《小布启蒙成长翻翻书》
伯努瓦・沙尔拉	《别抠鼻子！》《我要种彩虹！》《小象包包长包了！》
奥利维亚・杜瑞亚	《小鹅戈西和朋友们》
Dorothy Kunhardt	*Pat the Bunny*、*Pat the Zoo*
露丝・斯皮罗	《萌萌的科学》
吉尔・麦克唐纳	《你好，世界！幼儿科普小百科》（全8册）
唐纳德・克鲁斯（Donald Crews）	《大红卡车》、*School Bus*、*Freight Train*、*Ten Black Dots*
Roger Priddy	*Simple First Words Let' s Talk*、*First 100 Words*、*First 100 Trucks*、*Let' s Pretend Race Driver Set*
安娜・杜德尼	《羊驼拉玛爱生活》《羊驼拉玛系列》
艾力克・希尔	《小玻在哪里》《小玻说晚安》《小玻去上学》《小玻的妹妹》
（Alice Schertle）爱丽丝・舒特勒	Time for School , Little Blue Truck、*Little Blue Truck Leads the Way*
Matthew Morgan	Little Faces
基斯・贝克（Keith Baker）	《数数豆豆》《字母豆豆》*Who is the Beast?*
卡罗琳・杰恩・丘奇 Caroline Jayne Church	《你是我的阳光》《宝贝，就是这样爱你》《T一闪一闪亮晶晶》《十个脚趾头》
Sandra Magsamen	*I Ruff You*、*Peep, Peep, I Love You!*、*Bedtime Bunny*

续表

作者 | 绘者	代表作品
拜伦・巴顿	《给孩子的第一套交通工具情境体验故事书》
Herve Tullet	*The Finger Travel Game*、*Press Here*、*The Game of Mix and Match*、*The Game of Patterns*
Lois Ehlert	*Eating the Alphabet*、*Planting a Rainbow*
五味太郎	《小牛的春天》《黄色的……是蝴蝶！》《看，脱光光了》《鳄鱼怕怕 牙医怕怕》《鲸鱼》《从窗外送来的礼物》《藏猫猫 藏猫猫》《圣诞节的礼物》《数字在哪里》
克里斯・霍顿	《小小迷路了》《别这样，小乖！》《不怕不怕，小螃蟹》
塔娜・霍班	《宝宝黑白卡》
克里斯托弗・法兰西斯切利（Christopher Franceschelli）	《创意字母》《创意数字》《创意恐龙》《创意城市》 *Counta Block*、*Dino Block*、*City Block*
托德・帕尔（Todd Parr）	《淘弟有个大世界:孩子的第一套情商培养书》 *The Mommy Book*
P.H. Hanson	*My Granny's Purse*
凯特・麦克马伦 Kate McMullan	*I Stink*、*I'm Dirty*
Julie Merberg	Mini Masters *Dancing with Degas*、*A Picnic with Monet*、*A Magical Day with Matisse*、*In the Garden with Van Gogh*
尼克・沙拉特（Nick Sharratt）	《你的牙刷上要加点番茄酱吗》、*Ouch! I Need a Plaster!*
Fiona Watt	*Baby's Very First Noisy Book*
大卫・A.卡特	《书里藏着好多虫》
马丁・韦德尔	《小猫头鹰》《鸭子农夫》《你睡不着吗？》
Eileen Christelow	*Five Little Monkeys*

续表

作者丨绘者	代表作品
Lorena Siminovich	*You are My Baby*
Tad Hills	*Duck&Goose*
Xavier Deneux	*Jojo's House*、*My First Touch-and-Feel*、*My Soft-And-Cuddly Animals*、*Jojo's First Word Book*、*Touch think learn: ABC*
Ruth Symons	*I thought I saw a...*
Surya Sajnani	*Wee Gallery Farm A Slide Play Book*、*Wee Gallery Stroller Books*、*Wee Gallery Activity Books: Dog's Day Out*、*Wee Gallery Cloth Books.*
Yu-hsuan Huang	*Sing Along Old Macdonald Had a Farm*
Lemon Ribbon Studio	*Baby Touch: Beep! Beep! Tab Book*
玛丽莎·维斯蒂塔（Marisa Vestita）	*BRONTO'S Search for Dad*、《我想变成你小老鼠》、《妖怪与幻兽》
duopress labs	*My Suitcase: A Fun Book of Travel* *My Fridge: My First Book of Food*
Pintachan	*Baby Bowie: A Book about Adjectives* *Baby Elvis: A Book about Opposites*
Ame Dyckman	*Huggy the Python Hugs Too Hard Touchy the Octopus Touches Everything*
山姆·塔普林 Sam Taplin	*Noisy Orchestra*、*Jungle Sounds*

国外绘本作者和绘者

作者|绘者	代表作品
尤里・舒里瓦茨	《宝藏》《我怎样学习地理》《下雪了》《黎明》《一个星期一的早上》《当我穿上水手服》《世界第一傻瓜和飞船》等
李欧・李奥尼	《小黑鱼》《田鼠阿佛》《鳄鱼哥尼流》《蒂莉和高墙》《蒂科的金翅膀》《世界上最大的房子》《自己的颜色》《这是我的！》《玛修的梦》《佩泽提诺》《亚历山大和发条老鼠》《小蓝和小黄》《一寸虫》《字母树》
大卫・威斯纳	《疯狂星期二》《三只小猪》《海底来的秘密》《人鱼女孩》《梦幻大飞行》《七号梦工厂》《艺术大魔法》《飓风》《1999年6月29日》
莫里斯・桑达克	《野兽国》《在那遥远的地方》《厨房之夜狂想曲》《一座非常特别的房子》《跳月的精灵》《小熊来访》《兔子先生和美好礼物》《亲爱的小莉》
大卫・香农	《鸭子骑车记》《大雨哗啦哗啦下》《糟糕，身上长条纹了！》《小仙女艾丽斯》《千万别去当海盗》《海盗从不换尿布》
艾瑞克・卡尔（Eric Carle）	《好饿的毛毛虫》《海马先生》《小种子》《爸爸，我要月亮》《棕色的熊、棕色的熊，你在看什么！》《Little Cloud》
谢尔・希尔弗斯坦	《阁楼上的光》《失落的一角》《人行道的尽头》《向上跌了一跤》《失落的一角遇见大圆满》等
安东尼・布朗	《我爸爸》《我妈妈》《大猩猩》《威利的成长故事》（全4册）《小凯的家不一样了》《穿越魔镜》《谁来我家》《我和你》《公园里的声音》《形状游戏》
罗伯特・麦克洛斯基	《让路给小鸭子》《小塞尔采蓝莓》《海边的早晨》《口琴和蓝特尔》《美好时光》《老水手波特》
威廉・史塔克	《驴小弟变石头》《会说话的骨头》《老鼠阿贝漂流记》《老鼠牙医生》《斯宾奇发脾气》《小老鼠和大鲸鱼》《农夫帕默赶车记》《怪物史莱克》
麦克・格雷涅茨	《月亮的味道》《你为什么悲伤？》《9只小猫呼——呼——呼——》《10只小猴加油》《好困好困的蛇》《彩虹色的花》

续表

作者 | 绘者	代表作品
帕特里克·麦克唐奈	《我……有梦》《尾巴摇摇》《南方》
苏珊·玛丽·斯万森 Susan Marie Swanson	《夜色下的小屋》、*Letter To The Lake To Be Like The Sun TheFirst Thing My Mama Told Me*
克里斯·拉西卡 （Chris Raschka）	《呦！嗯？》《神奇的窗子》《黛西的球》
莫·威廉斯	《“嗷呜”怪兽阿抖来了》《我们来说“请”吧！》《开心小猪和大象哥哥》（全17册）《别让鸽子开巴士！》《鸽子捡到一个热狗！》《别让鸽子太晚睡！》《鸽子想要小狗狗！》
昆廷·布莱克	《天上的帆船》《小怪兽》《绿色的船》《快乐的光脚丫先生》《天使有支魔法笔》《小不点想当大骑士》《安婆婆有个鸟宝宝》
苏斯博士 （Dr. Seuss）	《戴高帽的猫》《绿鸡蛋和火腿》《一条鱼 两条鱼 红色的鱼 蓝色的鱼》《在爸爸身上蹦来跳去》《霍顿孵蛋》《史尼奇及其他故事》《老雷斯的故事》《千奇百怪的脚》、*How the Grinch Stole Christmas*、*My Many Colored Days*、*Oh, the Places You'll Go!*
维吉尼亚·李·伯顿	《逃跑的小火车头》《迈克·马力甘和他的蒸汽挖土机》《凯蒂和一场大的雪》《缆车梅波儿》《生命的故事》《小房子》
琼·穆特	《尼古拉的三个问题》《城里狗，乡下蛙》《石头汤》《禅的故事》
芭芭拉·库尼	《花婆婆》《赶牛车的人》《艾玛画画》《篮子月亮》《霍莉和艾薇的故事》
芭贝·柯尔	《大狗医生》《精彩过一生》《臭毛病！》《顽皮公主不出嫁》《我的爸爸真麻烦》《灰王子》《这就是为什么！》
珍妮儿·肯依	《绿笛》《星月》《阿歪》
沃尔夫·埃布鲁赫	《一只想当爸爸的熊》《五个丑家伙》《雷奥与狗》《是谁嗯嗯在我的头上》《大问题》《当鸭子遇见死神》

续表

作者 | 绘者	代表作品
约克·米勒	《挖土机年年作响》《城市的改变》《森林大熊》《坚定的锡兵》《书中书》
埃米·扬	《大脚丫跳芭蕾》《大脚丫游巴黎》《大脚丫和玻璃鞋》《大脚丫学芭蕾》
山姆·麦克布雷尼	《猜猜我有多爱你》《你们都是我的最爱》《我们行！》《你笑起来可爱极了》
罗伯特·英诺森提	《铁丝网上的小花》《木偶奇遇记》《金银岛》《房子》《都市小红帽》《12个月的乡村寓言故事》
陈志勇	《抵岸》《夏天守则》《别的国家都没有》
玛格丽特·怀兹·布朗	《晚安，月亮》《逃家小兔》《孩子的晚安书》《听世界念一首晚安诗》《小岛》《小鸟的葬礼》《我的世界》《当月亮照耀全世界的孩子》
艾兹拉·杰克·季兹	《下雪天》《彼得的椅子》《珍妮的帽子》《给艾米的信》《嗨，小猫！》《防风镜》《逛了一圈》
赤羽末吉	《苏和的白马》《追追追》《桃太郎》《聪明的木匠》《龙牙颗颗钉满天》《猎人海力布》《九兄弟斗土司》《灯花》
约翰·伯宁罕	《和甘伯伯去游河》《莎莉，离水远一点》《迟到大王》《秘密动物园》《爱德华——世界上最恐怖的男孩》《云上的孩子》《神奇魔法床》
克里斯·范·奥尔斯伯格	《勇敢者游戏》《极地特快》《假如你吃了无花果》《魔法师的奇幻花园》《仅仅是个梦》《驾驶西风号的少年》《十四张奇画的十四个故事》
葛瑞米·贝斯	《来喝水吧》《阿诺的花园》《阿吉的许愿鼓》《动物王国》《怪物探测器》《小不点大象》《龙月》
汤米·温格尔	《三个强盗》《克里克塔》《月亮先生》《小猪麦洛普一家》（全5册）《不要给妈妈吻》《八爪鱼英雄》《孩子的96个怪问题》
路德维格·贝梅尔曼斯	《玛德琳》《玛德琳游伦敦》《玛德琳游马戏团》《金篮子旅店》

续表

作者 | 绘者	代表作品
伊恩·福尔克纳	《奥莉薇》《奥莉薇不想当公主》 《奥莉薇拯救马戏团》《奥莉薇玩单人乐队》
奥黛丽·伍德 Audrey Wood	《打瞌睡的房子》《巨人班扬一家》 《澡缸里的国王》、“韵文大师9册合集”
乔恩·克拉森	《我要把我帽子要回来》《狼、鸭子和老鼠》 《穿毛衣的小镇》《黑暗》《我们发现了一顶帽子》 《这不是我的帽子》《山姆和大卫去挖洞》 《魔巢》《三角形》《圆形》《正方形》
凯文·汉克斯	《阿文的小毯子》《我好担心》《我的名字克丽桑丝美美菊花》《小猫咪追月亮》《大象排队走》《蛋》
莉娜·安德森	《小莲游莫奈花园》《小莲的自然课》《莫兰和外婆》
谢丽·达斯基·瑞科尔（Sherri Duskey Rinker）	《晚安，工地上的车》《精灵小分队在行动》《蒸汽火车，梦幻火车》、*Tiny And The Big Dig*、*Dump Truck’s Colors*、*Crane Truck’s Opposites*
迈普里斯·安徒生	《呀！屁股》《呀！便便》
德博拉·戴森	《噘嘴巴的大头鱼》《大头鱼上学记》《大头鱼去旅行》 《大头鱼深海寻宝记》《大头鱼的圣诞烦恼》
阿克塞尔·舍夫勒	《波西和皮普》《走，我们去捉狮子》 《咕噜牛》《小狗和青蛙》 《咕噜牛小妞妞》《女巫扫帚排排坐》《小房子变大房子》
大卫·麦基 Daivd Mckee	《花格子大象艾玛》（全23册） 《丹尼佛先生是个大富翁》《六个人》 《本先生变身红骑士》
汤米·狄波拉	《楼上的外婆和楼下的外婆》《武士与龙》《巫婆奶奶》 《阿利的红斗篷》《早餐蛋饼》《圣诞前夜》
海伦·库柏	《南瓜汤》《胡椒南瓜汤》《最好喝的汤》《时间博物馆》
大卫·卡利	《我迟到了是因为》《我没写作业是因为……》 《不可思议的夏日之旅》《打架的艺术》《敌人》 《灰姑娘和毛毛鞋》《白雪公主和77个小矮人》

续表

作者 | 绘者	代表作品
特里·范 埃里克·范	《大海遇见天空》《午夜园丁》《鹿角舟》
夏洛特·佐罗托	《暴风雨中的孩子》《威廉的洋娃娃》 《睡梦中的宝贝》《说呀》《兔子先生和美好礼物》
奥利维·杰夫斯	《吃书的孩子》《瓶子里的心》《我们在这里：一位父亲的地球生活笔记》《小蜡笔要回家》《小蜡笔大罢工》《独一无二的小不点》《这只驼鹿是我的》《大树上的难题》《迷路的小企鹅》《我的朋友想要飞》
岩井俊雄	《100层的房子》《地下100层的房子》《海底100层的房子》 《天空100层的房子》《小手指的大冒险》《哪一个很奇怪？》
艾莉森·简	《最美的黄玫瑰》《彩云为裳》《欢迎来到动物园》《鱼》 《最好的时光》《带着月亮去散步》《我的蜜蜂朋友》
马里恩·杜查斯	《鲍勃是个艺术家》《鲍勃的蓝色忧郁期》 《红点点和蓝点点》 《和马里恩大师一起玩创意画》
玛丽安娜·迪比克	《老鼠邮差转一圈》《老鼠邮差去度假》《老鼠邮差去太空》 《第一次和朋友去野餐》《第一次自己坐巴士》 《一颗种子掉下来》《我的影子不见了》 《我不是你妈妈》《上山的路》
简·约伦	《恐龙怎样说晚安》《魔鬼的算术》《再见，不勇敢的我》 《别了，欢河谷》《一个箱子的无限可能》《公主的风筝》
吉尔斯·安德烈	《长颈鹿不会跳舞》《一起来逛动物园》《勇敢些，小企鹅》
朱迪斯·克尔	《小猫格格》《老虎来喝下午茶》 《再见莫格》《希特勒偷走了粉红兔》
班吉.戴维斯 （Benji Davies）	《已经说过晚安了！》《我本来就喜欢你！》《你早就该回家了！》、 *The Storm Whale*、*Grandma Bird*
菲利普·斯蒂德	《阿莫爷爷的生病日》《麦淇淋王子失窃案》 《大熊有个故事要说》《乡间、家和动物们》 《特别快递》《男孩和热气球》《故事无处不在》

续表

作者|绘者	代表作品
茱莉亚·唐纳森	《咕噜牛》《橡树林的故事》《了不起的巨人》《给燕子捎句话》
罗伯特·萨布达（Robert Sabuda）	《爱丽丝漫游奇境》、*Encyclopedia Prehistorica Sharks and Other Sea Monsters*、《绿野仙踪》等立体书
菲利普·于什	《机器人不喜欢雨天》《蝴蝶花园》《雪中精灵》《璀璨星空》《花神公主与小马驹》《飞吧，天堂鸟》
安娜·耶纳斯	《我的情绪小怪兽》《旋风小鼹鼠》《情绪小怪兽去上学》
马修·科德尔	《我遇见了一只小灰狼》《又有了一个弟弟》《梦见你》《盼望》《嗨！嗨！》
罗伯特·蒙施	《纸袋公主》《房间保卫战》《还我老爸》《好逗的学校》
阿诺德·洛贝尔	《巨人约翰》《讨厌黑暗的席奶奶》《青蛙和蟾蜍》
玛丽亚·伊莎贝尔·桑切斯·维加拉	《小小孩大梦想》
H.A.雷	《好奇的乔治》、《好奇的乔治和黄帽子》等
Jonathan Stutzman	*Tiny T. Rex and the Impossible Hug*、*Llama Destroys the World*
乔里·约翰	《好蛋》《你可以帮我挠挠背吗？》《企鹅有烦恼》
山姆·亚瑟	《下雨了》《下火了》《下雪了》
埃里克·罗曼	《大王乌贼》《大雪快快来》《穿越恐龙时代》《梦幻岛漂流》《我的兔子朋友》《南瓜头男孩》
布莱恩·弗洛卡	《火车头》《灯船》《登月》《最后的老狼》
杰里·平克尼	《下雪天》《龟兔赛跑》《伊索寓言》《丑小鸭》《三只山羊嘎啦嘎啦》《米兰迪和风哥哥》《狮子和老鼠》《一闪一闪小星星》《小红母鸡》

续表

作者 | 绘者	代表作品
简·布雷特	《手套》《帽子》《乌龟莫茜》《拔萝卜》《猫头鹰和猫》《小刺猬的大惊喜》《犰狳牛仔》《灰姑娘小鸡》
蒂姆·霍普古德	《大！》《妈妈，我错了》《哇哦！》《雨中欢唱》《三只小熊闯祸了》《嗨哟，嗨哟，小蜘蛛织大网》《不会破的黄气球》
大卫·卢卡斯	《机器人和蓝鸟》《害羞的小裁缝》《爸爸和我》《小黄鸭奇遇记》《这块岩石是我的！》《纳特梅格的魔法勺子》《鲸鱼来了》
迈克·库拉托	《大城市里的小象》《小象的大家庭》《小象去乡下》《小象的游乐园大冒险》《小象的圣诞节》
雷切尔·布莱特	《考拉做得到》《小老鼠和大狮子》《我妹妹是外星人！》《完美的朋友》
亚斯明·伊斯梅尔	《阿莱不睡觉》《雷克斯的眼镜》《画出我的故事》《眼泪贼》《不一样的女孩》《莉拉什么也没做》
西蒙娜·奇劳洛	《奶奶的皱纹》《抱抱我》《害羞的孩子》《灯光！镜头！爱丽丝！》
莫莉·艾德尔	《弗洛拉和火烈鸟》《弗洛拉和孔雀》《弗洛拉和企鹅》
弗兰切斯卡·桑纳	《我和“害怕”做朋友》《旅程》《让开，大山先生！》
阿伦·雷诺兹	《胡萝卜怪》《内裤怪》《食肉动物》《好兄弟！》
玛丽莲·布鲁克·戈夫斯坦	《晚饭吃鱼》《做玩偶的戈蒂》
皮宁·卡尔皮	《秘密小路》《百年经典童话》（美绘典藏版）
安·艾珀	《装满夏天的信》《吃煎饼的大熊星座》《下雨天的历险》
利兹·博伊德	《我给你写了一张卡片》《晚安之前演场戏》《里面外面》
奥莱丽娅·古拉缇	《大地》《河流》《桥梁》
艾伦·贝克尔	《莎莎的石头》《不可思议的旅程》《彩虹国度》《回归之夜》

续表

作者 | 绘者	代表作品
松居直	《幸福是种子》《我的图画书论》 《如何给孩子读绘本》《绘本是亲子感情的脐带》
松冈达英	《去非洲看动物》《自然图鉴》《我们的花草朋友》 《山野郊游图鉴》《大自然的夜晚》
田岛征彦	《初雪》《鲶鱼上天了》《小蚯蚓宽太郎》
岩崎千弘	《小鬼的帽子》《我想有一双翅膀》《隔壁新来的男孩》
伊东宽	《鲁拉鲁先生的院子》《云娃娃》 《猴子的日子》《跳舞吧，猫先生！》
宫西达也	《你看起来好像很好吃》《今天运气怎么这么好》 《好想要一个娃娃》《三只饿狼想吃鸡》
佐佐木洋子	《小妖怪童话系列》《小熊宝宝》
谷川俊太郎	《然后呢，然后呢》《活着》《妈妈，为什么》《朋友》
佐野洋子	《活了100万次的猫》《圣诞老奶奶》《飞上天空的狮子》
加古里子	《乌鸦面包店》《加古里子人类图鉴》《身体有个小秘密》
角野荣子	《尼斯水怪的上门新郎》《一二一动物园》 《爷爷的肉丸子汤》《外面消失了！》
林明子	《出门之前》《阿秋和阿狐》《第一次上街买东西》
安野光雅	《天动说》《儿童的季节》《ABC之书》 《走进奇妙的数学世界》《从前的孩子绘本系列》 《津和野》《绘本三国志》《中国的运河》《中国的街市》
吉竹伸介	《这是苹果吗也许是吧》《好无聊啊好无聊》《做个机器人假装是我》《后来呢后来怎么了》《有呀有呀书店》 《尿裤子男孩》《我的橡皮筋，不给你》《脱不下来啦》 《揉一揉啊捏一捏》《我真的有理由》《我真的有意见》
小轮濑护安	《电梯来了》《了不起的车》《直升机来了》

部分中国绘本作者和绘者

作者	代表作品
蔡皋	《百鸟羽衣》《晒龙袍的六月六》《月亮粑粑》《出生的故事》《月亮走我也走》《桃花源的故事》
朱成梁	《团圆》《火焰》《别让太阳掉下来》《打灯笼》《会说话的手》
熊亮	《中国童谣》（绘本版）《和风一起散步》《我们要第一》《小年兽》《武松打虎》《灶王爷》《什么都想要的兔狲》《牛粪们的愿望》《月亮月亮停一停》
李卓颖	《公主怎么挖鼻屎》《两个小妖精抓住一个老和尚》《溜达鸡》
抹布大王	《嗷呜！嗷呜！》《小妖怪上幼儿园》《大个子夫人从高高的山坡上骨碌骨碌地滚下去啦！》
赖马	《我变成一只喷火龙了！》《爱哭公主》《生气王子》《帕拉帕拉山的妖怪》《世界上最棒的礼物》《勇敢小火车》《早起的一天》
叶露盈	《忠信的鼓》《洛神赋》《兰亭序》《敦煌》
严淑女	《春神跳舞的森林》《再见小树林》《小建，好酷》
周翔	《荷花镇的早市》《上厕所》《耗子大爷在家吗？》
于虹呈	《盘中餐》《梁山伯与祝英台》《十面埋伏》《爱丽丝镜中奇遇：羊毛与水》
九儿	《不要和青蛙跳绳》《妖怪山》《纽扣士兵》《妹妹的大南瓜》
李瑾伦	《子儿，吐吐》《好乖的波波》《怪叔叔》《呼唤我的猫》
梁培龙	《水与墨的故事》《走在路上》《妹妹》
黄丽	《安的种子》《外婆家的马》

附录3：儿童文学发展部分年表

世界文学

年份	作者	代表作品
1812年	格林兄弟	《儿童与家庭童话集》
1835年	安徒生	《国王的新衣》
1865年	路易斯・卡罗	《爱丽丝梦游仙境》
1880年	卡洛・科洛迪	《木偶奇遇记》
1888年	奥斯卡・王尔德	《快乐王子》
1886年	埃迪蒙托・德・亚米契斯	《爱的教育》
1907年	塞尔玛・拉格洛芙	《骑鹅历险记》
1908年	肯尼思・格雷厄姆	《柳林风声》
1908年	露西・莫德・蒙哥马利	《绿山墙的安妮》
1914年	埃德加・赖斯・伯勒斯	《人猿泰山》
1937年	J.R.R.托尔金	《哈比人历险记》
1943年	安东尼・德・圣-埃克苏佩里	《小王子》
1945年	阿斯特丽德・林格伦	《长袜子皮皮》
1962年	马德琳・英格	《时间的褶皱》
1964年	罗尔德・达尔	《查理和巧克力工厂》
1974年	米切尔・恩德	《毛毛》

续表

年份	作者	代表作品
1979年	麦克·安迪	《说不完的故事》
1997年	J.K.罗琳	《哈利·波特与魔法石》
2000年	若泽·毛罗·德瓦斯康塞洛斯	《我亲爱的甜橙树》
2006年	盖瑞·伯森	《手斧少年》
2007年	J.K.罗琳	《吟游诗人皮陀故事集》
2007年	艾伦·凯特	《猫武士》
2009年	丽贝卡·斯戴德	《当你到达我》
2012年	R.J.帕拉西奥	《奇迹男孩》
……	……	……

中国文学

年份	作者	代表作品
1922年	叶圣陶	《稻草人》
1923年	冰心	《寄小读者》
1928年	沈从文	《阿丽思中国游记》
1929年	老舍	《小坡的生日》
1931年	叶圣陶	《古代英雄的石像》
1933年	陈伯吹	《阿丽思小姐》
1932年	张天翼	《大林和小林》
1941年	高志其	《菌儿自传》
1943年	严文井	《南南和胡子伯伯》

续表

年份	作者	代表作品
1945年	华山	《鸡毛信》
1946年	金进	《红鬼脸壳》
1947年	张乐平	《三毛流浪记》
1948年	董纯才	《凤蝶外传》
1948年	管桦	《小英雄雨来》
1956年	任溶溶	《没头脑和不高兴》
1961年	孙幼军	《小布头奇遇记》
1985年	郑渊洁	《童话大王》
1987年	张之路	《霹雳贝贝》
1990年	沈石溪	《狼王梦》
1997年	曹文轩	《草房子》
1998年	陈丹燕	《我的妈妈是精灵》
2013年	赵丽宏	《童年河》
2018年	孙毅	《野小狗和野小鬼的故事》
2020年	黄加佳	《大唐长安城》